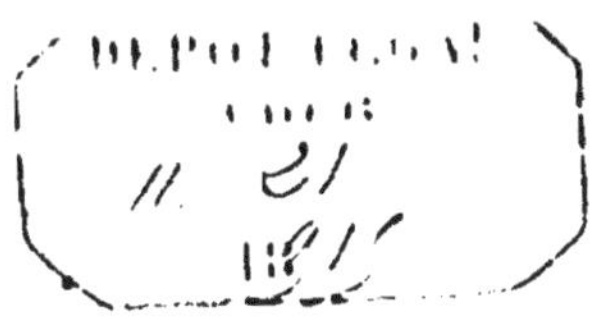

BIBLIOTHÈQUE INTERNATIONALE D'ÉCONOMIE POLITIQUE
publiée sous la direction de Alfred Bonnet

CARTELLS ET TRUSTS

ÉVOLUTION DE L'ORGANISATION ÉCONOMIQUE

PAR

ROBERT LIEFMANN
PROFESSEUR A L'UNIVERSITÉ DE FRIBOURG-EN-B.

TRADUIT D'APRÈS LA DEUXIÈME ÉDITION ALLEMANDE

PAR

SAVINIEN BOUYSSY
JUGE SUPPLÉANT AU TRIBUNAL CIVIL D'AGEN

PARIS (5e)
M. GIARD & É. BRIÈRE
LIBRAIRES-ÉDITEURS
16, RUE SOUFFLOT ET 12, RUE TOULLIER

1914

CARTELLS ET TRUSTS

ÉVOLUTION DE L'ORGANISATION ÉCONOMIQUE

BIBLIOTHÈQUE INTE NOMIE POLITIQUE
publiée sous la direction de Alfred Bonnet

CARTELLS ET TRUSTS

ÉVOLUTION DE L'ORGANISATION ÉCONOMIQUE

PAR

ROBERT LIEFMANN
PROFESSEUR A L'UNIVERSITÉ DE FRIBOURG-EN-B.

TRADUIT D'APRÈS LA DEUXIÈME ÉDITION ALLEMANDE

PAR

SAVINIEN BOUYSSY
JUGE SUPPLÉANT AU TRIBUNAL CIVIL D'AGEN

PARIS (5e)
M. GIARD & É. BRIERE
LIBRAIRES-ÉDITEURS
16, RUE SOUFFLOT ET 12, RUE TOULLIER

1914

PRÉFACE

Le travail de vulgarisation intitulé : *Cartells et Trusts*, que j'ai publié en 1905, a été si bien accueilli que, dans l'espace de cinq ans, la première édition, composée de cinq mille exemplaires, a été à peu près épuisée. Il était tout naturel qu'une nouvelle édition, considérablement transformée et partiellement augmentée, vînt répondre au rapide développement des phénomènes économiques que j'y examinais. Dans celle-ci, je me suis surtout efforcé d'étudier avec un plus grand soin des phénomènes que je suis de très près depuis une douzaine d'années et qui, à côté des cartells et des trusts, apparaissent au premier plan de l'organisation économique. Ce sont : les Fusions, Combinaisons, Participations, Communautés d'intérêts, Associations en participation, etc.

J'ai cru, en effet, que, dans un écrit destiné au grand public, il importait surtout de donner un *tableau d'ensemble* du développement économique qui ne cesse de progresser. J'ai voulu indiquer dans le nouveau titre de cet ouvrage la plus grande extension que j'ai donnée à cette étude. De plus, le chapitre qui traite des *trusts* américains a été remanié à la suite d'un voyage d'études en Amérique, et ce chapitre occupe maintenant la quatrième place ; de sorte que les effets des cartells sont examinés en premier lieu dans les chapitres II et III, tandis que dans les chapitres IV et V se trouvent exposées les tendances du développement de l'organisation économique, d'abord en Amérique, ensuite en Allemagne.

J'ose espérer que, même sous cette nouvelle forme, le présent livre répondra au but que je me suis proposé, c'est-à-dire pourra servir d'introduction à l'étude de quelques-uns des phénomènes les plus importants de la vie économique.

ROBERT LIEFMANN

Fribourg-en-Brisgau, décembre 1909.

CHAPITRE PREMIER

NATURE ET ORIGINE DES CARTELLS

Il n'est personne, en Allemagne, qui ne subisse plus ou moins l'influence des phénomènes économiques dont nous allons nous occuper. Quelle ménagère, lorsqu'elle s'étonne de la cherté de plus en plus grande du sucre ou de l'alcool, n'a pas reçu du marchand cette réponse : « Oui, le cartell du sucre ou de l'alcool a depuis le mois dernier élevé ses prix » ?

Qui encore ne s'est pas plaint des prix élevés du charbon et n'a pas entendu cette réponse du vendeur : « Le syndicat du charbon ne consent en aucune façon à abaisser ses prix et, par là, il réduit jusqu'à l'extrême limite nos bénéfices, à nous marchands » ? Tout le monde aussi a vu déjà circuler dans les villes les voitures-tonneaux de la Société américano-allemande du pétrole et a appris que si le pétrole est si cher, c'est que le grand trust américain du pétrole « gouverne » aujourd'hui la majeure partie de la production universelle de ce toujours encore indispensable moyen d'éclairage. Et qui donc en entendant prononcer ces mots de trust du pétrole n'a pas pensé avec une certaine terreur à des milliardaires américains — quelques personnes ont aussi souvent lu le nom de

Rockefeller — qui, au moyen de ces véhicules, véritable incarnation des trusts, lèvent jusque dans les régions les plus reculées un véritable tribut sur les gens les plus pauvres ?

C'est par de telles impressions très peu agréables que le grand public fait tout d'abord connaissance avec les cartells et les trusts, car cette première connaissance se fait toujours au moment où l'on se voit obligé de payer plus qu'on ne voudrait.

On ne doit donc pas s'étonner de la publicité que reçoivent des phénomènes économiques dont les effets s'étendent si loin. Il ne se passe pas un jour que les plus grands journaux ne donnent, dans leur partie commerciale, des informations concernant tel ou tel cartell. Qu'un cartell se fonde, qu'un autre soit dissous, ce sont là, en réalité, autant de questions qui intéressent au plus haut point l'économie tout entière. C'est pour cela que, dans les centres du marché des marchandises et des capitaux, c'est-à-dire dans les Bourses, on prête la plus grande attention aux événements qui se produisent dans ce domaine. La formation ou la dissolution d'un cartell, les nouvelles relatives à l'établissement de ses prix exercent une influence considérable sur les prix de toutes les marchandises de bourse et sur les cours de tous les papiers commerciaux et, par suite, sur l'état général de la vie économique.

Mais les cartells, les trusts et autres phénomènes analogues ont surtout une grande importance pour l'industrie qu'ils concernent. Les rapports de la production et de la consommation sont entièrement modifiés ; il se crée de nouvelles dispositions, et il semble que par elles l'économie actuelle soit transformée de fond en comble et qu'une nouvelle organisation vienne prendre leur place.

C'est pourquoi il n'est pas excessif de dire que les cartells et les trusts, et les nombreuses organisations qui en dépendent, comme aussi la question de leur développement, représentent le problème général économique le plus important de notre époque, et plus particulièrement encore, de l'avenir. C'est que, en effet, la « question sociale » dans son sens strict, la question ouvrière, que l'on considère d'ailleurs comme la question économique la plus importante, se trouve ainsi posée sur une tout autre base, et que notamment les possibilités de son développement futur ou de sa « solution » un jour, ont pris, depuis l'avènement d'organisations telles que les cartells et leurs dérivés, un tout autre aspect.

Et maintenant on nous demandera : D'où sont sortis ainsi tout d'un coup ces phénomènes que l'on appelle les cartells et les trusts ? Pour répondre à cette question, il nous faut tout d'abord essayer de nous représenter clairement la notion et la nature de ces phénomènes.

Dans le langage usuel de la vie ordinaire, les mots de Cartells, de Rings, de Trusts et de Syndicats ont la même signification, et tous sans doute sont employés dans un sens aussi indéterminé que possible. Il existe en Allemagne une déplorable habitude bien connue, et hélas ! encore très répandue, qui fait que notamment le mot anglais *trust* et le mot *syndicat* empruntés au français sont employés indifféremment l'un pour l'autre. Sans doute, le mot *cartell*, que la science économique emploie concurremment avec la désignation d'*association d'entrepreneurs* (*Unternehmer-Verbände*), n'est pas non plus d'origine allemande, mais c'est certainement en Allemagne et pour des phénomènes observés chez nous en premier lieu qu'il a été créé. Il m'est souvent arrivé que lorsqu'on me demandait de quelle branche économique je m'occupais et que je répondais : les cartells, mon interlocuteur s'écriait : « Ah ! vous voulez dire les trusts ». Et cela quoique les cartells allemands soient beaucoup plus anciens que les trusts américains et quoique les véritables trusts n'existent pour ainsi dire pas en Allemagne.

Occupons-nous d'abord des *cartells* comme étant pour nous, en Allemagne, la forme d'association de beaucoup la plus importante. Sous le nom de cartells, nous entendons de *libres conventions* (*Vereinbarungen*) *entre des entrepreneurs de la même branche qui conservent leur indépendance et qui se proposent d'exercer sur le marché un pouvoir de monopole.* La détermination du but, à savoir le pouvoir de monopole sur le marché est, bien entendu, ce qu'il y a de plus essentiel dans cette définition. Les cartells veulent, dans leur sphère d'écoulement, exclure autant que possible la concurrence. C'est de ce *caractère de monopole* des cartells que découlent leurs bons comme leurs mauvais effets.

Or, le monopole, c'est-à-dire l'exclusion de la concurrence, exige que tous les entrepreneurs concurrents, ou du moins la majorité d'entre eux, adhèrent à la convention. Mais il n'est pas nécessaire que la concurrence cesse entièrement d'exister. Il y a monopole, au sens économique du mot, lorsque la plus grande partie de la demande ne peut recevoir satisfaction que d'*un seul* vendeur ou d'un seul groupe de vendeurs.

Mais il est nécessaire que la majeure partie des entrepreneurs concurrents, — en général, au moins les trois quarts, — adhèrent aux conventions de monopole. Sans cela, en effet, il n'y a pas de monopole. C'est par cette nécessité d'embrasser dans la mesure du possible tous les sujets économiques dont on a à tenir compte, que le cartell, ou, comme on dit, l'association d'entrepreneurs (*Unternehmerverband*) se distingue de l'union (*Verein*) pure et simple, par exemple, des si extraordinairement nombreuses corporations professionnelles (*Fachvereine*) des *unions pour la représentation d'intérêts communs*, quel que soit, d'ailleurs, le nom qu'on veuille leur donner. Toutes ces associations ne tendent qu'*indirectement*, par l'agitation, les pétitions et autres moyens semblables, à améliorer la situation de la branche économique dont il s'agit ; ou encore elles servent d'une manière générale à protéger les intérêts communs. Mais elles se distinguent des cartells en ce qu'elles n'imposent jamais une obligation de faire ou de ne pas faire une chose déterminée concernant l'activité économique de l'individu. Les cartells, au contraire, limitent l'activité économique de leurs membres en vue du monopole de l'association ; ils leur ôtent même le droit de fixer librement les prix, de régler à leur volonté la production et l'offre, et autres restrictions analogues.

Mais les cartells ne vont pas jusqu'à *supprimer* complètement l'autonomie de l'individu. Ils se distinguent en cela des *fusions*, où une entreprise se métamorphose en une autre entreprise et où celui qui en était jusque-là le maître perd entièrement son droit de propriété. Ils se distinguent notamment à ce point de vue des *fusions en monopole* (*monopolistische Fusionen*), où tous les entrepreneurs d'une branche industrielle, ou seulement d'une très large part de cette branche, s'unissent en *une seule* entreprise qui supprime complètement ainsi l'indépendance économique des entreprises particulières. C'est aussi l'effet produit par la forme particulière d'association que l'on désigne en Amérique sous le nom de *trust* et que nous examinerons de plus près par la suite. Dans le *trust* aussi *les entreprises particulières perdent leur autonomie* et se transforment en une entreprise commune. Les entreprises fusionnées et les trusts ne sont donc pas simplement une agglomération *conventionnelle* d'entreprises, mais elles sont une agglomération *financière* et ont pour base la possession. Les fusions de monopole et les trusts ont cependant plusieurs points de contact avec les cartells, et cela provient précisément de ce que pour les uns comme pour les autres le *monopole* constitue le principal *but* qu'ils se proposent d'atteindre. Ces associations doivent donc être regardées comme un développement des cartells et elles en ont tous les effets à un degré encore plus élevé.

Mais même si l'on fait abstraction des unions pures et simples et des trusts, on ne saurait considérer toutes les associations en monopole d'entrepreneurs comme faisant partie du même genre que les cartells. Les cartells sont surtout des associations dans lesquelles les entrepreneurs entrent comme *offrants* (*Anbieter*), comme *vendeurs* de marchandises, et qui sont dirigées contre leurs *preneurs*, les *consommateurs* de ces marchandises. Par suite, ne font pas partie des cartells les associations dans lesquelles les entrepreneurs eux-mêmes s'associent en leur qualité de *preneurs* (*Abnehmer*), d'acheteurs, et dans lesquelles aussi ils se retournent contre les producteurs de la matière première qui leur est nécessaire ou contre les ouvriers. Ces organisations tendent alors, non pas à créer un *monopole de vente*, mais, au contraire, un *monopole d'achat*. Cependant la création d'un pareil monopole d'achat est, dans la plupart des cas, beaucoup plus difficile que la création d'un monopole de vente, parce que le nombre des acheteurs d'une marchandise est, d'ordinaire, beaucoup plus considérable que le nombre des vendeurs (l'exception la plus importante est celle de la marchandise travail). De sorte que, la plupart du temps, aucun monopole ne s'établit, mais seulement une certaine union corporative (*genossenschaftliche Zusammenschluss*). Par exemple, il est arrivé souvent que les fabricants se sont associés en vue d'acheter le charbon en commun ; ils n'ont pu cependant opposer au monopole de vente du syndicat du charbon aucun monopole d'achat, mais ils ont dû se contenter des avantages qui s'attachent à l'achat en gros. C'est pourquoi ces associations d'entrepreneurs, quel que soit le nom qu'on leur donne, n'ont pas au point de vue économique les puissants effets que l'on peut attribuer aux monopoles de vente, ou plutôt elles constituent souvent à l'encontre de ceux-ci comme une sorte d'antidote de la part des acheteurs et, à ce point de vue, elles ont une très grande importance économique. En font partie toutes les unions de consommateurs, les associations d'achat, d'approvisionnement, et autres corporations analogues, qui, il est vrai, ne jouissent d'aucun monopole, mais qui, grâce à l'union d'un grand nombre d'acheteurs, parviennent à centraliser une si importante demande qu'un monopole se trouve lui-même dans la nécessité de compter avec elles. Mais il ne faut pas pour cela étendre la dénomination de cartell à ces unions car, même au point de vue économique, elles doivent être considérées d'une manière tout à fait différente.

Il en est de même des unions d'entrepreneurs dirigées *contre les ouvriers*, associations de patrons (*Arbeitgeberverbände*) ou associations antigrévistes (*Antistreikver-*

bände). Ici encore les entrepreneurs ne se trouvent pas dans la situation de *vendeurs de marchandises*, mais d'acheteurs de prestations de travail. Toutes les organisations de ce genre doivent être jugées d'une façon toute autre ; elles ont des effets économiques qui diffèrent entièrement de ceux des organisations qui tendent à un monopole de vente. C'est pour cela qu'il faut réserver pour ces dernières la désignation de cartell.

Les conventions de monopole ont existé de tout temps à chaque stade de l'échange économique. Mais elles sont, sous la forme des cartells, d'apparition toute moderne, nées qu'elles sont des rapports économiques actuels. L'antiquité et le moyen-âge ne connurent les libres créations de monopole que sous la forme de ce que l'on a appelé les *corners* et les *rings*, qui existent encore de nos jours. Un *corner*, nommé aussi *Schwänze*, est l'achat, autant que possible, de toute la marchandise qui se trouve sur le marché en vue de la monopolisation de cette même marchandise. Plusieurs tentatives de ce genre se produisirent aussi dans l'antiquité, au moyen, par exemple, de l'achat de tout l'approvisionnement de céréales qui se trouvait sur un marché, en vue aussi de créer un monopole et de pouvoir élever les prix de vente à volonté. Des efforts semblables ont été fréquents également au moyen-âge. Les commerçants d'Augsbourg, de Nüremberg et de Cologne parlent plus d'une fois de ces *corners*, et déjà, dès cette époque, la législation a eu à prendre des mesures contre eux.

Sous le nom de *ring*, — le mot est, il est vrai dans l'usage populaire, souvent employé comme synonyme de cartell, — nous entendons une union de *plusieurs* en vue d'organiser en commun un corner. Un ring n'est nullement une convention entre des entrepreneurs demeurés indépendants, mais une *entreprise sociale*, et même un commerce exercé en communauté. Cette entreprise se propose d'amener une raretéde la marchandise en accaparant toute celle qui se trouve sur le marché et de provoquer par là une hausse des prix, pour, alors, vendre à des prix plus élevés et réaliser ainsi un bénéfice. Un ring est aussi une entreprise de haute spéculation, et il peut n'avoir rien à voir avec la réglementation des prix, de la production et de l'offre, ce qui est le but que les cartells se proposent d'atteindre. La réunion de tout l'approvisionnement entre les mains d'une seule entreprise commerciale et la rétention de cet approvisionnement est néanmoins en complète opposition avec le devoir du commerçant, qui consiste en une *distribution* des biens. De plus, comme le ring ne peut arriver à gouverner l'ensemble de la masse des marchandises qu'en enchérissant sur tous les autres acheteurs et en payant aux producteurs les prix les plus élevés, et que, d'ailleurs, à raison de ces hauts prix d'achat, il doit, à cause des grands risques courus, réaliser de gros bénéfices, il en résulte toujours, pour les consommateurs, un fort renchérissement de la marchandise. Pour toutes ces raisons, les corners et les rings doivent être jugés très sévèrement. Dans ces derniers temps, ils sont devenus relativement plus rares qu'auparavant, ou, du moins, ils obtiennent un succès moindre.

Grâce, en effet, au développement des relations commerciales qui donnent aux producteurs et aux commerçants les plus éloignés la possibilité d'entrer en concurrence, ils sont obligés, lorsqu'ils tentent une monopolisation au moyen de l'accaparement des approvisionnements sur tous les marchés du monde, d'être d'une très grande prudence, tandis qu'autrefois, à cause de mauvaises conditions de transport, ils étaient bien souvent, sur leur étroit territoire, à l'abri de la concurrence étrangère.

L'antiquité et le moyen-âge ne connurent pas non plus les libres associations de monopole sous la forme des cartells ; cependant il y eut au moyen-âge des organisations qui s'en rapprochent beaucoup dans leurs effets, ce sont les *corporations* (*Zünfte*). Celles-ci néanmoins n'étaient pas des associations libres, mais des associations *publiquement réglementées*, associations qui ne se proposaient nullement d'obtenir un monopole, mais qui servaient simplement à faire progresser la profession et à favoriser les intérêts sociaux de leurs membres. En vue de ce résultat, elles obtenaient généralement de l'autorité le droit à l'exercice exclusif de leur industrie. C'est dans cette exclusion de la concurrence, dans les résultats de monopolisation que gît aussi la ressemblance entre les corporations et les cartells. Mais cet état de monopole était alors concédé par l'État et en grande partie effectué obligatoirement, tandis que ce monopole est chez nous le résultat de la libre adhésion des intéressés. En outre, la base fondamentale sur laquelle reposaient les corporations diffère totalement de la nature des cartells. Au moyen-âge, la forme économique de l'industrie était le *métier* (*Handwerk*), la petite exploitation, qui, avec peu de capital comme fonds, travaillait, sous forme de travail à la façon (*Lohnwerk*), pour la consommation locale. L'organisation corporative se proposait avant tout d'assurer à chaque membre de la profession une existence en rapport avec cette profession. Dans les cartells, au contraire, il s'agit d'entreprises modernes avec un grand capital, et diminuer le *risque* du capital est, comme nous le verrons plus loin, un des principaux motifs qui poussent les entrepreneurs à créer des cartells. C'est pour cela que les coalitions de métier qui existent de nos jours sont, au point de vue des causes qui les ont suscitées, considérablement différentes des cartells. Il est vrai, car la corporation obligatoire n'existe plus, qu'elles sont aussi des unions libres, mais il leur manque ce risque de capital (*Kapitalrisiko*) qui résulte d'un grand outillage de machines et d'une production de réserve, et qui, dans la grande industrie, exige l'activité continue des usines, et, par cela même, rend la concurrence si âpre et conduit à une pression réciproque sur les prix. Le métier local peut beaucoup plus se reposer sur les prix accoutumés qui, même lorsque la concurrence grandit, ne sont pas facilement entamés. On souffre de la surabondance actuelle de l'industrie, mais non pas des grandes oscillations des prix, car les crises elles-mêmes se font sentir avec bien moins de force dans les petites industries. Il faut ajouter aussi que les formes des unions sont, dans le métier, souvent autres que celles de l'industrie, notamment à la suite de la législation relative aux corporations, législation qui a grandement facilité l'union (*Zusammenschluss*) dans le métier. Enfin, à la suite du caractère purement local de ces associations de la petite industrie et de la limitation de leur action dans une plus petite sphère, les conditions et le devoir d'intervention de l'État sont ici tout autres que dans la grande industrie. Pour toutes ces raisons, il y a lieu de limiter la notion de cartell aux unions en monopole des grandes exploitations et aux branches industrielles dont le débit n'est pas purement local.

C'est pourquoi on ne devra pas ranger parmi les cartells les conventions des sujets économiques qui fournissent des prestations de services. Cela s'applique tout particulièrement aux accords de salaires entre ceux qu'on nomme les ouvriers (*Arbeiter*) dans le sens strict du mot. Ces ententes sont, avec les organisations qu'ils ont créées en vue de la représentation générale de leurs intérêts au dehors, désignées sous le nom d'*unions ouvrières* (*Gewerkvereine*).

Il devient évident d'après ce que nous indiquons comme ne devant pas s'appliquer aux cartells qu'il faut appliquer aux unions de paiemens (*zählenden Verbände*) la désignation plus générale de *coalitions* ou de *conventions*. Il n'est pas exact d'employer d'une manière générale la désignation de cartell, car il faudrait alors toujours indiquer expressément si l'on veut parler de cartells d'entrepreneurs comme acheteurs, de cartells d'artisans, d'ouvriers, etc.

Les cartells ne sont donc qu'un produit de notre époque, et ce n'est même que depuis très peu de temps qu'ils jouent dans notre économie nationale un rôle que personne ne soupçonnait il n'y a guère plus d'une génération. Bien qu'un petit nombre de cartells existât déjà alors en Allemagne, la notion de cartell et la chose elle-même y étaient totalement inconnues. Dans la courte période de trente ans, ces unions se sont dégagées de leur infime origine et sont devenues un phénomène appartenant à ce qu'il y a de plus important dans l'économie moderne. Une extension aussi rapide est, dans le développement économique, où tout se développe très lentement, quelque chose de si inouï, que déjà, semble-t-il on en peut légitimement conclure que les cartells doivent avoir des causes profondes dans l'économie actuelle et que leur apparition a pu à un moment donné, devenir une nécessité. Nous allons maintenant nous efforcer de déterminer ces causes.

La cause la plus profonde de la formation des cartells se trouve dans le développement de la grande exploitation en général. Or, celle-ci est la conséquence des grandes découvertes techniques qui, commencées déjà dans la seconde moitié du XVIIIe siècle, ont surtout mis leur empreinte sur le XIXe siècle. L'invention de nombreuses machines permit la production en masse, et l'amélioration des relations commerciales, en particulier depuis l'apparition des chemins de fer et de la navigation à vapeur, permit l'écoulement en masse. Mais, à la suite de ce développement, la grande exploitation aspirait à une organisation de l'échange économique toute différente de celle qu'avait eu le métier. L'artisan ne travaillait, et ne travaille actuellement que si quelqu'un lui confie un ouvrage à faire ; très souvent, et il en était surtout ainsi dans les premiers temps, il reçoit aussi la matière première qui lui est fournie par ses clients (louage d'ouvrage, *production-pour la clientèle*). Mais la grande exploitation qui travaille avec des machines et qui est dirigée vers la production en masse ne peut pas attendre que quelqu'un vienne et lui fasse une commande, qui sera exécutée pour chaque client à son rang, dans l'ordre où elle a été faite ; mais elle doit veiller à occuper ses machines d'une façon continue afin d'en retirer toute l'utilité, et pour cela il faut qu'elle travaille pour un approvisionnement (*production en vue du marché*).

D'ailleurs, l'entreprise capitaliste moderne dirigée vers la production en masse engendre le *risque* de propriété (*eigentümliche Risiko*). L'entrepreneur risque de deux manières le capital qu'il a placé dans son exploitation. D'abord, il court le danger de ne pouvoir pas occuper son matériel (*Anlagen*) d'une façon continue et avec bénéfice ; il court ce danger même en ce qui touche ce que l'on appelle le *capital fixe* (*stehende›Kapital*). En deuxième lieu, il n'est pas sûr, après qu'il a commencé à fabriquer des marchandises, de trouver un preneur pour ces marchandises ; il court ce même risque pour ce que l'on appelle le *capital circulant* (*umlaufende›Kapital*) qu'il y a placé. Mais, dans la plupart des cas, le risque du capital fixe est le plus important.

Tant que la production en masse est restée en voie de développement, les chances de l'entrepreneur étaient, en général, très favorables, car, le plus souvent, il pouvait produire à plus bas prix que l'ancien artisan. Celui-ci devait donc se retirer devant la grande exploitation dans toutes les industries successivement. Mais dès qu'un grand nombre d'entrepreneurs se trouva exister dans la même industrie, leur situation devint plus difficile, et cela d'autant plus que de nouvelles découvertes techniques et de nouvelles améliorations se succédaient plus rapidement. Maintenant, chaque nouvel entrepreneur, à la suite de l'emploi des nouvelles machines et des perfectionnements, se trouvait être supérieur aux anciens ; chacun d'eux cherchait par une production et une offre moins chères à se créer un solide débouché. Les anciens entrepreneurs employaient leurs anciens bénéfices à se procurer aussi les derniers perfectionnements ; les capitaux placés dans les exploitations devenaient chaque jour plus considérables et plus ardente aussi la concurrence entre les entrepreneurs de la même industrie. Cet *accroissement* de la concurrence est un phénomène général dans l'économie moderne, et c'est lui, en première ligne, qui a donné naissance aux cartells. Ce même accroissement de la concurrence est aussi la conséquence du grand progrès accompli dans la technique, progrès qui a fait que les frais de production n'ont cessé de diminuer et que les entrepreneurs qui employaient les nouvelles méthodes ont eu une avance sur les autres. Cette concurrence est encore la conséquence de l'extension toujours croissante des rapports commerciaux et des moyens de transport, à la suite desquels la zone d'écoulement de chaque entrepreneur s'est agrandie et lui-même s'est trouvé en opposition d'intérêts avec un cercle toujours plus grand d'entrepreneurs. Elle est enfin la conséquence de l'abondance extraordinairement accrue du capital dans les économies nationales en progrès, et, par suite, de la facilité plus grande de fonder de nouvelles entreprises, comme aussi de l'ardeur avec laquelle on s'y porte.

La lutte excessive dans la concurrence avait maintenant pour les entrepreneurs les suites les plus désavantageuses. D'un côté, le risque du capital grandissait toujours, tandis que, d'un autre côté, les bénéfices diminuaient. Cela alla si loin qu'à la fin le bénéfice ne parut plus aux entrepreneurs une compensation suffisante pour l'augmentation de leur risque de capital. Dès que cette idée se fut généralisée dans une industrie, et dès que l'on fut convaincu qu'une commune entente pourrait y remédier, on eut une base pour la formation des cartells. On peut donc dire que les cartells sont nés, d'une manière purement subjective, des efforts des entrepreneurs, qu'ils sont par suite le *produit de la divergence croissante entre le risque de capital et le bénéfice*. Si on se place au point de vue de l'économie privée, il faut voir là la cause de la formation des cartells, tandis que les phénomènes économiques généraux qui se cachent derrière ces motifs et qui leur donnent naissance, à savoir, la lutte toujours croissante de la concurrence et la situation défavorable qui en résulte, nous expliquent, au point de vue économique, la naissance de ces mêmes cartells.

Il était naturel que les premières tentatives en vue de former des cartells dans une branche d'entreprise aient pris naissance lorsque la concurrence était à son comble et que la situation défavorable qui en résultait avait atteint son plus haut point. Au commencement, en effet, chaque entrepreneur était encore persuadé qu'il pouvait s'assurer de l'occupation et du débit au moyen d'un abaissement des prix, et il tendait, d'après le principe : grand débit, petit profit, vers une production aussi grande que possible pour compenser des prix toujours plus bas. Mais, comme chacun pensait de même la surproduction devenait toujours plus grande, les prix descendaient toujours plus bas, les entrepreneurs les plus faibles s'acheminaient à la ruine, jusqu'à ce qu'enfin la pensée vint à ceux qui restaient de mettre un terme à cet état de choses au moyen d'une entente. Ainsi, de l'âpre lutte de la concurrence sortit aussitôt son contraire : le monopole. D'elle-même, la concurrence se transforma en son contraire. « La concurrence tue la concurrence, » comme le disait déjà le socialiste Proudhon, vers 1840. Il est très intéressant d'observer la façon dont cette transition entre l'individualisme extrême, entre l'isolement absolu des entrepreneurs et des associations de plus en plus organisées s'est, depuis 1870, accomplie dans toutes les industries, les unes après les autres.

Mais comment les entrepreneurs en vinrent-ils tout d'un coup à sortir de leur isolement et à se grouper si solidement dans de telles unions par des engagements réciproques? Ce qui y a contribué pour une large part, c'est que les membres de la même branche industrielle se trouvaient très souvent déjà unis dans ces unions professionnelles que nous avons plus haut distinguées des cartells. Dans ces unions, qui sont, en général, plus anciennes que les cartells, ceux qui appartenaient à la profession entraient tout d'abord en relation pour la représentation des intérêts communs, et, à la suite des agitations communes pour l'amélioration des relations commerciales, des douanes et autres choses semblables, et même de la situation économique et des procédés techniques, ils promettaient de s'employer à cette amélioration. C'était là un premier pas vers l'entente, et, très souvent, c'est à la suite de ces rencontres dans de telles unions que des essais de cartells dans une industrie ont pris naissance. Bien des cartells ressemblent encore de nos jours à des conventions occasionnelles par leurs assemblées périodiques. Tout comme les unions professionnelles, les corporations mutuelles professionnelles de l'assurance contre les accidents ont, en rapprochant les entrepreneurs, favorisé l'union.

La première époque du mouvement vers le cartell en Allemagne est l'époque du grand *krach*, de la profonde dépression économique du milieu de l'année 1870. C'est alors qu'apparurent les grandes associations des industries du charbon, du fer, du papier, de la potasse et d'un grand nombre d'autres produits. Cependant quelques cartells allemands, les uns pour le sel, les autres pour le bismuth ou pour le fer blanc, remontent à 1860. Et même il a été établi récemment que déjà entre 1836 et 1844 il existait un cartell des quatre usines d'alun de la Prusse, sur lesquelles deux appartenaient à des entrepreneurs privés et deux au fisc. Cependant tous ces anciens cartells n'ont été que des phénomènes isolés. C'est alors que la formation des cartells fut facilitée par l'avènement de l'ère de protection douanière dès 1879. On a beaucoup exagéré l'action de la protection douanière sur les cartells. Encore aujourd'hui on entend souvent admettre cette opinion que sans cette protection, il n'y aurait que peu ou pas de cartells. Il est exact que, pendant les premières années qui suivirent l'introduction du tarif douanier, il se fonda un grand nombre d'associations; il y en eut dix-huit pour la seule industrie du fer. Mais il n'est pas exact que ces cartells soient établis pour tirer tout le profit possible des droits de douane. Ils sont aussi la conséquence de la grande crise qui conduisit à une lutte de concurrence de plusieurs années, avant que, dans des industries particulières, le terrain fût prêt pour des ententes. Ce ne fut pas pour utiliser les douanes que les entrepreneurs abandonnèrent leur concurrence et fondèrent des associations ; mais, pour rendre impossible la concurrence, cause de leur situation défavorable, ils se portèrent vers la protection douanière *aussi bien que vers les associations* : vers les premières, pour se débarrasser de la concurrence étrangère ; vers les secondes, pour empêcher, même à l'intérieur, cette lutte sans espoir des uns contre les autres. La protection douanière, du moins dans les commencements, n'a donc pas été un motif, mais un *moyen* pour fonder des cartells. Les entrepreneurs s'aperçurent bientôt que les douanes ne contribuaient que très peu à l'amélioration de la situation d'une industrie tant que la concurrence persistait à l'intérieur du pays. Pour faire cesser cette concurrence, ils durent entrer dans la voie de l'effort personnel. Ce n'est qu'indirectement que le tarif douanier de 1879 a été aussi l'occasion de l'apparition des cartells, en amenant un renchérissement de la matière première, par exemple, dans l'industrie du savon et de la dynamite, et en obligeant ainsi les producteurs d'adapter, au moyen de conventions, leurs prix de vente aux prix, maintenant plus hauts, de la matière première.

D'une manière générale, il apparait de plus en plus, dans la marche de ce développement, que les ententes ont aussi donné aux entrepreneurs la possibilité de faire victorieusement face à des conditions économiques défavorables. Dès que le cartell eut acquis une plus grande extension, on eut devant les yeux l'exemple de plusieurs branches industrielles depuis longtemps organisées en cartell ; les entrepreneurs, dans les moments de crise, ne laissèrent pas toujours les choses en arriver au pire, mais ils s'efforcèrent de se prémunir contre la concurrence, la situation défavorable et les crises. Lorsque le prix de la matière première était en hausse, soit à la suite d'un cartell des producteurs, soit à la suite d'autres circonstances, ceux qui la transformaient commencèrent, au moyen d'ententes sur le prix, à reconstituer leurs bénéfices amoindris. Un très grand nombre de cartells sont nés de ce motif, en même temps qu'une association des metteurs en œuvre provoquait une association analogue de là part des producteurs. C'est ainsi que, dans le cours du développement, les cartells, qui constituaient tout d'abord une simple mesure répressive pour obvier aux conditions défavorables existantes, deviennent de plus en plus des moyens préventifs et servent à se *protéger* contre ces mêmes conditions.

Mais on alla encore plus loin. On s'aperçut bientôt que, même dans une conjoncture favorable, les cartells peuvent être d'une très grande utilité pour les entrepreneurs. Sous le régime de la libre concurrence, l'entrepreneur isolé hésite souvent, même pendant les périodes favorables, à élever ses prix de vente et à les mettre en harmonie avec un accroissement de la demande, de peur que ses concurrents ne veuillent pas le suivre et que lui-même ne compromette ainsi son écoulement. Les cartells, au contraire, permettent aux entrepreneurs d'adapter *immédiatement* leurs prix à la demande accrue, et, par suite, ce n'est pas seulement pendant les périodes difficiles, mais aussi dans des circonstances favorables, que la tendance vers la formation des cartells devient extraordinairement forte. C'est ce qui est arrivé dans les années d'essor de 1888 à 1890, pendant la période si favorable de 1895 à 1900, et même dans la dernière période de vente active, de 1904 à 1907.

Le domaine principal des cartells, c'est la production de la grande industrie, y compris la production minière. L'industrie des transports est également très propre à leur formation; et, là où quelques grandes sociétés peu nombreuses entrent en concurrence, comme dans les pays où règne le système privé des chemins de fer, comme aussi parmi les compagnies de navigation, les cartells de tarifs abondent et appartiennent aussi aux plus anciennes unions en monopole. Chez nous, en Allemagne, les cartells de chemins de fer ont, par la force même des choses, joué un rôle peu important ; il existe, au contraire, un certain nombre de cartells des compagnies de navigation. Les entreprises de navigation qui sont intéressées à la traversée de l'Océan ont conclu avec les compagnies étrangères des cartells que l'on nomme des *pools*. Les deux plus grandes compagnies de navigation ont, elles aussi, des intérêts dans le trust de la navigation, mais elles ont conservé leur indépendance.

En Allemagne, le nombre des cartells industriels est très considérable. Une enquête entreprise, en 1905, par l'Office Impérial de l'Intérieur constatait l'existence de 385 associations, qui se répartissaient ainsi entre les industries particulières :

Industrie du charbon	19	cartells
Industrie du fer	62	»
Industrie des métaux, le fer excepté	11	»
Industrie chimique	46	»
Industrie textile	31	»
Industrie des objets en cuir et en caoutchouc	6	»
Industrie du bois	5	»
Industrie du papier	6	»
Industrie du verre	10	»
Industrie des briques	132	»
Industrie de la pierre et de la terre	27	»
Industrie des objets d'argile	4	»
Industrie alimentaire	17	»
Industrie électrique	2	»
Autres industries	7	»

Cette statistique n'est nullement complète, surtout en ce qui concerne l'industrie chimique. Dans cette industrie, plus de 100 produits ont été l'objet d'ententes, et c'est par douzaines que plusieurs de nos grandes fabriques chimiques sont intéressées dans des cartells. Cependant la plupart de ces cartells ne sont que des unions très peu solides, qui souvent se dispersent bientôt et, après un certain temps se mêlent de nouveau à la lutte de concurrence ; tandis que, au contraire, d'autres, comme par exemple, le Syndicat du bismuth, ont une longue durée et une solide structure. Dans l'industrie du fer le nombre des articles *cartellisés* (*kartellierten*) atteint aussi la centaine. Ici encore, on peut observer que les cartells relatifs aux objets manufacturés ne sont que la suite de la monopolisation antérieure de la matière première, de la matière accessoire et des objets semi-manufacturés. Le cartell de l'industrie du fer, en particulier, se trouve en voie de développement et représente le type d'une organisation antérieure de ce cartell. La grande *Association de l'acier* (*Stahlwerksverband*) est ici la première tentative que l'on ait faite pour réglementer d'une manière uniforme et réunir dans un grand et unique *cartell général* toute une série de produits différents.

C'est pourquoi, dans l'industrie du fer, une importance toute particulière doit être attribuée aux cartells des mines de houille, parmi lesquels il faut compter notamment le *Syndicat rhéno-westphalien du charbon* (*Rheinish-Westfälische Kohlensyndikat*), qui a englobé le Syndicat du coke et l'Union de vente des briquettes et qui, pour la majeure partie du public, a une très grande importance.

Mais les plus nombreux, comme cela résulte d'ailleurs

de la statistique, ce sont les cartells de l'*Industrie des briques* (*Ziegelindustrie*). Cependant la plupart de ces cartells ont un caractère plus local. Au contraire, dans l'industrie similaire *de la pierre et de la terre*, pour la chaux, le ciment, la poterie et autres produits semblables, on a créé des associations territoriales solidement organisées qui se rattachent les unes aux autres par des liens plus ou moins étroits.

Une importance assez considérable doit encore être attribuée aux cartells des industries du *bois* et du *papier*. La production et la mise en œuvre des autres métaux, le fer excepté, sont entièrement organisées en cartells. Il en est ainsi notamment pour les industries du *zinc*, du *cuivre*, du *laiton* et du *nickel*.

Dans l'*industrie textile*, les cartells n'ont eu jusqu'ici qu'une importance relativement insignifiante. La principale cause, c'est que, dans cette industrie, la diversité des produits, et, souvent aussi, le grand nombre des producteurs, rendent plus difficile la formation des cartells. La forme commune à tous ces cartells consiste ici dans la limitation de la production ; les cartells de prix sont plus rares. Les cartells désignés sous le nom de cartells de conditions (*Konditionskartelle*) ont acquis une importance particulière ; ce sont des associations qui ne cherchent à exercer aucune sorte d'influence sur la formation du prix, mais qui veulent tout simplement modifier en faveur de leurs membres les conditions générales des opérations de cette industrie.

Dans l'industrie des produits alimentaires, si l'on fait abstraction des associations déjà anciennes relatives au sel et des nombreuses conventions relatives à la brasserie, le nombre des cartells n'est pas très considérable et il en est de même en général en ce qui concerne les produits agricoles. Ce n'est que dans les industries du sucre et de l'alcool que l'on est arrivé à former des cartells importants. Cette formation s'est trouvée surtout facilitée par la législation fiscale qui impose à toutes les fabriques un quantum déterminé de production et qui a, par suite, créé là une base pour les autres mesures qui tendraient à supprimer la concurrence. D'ailleurs, les conditions mêmes de l'agriculture ne se prêtent que difficilement à la formation en cartells.

Le grand nombre des exploitations, leur étendue très diverse, les différences dans la nature de leur production et dans les frais de production, la dispersion des lieux de production sont autant de choses qui rendent très difficile la formation des cartells. De plus, comme les exploitations agricoles apportent en général sur le marché non pas un produit unique, mais toute une série de produits qui en dépendent, il en résulte que souvent la concurrence ne s'exerce pas régulièrement entre ces mêmes exploitations. Malgré cela, les besoins de l'agriculture ont fait naître plusieurs tentatives en vue de se procurer, au moyen du groupement, des conditions plus favorables à l'écoulement des produits. Le développement extraordinaire de l'association agricole a souvent conduit à des organisations qui revêtent un certain caractère de monopole, en tant que les agriculteurs qui gouvernent l'approvisionnement d'un marché déterminé au moyen des produits qu'ils y apportent, s'unissent en Sociétés de vente (*Verkaufsgenossenschaften*). Quoique ces associations n'aient servi tout d'abord qu'à supprimer les intermédiaires et à faire profiter leurs membres des bénéfices de ces derniers, il s'est formé cependant çà et là — je ne parle que des Associations centrales laitières de Berlin (*Berliner Milchzentrale*) — des organisations de vente entièrement établies sur les bases du monopole.

D'une manière générale, l'association en monopole des producteurs a souvent entravé la liberté des mouvements commerciaux et amoindri les bénéfices des commerçants. Ceux-ci ont alors bien souvent cherché à se tenir indemnes au moyen de cartells, et ce qui démontre l'effet communicatif des cartells, c'est que très souvent, lorsque les producteurs s'unissent en cartells et élèvent leurs prix, les commerçants, cessant aussi toute concurrence, se groupent et établissent des prix en rapport avec ceux des producteurs. En général, cependant, le commerce n'offre pas à l'organisation de cartells solides et durables un terrain aussi favorable que la production. C'est que, en effet, le capital engagé dans le commerce étant surtout un capital circulant, la concurrence peut mieux se produire contre un cartell des commerçants que contre un cartell des producteurs. Si les commerçants élèvent aujourd'hui en commun les prix de leurs marchandises, d'autres commerçants peuvent demain entrer dans cette même branche commerciale et, par une baisse des prix, s'assurer toute la demande. Et lorsque le cartell vient à se dissoudre, les concurrents peuvent sans dommage renoncer à la vente de ces mêmes marchandises. Ce n'est que lorsque quelques grandes maisons de commerce ont des rapports très étroits avec les producteurs, comme c'est le cas dans le commerce du charbon, que le monopole des marchands est très solidement établi et sert, de son côté, à donner plus de force à celui des producteurs.

Même lorsque la zone de production est très favorable à la formation de cartells, les diverses branches d'entreprise offrent cependant, à ce point de vue, des différences notables. D'une manière générale, il n'y a que peu de chose à dire sur le point de savoir dans quelle mesure une marchandise est apte à servir de base à la formation d'un cartell. Ce qu'il y a de certain, c'est que les marchandises sur lesquelles la mode et le goût changeant du public exercent une grande influence, et celles dans la fabrication desquelles les capacités artistiques entrent en compte, celles où les dessins et les modèles jouent un rôle important, comme aussi celles pour la fabrication desquelles certaines maisons jouissent d'une réputation particulière, sont autant de marchandises qui se prêtent très peu à la formation de cartells. D'ailleurs, des cartells créés pour des produits tels que les produits d'éclairage, les pianos, les boîtes à musique, les cartes illustrées, qui cependant ne concernaient pour la plupart que les qualités inférieures, et d'autres, comme, par exemple, ceux qui concernent les meubles, ont complètement échoué.

En général, les objets qui se prêtent le mieux à la *cartellisation* (*Kartellierung*), ce sont les marchandises en grandes masses (*Massengüter*) et dont les qualités sont aussi peu différentes que possible. Il en est ainsi tout au moins pour ces sortes de cartells constitués que l'on nomme des syndicats. Mais, en fait, les marchandises qui, en Allemagne, ont fait l'objet d'un cartell sont excessivement diverses. Aussi bien les matières premières par grandes masses, comme le fer, la chaux, le sel, que les matières rares, comme le bismuth, les terres rares employées dans la fabrication des manchons de chauffe, ont fait l'objet de cartells. Les cartells n'ont pas seulement pris naissance pour les produits dont la consommation est le plus étendue, comme les charbons, le sucre, le papier, les allumettes; mais il s'en est formé aussi pour des spécialités comme les mannequins des devantures, les placages en bois de cèdre, de nombreux produits chimiques spéciaux, les plumeaux à épousseter, et les cylindres à nettoyage. Il en a été de même pour des produits minuscules tels que les aiguilles, pointes, boutons à pression et autres objets semblables, aussi bien que pour la construction des wagons et locomotives de chemins de fer; pour des produits qui sont fabriqués en Allemagne par des centaines de producteurs : ciment, sucre, savon, comme encore pour des produits pharmaceutiques sortant d'un très petit nombre de fabriques; pour les lanternes de bicyclettes, les chaînes de bicyclettes, les calendriers à effeuiller, les palmes artificielles, baguettes d'encadrement, patins à roulettes et autres.

Dans l'ensemble on peut évaluer le nombre des cartells qui ont déjà existé en Allemagne à plus de cinq cents. Le nombre de ceux qui subsistent encore, si l'on y comprend toutes les unions locales, n'est pas loin d'atteindre ce chiffre. Et le nombre des marchandises qui ont déjà fait l'objet de cartells dépasse quatre cents.

Ce qui a une grande importance pour l'avenir, c'est, dans le cours de la dernière décade, l'accroissement considérable du nombre des *cartells internationaux*, c'est-à-dire des associations auxquelles participe, en dehors de l'Allemagne, au moins un pays étranger. Déjà, depuis le commencement de 1880, il existe de ces cartells, et cela notamment dans l'industrie chimique, à laquelle appartiennent encore aujourd'hui la plupart des associations qui se rattachent à ces cartells. Dans mon ouvrage publié en

1897 et intitulé : *Les associations d'entrepreneurs* (*Die Unternehmerverbände*), se trouve une liste de quarante cartells internationaux auxquels participe l'Allemagne, et, sur ce nombre, plus de la moitié appartiennent à l'industrie chimique. Aujourd'hui leur nombre approche de la centaine, dont plusieurs douzaines appartiennent à l'industrie chimique et, parmi ces derniers, la plupart sont relatifs à des produits spéciaux. Parmi les autres marchandises, il convient de nommer : les rails, les tuyaux, les traverses, le fil de fer, les pointes, le treillis métallique, les aiguilles, les plumes d'acier, les écrous, les objets émaillés, le zinc, le plomb, le nickel, le cuivre et divers ustensiles de cuivre, l'aluminium, le velours, les cravates, la soie à coudre, les écharpes, les cache-nez, etc., les cartes postales au bromure d'argent et d'autres objets. Il existe encore environ douze cartells internationaux de navigation. La plupart des cartells internationaux ressortissent à l'Allemagne, à l'Autriche et à la Belgique.

Nombreuse est aussi la variété des *formes* dans lesquelles les entrepreneurs se sont groupés en monopoles contre leurs acheteurs. On peut y distinguer trois groupes principaux. Ce que les entrepreneurs précédemment en état de concurrence comprenaient le mieux, c'était que tous s'assuraient mutuellement une zone déterminée d'écoulement, ou s'attribuaient des acheteurs déterminés, de telle sorte que chacun d'eux se trouvait avoir un monopole complet dans son champ d'action. Cela se produit au moyen des cartells de zone (*Gebietskartelle*). Cependant la plupart du temps il advient que plusieurs groupes territoriaux d'entrepreneurs agissant en commun délimitent entre eux leur zone de vente. Les cartells internationaux, notamment, s'imposent souvent cette délimitation, s'atreignant à l'obligation de ne pas vendre dans la zone des autres états.

Mais les cartells donnent aussi aux entrepreneurs la possibilité de se créer un monopole sans se placer dans un pareil isolement et cela, (1) par une entente sur les *prix* qu'ils désirent établir, (2) en réglementant la *production* de chacun d'eux. Le premier procédé est bien entendu le plus recherché lorsqu'il s'agit d'accroître des bénéfices amoindris par la concurrence. C'est ce qui explique que les *cartells de prix* soient si nombreux. Mais très souvent la concurrence a amené une grande surproduction, les marchands et les consommateurs sont longtemps d'avance encombrés par leurs approvisionnements et des conventions de prix sont à peine réalisables. C'est alors que doivent apparaître les réglementations de la production ; des restrictions d'exploitation et de production sont établies, ce qui peut être obtenu de diverses façons, et c'est ce que l'on appelle les cartells de production (*Produktionskartelle*).

Dans ces trois formes de cartells : Cartells de zone, Cartells de prix et Cartells de production, on peut encore distinguer des degrés. Le degré le moins élevé consiste en une simple *limitation* de la liberté des entrepreneurs, soit au point de vue de l'écoulement, soit au point de vue de la fixation des prix ou au point de vue de l'activité de production. Le degré le plus élevé, au contraire, est caractérisé par une *répartition* de l'offre, de l'ensemble de la demande ou de l'ensemble des bénéfices. Il s'agit ici des cartells de partage (*Verteilungskartelle*). Contrairement à ce qui existe pour les cartells d'ordre inférieur, qui consistent en de purs contrats entre les entrepreneurs et n'ont aucun organe concret, les cartells de partage ont ordinairement un organe particulier et nécessaire que l'on nomme Bureau de vente (*Verkaufsstelle*) ou Syndicat et qui s'occupe de la répartition. Cet organe, qui a souvent aujourd'hui la forme d'une société, société par actions, société à responsabilité limitée, mais dont le fonctionnement peut être confié à des personnes privées, à des maisons de commerce ou à des banques, exige naturellement des rouages d'administration plus étendus et suppose par conséquent une plus solide organisation du groupe. C'est pourquoi ces cartells complètement organisés sont peu à peu sortis des cartells d'ordre inférieur.

Au cartell dit d'ordre inférieur correspond ici le cartell avec répartition de la commande (*Auftragsverteilung*), dans lequel il n'y a sans doute aucune délimitation territoriale, mais où toutes les commandes doivent être adressées à ce que l'on appelle un syndicat de vente (*Verkaufssyndikat*), qui lui-même attribue ces commandes aux membres individuels d'après un plan de répartition fixé d'avance et jusqu'à concurrence de la quotité de débit qui leur est consentie. Cette forme de cartell s'adapte tout particulièrement aux produits par grandes masses, dans lesquels n'existe qu'une faible différence de qualité et où l'acheteur s'inquiète peu que la livraison soit faite par tel ou tel producteur déterminé. Parmi les cartells établis d'après cette forme il faut ranger la plupart des associations de l'industrie du charbon et de l'industrie du fer. La *Rheinisch-Westfalische Kohlensyndikat* A. G., à Essen, le *Stahlwerksverband* A. G., à Düsseldorf, ne sont pas autre chose que des Bureaux de vente de l'Association des mines, et, par suite, des propriétaires d'aciéries. L'obligation de ces industriels, qui consiste à ne vendre que par l'intermédiaire de ces sociétés par actions, constitue à proprement parler le cartell. Dans d'autres industries, de nombreux cartells ont encore été organisés d'après ce même système, et il paraît être celui qui s'adapte le mieux aux associations parfaitement organisées.

Les cartells de production d'ordre inférieur correspondent aux répartitions d'offres (*Angebotsverteilungen*), dans lesquelles on détermine, pour chaque membre, la part du quantum total de production qu'il a le droit de mettre en vente sur le marché.

Enfin, les cartells de prix correspondent, parmi les cartells d'ordre supérieurs, à ceux qui se proposent une *répartition des bénéfices*. Ici, toutes les recettes tombent dans une caisse commune et sont réparties entre les membres au prorata de leur chiffre de participation, et, par suite, chaque membre est, de prime abord, tenu de verser à la caisse commune la différence entre un prix de base accepté, et qui correspond à peu près aux frais de production, et un prix de vente minimum expressément convenu. Dans plusieurs de ces cartells, dont le nombre s'est surtout accru dans ces dernières années, la production des membres se trouve aussi influencée par le fait que, au delà d'un certain quantum de répartition pour ce qui est produit ou vendu en plus, il est fait à la caisse commune des versements plus élevés, ou il y est touché des remboursements moindres. De cette façon, la fixation d'un prix général commun de vente devient tout à fait superflue. Chacun a déjà de lui-même un intérêt à ne pas vendre au-dessous du prix minimum, et, inversement, il devient possible qu'un prix de vente plus élevé obtenu par un entrepreneur, peut-être à cause de la qualité particulière de ses produits, lui procure aussi un avantage.

Une autre forme du cartell de répartition des bénéfices consiste en ce qu'il est créé par les producteurs une association commerciale particulière (la plupart du temps, une société par actions ou une société à responsabilité limitée), qui leur prend leurs produits, les vend à des prix conventionnels plus élevés et répartit ensuite le bénéfice entre les membres. Cette forme du cartell de répartition des bénéfices peut être regardée d'une manière générale comme la forme la plus haute que l'on puisse imaginer, puisque c'est celle où l'indépendance des entrepreneurs se trouve le plus limitée. Elle leur prend tout un côté de leur activité, celui de la vente, et ne leur laisse d'indépendance qu'en ce qui concerne la production et la propriété de leur exploitation. Si l'on enlève encore cette dernière indépendance aux entrepreneurs, nous tombons dans la *Fusion en monopole* (*monopolistische Fusion*) et dans le *Trust*, où cesse également toute indépendance des entrepreneurs pour faire place à une nouvelle entreprise unifiée. Mais de ces organisations, qui ont à peine fait leur apparition en Allemagne, et qui se sont jusqu'ici surtout développées en Amérique, nous parlerons dans un prochain chapitre.

Nous allons tout d'abord dire ici quelques mots au sujet des cartells organisés hors des pays allemands.

Le mouvement des cartells en Autriche offre la plus grande ressemblance avec l'état de choses existant en Allemagne, et tout ce qui va être dit sur les cartells s'applique aussi bien à l'Autriche qu'à l'Allemagne, avec cette différence, que la question de l'intervention de l'Etat se trouve placée sur un terrain juridique différent. Mais, d'ailleurs, la formation des cartells, étant donné le moindre développement industriel du pays en général, est, en Autriche, poussée aussi loin qu'en Allemagne.

Après l'Autriche-Hongrie, c'est la Belgique qui devrait posséder le plus grand nombre de cartells dans le sens que nous avons donné à ce mot. Ces cartells ont aussi le plus souvent été créés d'après le type allemand, et ils se rattachent en partie aux cartells allemands correspondants.

En France, les cartells ont, encore aujourd'hui, reçu un moindre développement que dans les pays que nous venons de nommer. Cependant, là aussi, il existe, notamment dans l'industrie du fer, où les commencements en cela remontent à 1840, et dans l'industrie chimique, une série d'associations solidement établies. En France et dans tous les pays que nous avons nommés, à l'exception de l'Allemagne, les cartells sont, du reste, en fait, interdits par la législation relative aux coalitions ; cependant les dispositions de cette législation n'ont été, en pratique, presque jamais appliquées.

Les cartells ne font même pas entièrement défaut dans des pays où l'industrie est peu développée. D'ordinaire, ce n'est pas là que l'on invente ce mode de groupement et on ne fait qu'y suivre l'exemple donné par les grands pays industriels et, en particulier, par l'Allemagne. C'est ainsi qu'il existe des cartells en Italie (notamment dans les industries du fer, du sucre, du papier, du marbre, du coton, du soufre, des engrais, de la soie, de l'alcool, du verre) ; en Espagne (également dans les industries du sucre, du fer, des produits chimiques, du cuivre, du verre, de l'alcool, du sel, du papier) ; dans les Etats scandinaves (notamment pour les produits de l'industrie du bois, aussi bien que pour le minerai de fer, le cuivre, le ciment, la pierre à chaux, le granit, les engrais, le verre, la cellulose, le sucre, le papier, l'alcool) ; en Roumanie (pétrole, chaux, papier, pointes) ; en Russie (dans les industries du charbon, du fer, du cuivre, du ciment, du sucre, des allumettes, du sel, de l'alcool, des glaces, du papier, des produits chimiques, des boutons en celluloïde, du pétrole, de la colle, de la gomme, de l'amiante et dans l'industrie textile ; en Suisse (dans les industries de la soie, du coton, de la chaux, du ciment, des tuiles, des meules, du chocolat, du lait, du vinaigre, des produits chimiques, de la bière, de l'électricité, de l'horlogerie) ; en Portugal (pour le coton et la farine) ; en Bulgarie (pour l'alcool, l'essence de roses et le tabac) ; en Egypte (pour le sucre) ; au Japon (pour la soie, le coton, le thé, le charbon, le sucre, les allumettes, la bière) ; en Turquie (pour les tapis de Smyrne, le sucre, les denrées coloniales) ; à Cuba (pour le sucre) ; dans la République Argentine et au Brésil (pour les allumettes) ; au Chili (pour le salpêtre) ; au Mexique (pour le sucre et le chanvre), etc.

Nous nous occuperons dans le quatrième chapitre des unions en monopole qui existent en Angleterre et dans les Etats-Unis d'Amérique, unions dans lesquelles la forme du *trust* joue un rôle particulier.

D'après ce qui vient d'être dit, il est facile de voir que la tendance vers les unions monopolistes est aujourd'hui répandue dans le monde entier. Partout on s'efforce de supprimer ou du moins d'atténuer par des organisations en commun la lutte de concurrence et d'assurer par là aux membres d'une branche industrielle de meilleures conditions industrielles. Si l'on veut bien mesurer l'importance du développement qui s'est à peu près accompli dans l'espace d'une génération, et l'immense contraste qu'il offre avec l'époque antérieure, il ne faut pas oublier, que il y a à peine une génération, ce qui dominait encore partout en économie politique et en politique, c'était la tendance vers l'*individualisme* économique, idée d'après laquelle la *lutte d'intérêts de tous contre tous* était proclamée comme étant l' « état naturel » de la vie économique, et d'après laquelle aussi la *libre concurrence* était regardée comme le seul régulateur de l'économie politique. Celui qui aurait osé prédire alors, que dans le cours d'une génération presque toutes les branches industrielles s'organiseraient en associations, et auraient plus ou moins supprimé la libre concurrence, celui-là, dis-je, aurait été regardé comme un halluciné. De semblables idées auraient été qualifiées d'idées « socialistes ». Mais personne alors ne prévoyait ce développement, et les socialistes eux-mêmes, qui étaient habitués à prophétiser *ex professo*, se représentaient l'avenir sous un autre aspect.

Aujourd'hui la libre compétition se trouve à peu près supprimée en fait dans les grands domaines de la vie économique. On pourrait peut-être caractériser d'un mot cette *époque des cartells et des trusts* par rapport à l'état ancien de *libre concurrence* en disant qu'autrefois, à l'époque de la concurrence, les producteurs et tous les sujets de l'échange économique luttaient les uns contre les autres en vue de s'assurer une clientèle, tandis qu'aujourd'hui à la place de la lutte pour des clients est apparue la lutte *contre les clients*. Dans l'état antérieur de concurrence, l'acheteur, le consommateur qui s'adressait à eux était le *tertius gaudens*. Il profitait tout simplement de la lutte que les producteurs engageaient entre eux en vue de s'assurer des débouchés. Il obtenait, par suite, les meilleurs prix possibles, et, à son point de vue, cet état apparaissait comme l'état « naturel ». Aujourd'hui, on sait que la concurrence permet, il est vrai, au consommateur de s'approvisionner au prix le plus bas, mais qu'elle est tout à fait anti-économique et qu'elle représente un grand gaspillage de capitaux. A mesure que croît, avec le développement de la grande exploitation, le besoin de capitaux pour les entreprises, on cherche, avec une ardeur de plus en plus grande, à éviter le danger et le dommage qui résultent de l'état « anarchique » de la production, et il est devenu de plus en plus nécessaire de créer une *organisation* économique, une exclusion de la concurrence au moyen d'unions. De là vient que, avec le développement de la grande exploitation moderne et des effets de commerce a pris naissance un rapport plus étroit de tous les sujets économiques avec le mécanisme de la production (époque du capitalisme des effets de commerce) et que, aujourd'hui certainement, la partie de la population qui ne trouve son intérêt que dans des prix peu élevés est moins nombreuse que les *purs consommateurs* d'autrefois, surtout si les grandes masses ouvrières parviennent à obtenir, grâce à cette organisation, une augmentation de salaires correspondant à cette hausse du prix des marchandises. Tout le monde sait que lorsque les marchandises sont à bas prix, ce n'est nullement un signe de prospérité économique. En tous cas, sous l'influence des modernes organisations de producteurs, les prix de la plupart des marchandises se sont considérablement élevés pendant le cours de la dernière génération et, par suite, les *luttes de prix* sont aussi tout naturellement devenues plus acharnées.

De sorte que, aujourd'hui, tous les vendeurs de marchandises et de produits ont à soutenir *contre leurs acheteurs* une lutte ardente *au sujet du prix*, tandis qu'auparavant ils luttaient les uns contre les autres pour le plus grand avantage des acheteurs. Cette lutte a pris fin à la suite de l'avènement des cartells, des unions en monopole, et, par suite, la lutte actuelle contre les acheteurs n'est plus une lutte *isolée*, mais une lutte *organisée*. Ceux qui étaient autrefois en état de concurrence, se sont aujourd'hui organisés, mais, en outre, il s'est formé divers groupes d'acheteurs, comme nous le verrons d'ailleurs bientôt Ces luttes organisées d'unions d'offre (*Anbietervereinigungen*), principalement les *cartells* et toutes les *unions professionnelles*, d'un côté, et ces organisations d'acheteurs, d'un autre côté, représentent le signe économique le plus caractéristique de l'époque actuelle.

L'exclusion de la concurrence entre les membres de la même profession ou de la même industrie *n'a pas le moins du monde conduit à la paix économique*, mais une lutte beaucoup plus acharnée que l'ancienne lutte en vue des clients, est aujourd'hui déchaînée dans de nombreuses industries, à savoir, la lutte contre les clients, surtout la lutte contre les transformateurs de matière première et contre les marchands. Ces luttes, par là même qu'elles n'ont plus lieu entre des entrepreneurs isolés, et que des branches industrielles organisées rivalisent entre elles, sont devenues des luttes de puissances et de classes, et, par elles, se trouvent accentuées la formation et la différenciation des classes économiques. Ceux qui sont les plus exposés à souffrir de ces luttes économiques, ce sont surtout ceux qui peuvent le moins s'organiser, c'est-à-dire les derniers consommateurs. C'est pourquoi le grand problème de l'avenir ce sera celui qui a trait à la lutte des diverses organisations de producteurs contre les derniers consommateurs et à la protection de ces derniers par la politique économique, et ce problème aboutit au développement des cartells et des trusts.

Après avoir ainsi indiqué à grands traits la situation que les unions en monopole occupent dans la vie économique, nous allons les examiner dans leurs détails les plus importants, et c'est ce que nous ferons dans les deux chapitres suivants en y étudiant les *effets des cartells*.

CHAPITRE II

EFFETS DES CARTELLS SUR LES INDUSTRIES QUI EN DÉPENDENT

Il est naturel qu'une institution qui réalise une force aussi fondamentale et qui se propage comme les cartells, apporte à ses promoteurs des avantages particuliers. En fait, l'utilité des cartells pour les entrepreneurs est extraordinairement grande. De même que, au point de vue de l'économie privée des entrepreneurs, nous sommes remontés de l'origine des cartells d'un côté, jusqu'à la *baisse des bénéfices* à la suite de la concurrence, et, d'un autre côté, jusqu'à l'*accroissement du risque du capital*, de même les effets des associations pour les entrepreneurs se distinguent en tenant compte de ces deux mêmes directions.

Les *conventions communes de prix* qui, contrairement à leur ancienne signification, indiquent une élévation des prix, agissent contre l'amoindrissement des bénéfices tel que celui qu'apportait autrefois avec elle une concurrence toujours de plus en plus ardente. La possibilité d'une intervention directe dans la formation des prix, l'indépendance relative des conditions de l'offre et de la demande constituent pour les entrepreneurs les avantages les plus saillants des cartells. Il en résulte des *conditions uni-*

formes d'écoulement pour l'industrie tout entière. Chaque entrepreneur n'a plus besoin d'observer avec angoisse ses concurrents pour voir si l'un d'eux adopte une baisse de prix à laquelle il sera lui-même forcé de se conformer. Ce qui est d'une très grande importance, c'est la possibilité, pour les entrepreneurs, lorsque la demande s'accroît, d'élever les prix à n'importe quel moment. Tandis que la concurrence les empêche souvent de tirer parti de la situation, le cartell leur permet, au contraire, d'adapter les prix à une demande qui s'accroît. C'est là la cause qui fait que tant de cartells ont été conclus dans les périodes où la demande s'accroît.

Mais aussi lorsqu'un revirement se produit et que commence une période de recul, une solide association continue d'être d'une très grande utilité pour les entrepreneurs. Il est vrai que pendant de telles périodes bien des cartells font naufrage. Mais si le lien est assez solide pour surmonter la crise et pour pouvoir empêcher la surproduction menaçante au moyen de limitations de la production, il devient alors possible, même à un moment où la demande baisse fortement et au milieu de conditions défavorables, de maintenir encore longtemps les prix de la période de grande activité. Déjà, pendant la crise de 1901, et des années suivantes, cela se produisit en particulier pour le Syndicat rhéno-westphalien des houilles (*Rheinisch-Westfälisches Koklensyndikat*) qui ne diminua que très peu ses prix pendant la période de dépression et qui les a encore élevés davantage depuis cette époque. Le tableau suivant donne, jusqu'en 1893, année de la fondation du syndicat, les prix annuels moyens pour le charbon gras (*Fettförderkohle*) à la Bourse de Essen, et depuis lors, les prix de prise en charge (*Verrechnungspreise*) du syndicat.

Années	Mark	Années	Mark
1881.	5,48	1895 96. . . .	7,50
1882.	5,77	1896-97. . . .	8,30
1883.	5,88	1897-98. . . .	8,60
1884.	5,22	1898 99. . . .	8,60
1885.	5,63	1899-00. . . .	9,10
1886.	5,60	1900-01. . . .	10,10
1887.	5,62	1901-92. . . .	10,10
1888.	6,04	1902-03. . . .	9,00
1889.	8,48	1903-04. . . .	9,00
1990.	10,72	1904-05. . . .	9,00
1891.	9,86	1905-06. . . .	9,30
1892.	8,50	1906-07. . . .	10,00
1893.	7,30	1907 08. . . .	11,00
—	—	1908-09. . . .	11-11,50
1893-94. . . .	7,00	depuis 1909 . .	10,50-11
1894-95. . . .	7,50		

On reconnaît la hausse presque constante des prix sous l'influence du syndicat, hausse qui, à la vérité, même pendant la période de vente active de 1900, n'a pas atteint les prix de 1890 (ni même ceux du commencement de l'année 1870), mais qui pendant la haute activité des années 1906-1908 a atteint pour la houille les prix les plus élevés que l'on ait jamais vus.

Ce maintien des prix élevés a beaucoup moins existé dans les autres associations, et c'est en grande partie parce que, ici, l'accroissement de la production pendant cette période d'activité a été plus rapide et plus facile que dans les mines de houille. Comme, en même temps, les besoins relatifs aux produits tels que le fer, le ciment, etc., n'avaient pas la même stabilité que les besoins de charbon, ces associations, malgré une rigoureuse limitation de la production, quelquefois jusqu'à la moitié de la part contributive, ne furent pas dans la possibilité de maintenir les prix. A la suite de cela, quelques cartells, comme ceux de l'industrie du ciment, durent se dissoudre. C'est ici qu'apparaissent très clairement les différences qui existent dans l'aptitude des cartells des industries particulières.

Depuis quelque temps apparaît partout l'effort que l'on fait pour obtenir une plus grande stabilité, et aussi pour empêcher en temps de crise un recul trop brusque des prix, et l'on peut déjà constater aujourd'hui, en 1909, un progrès très sensible, si l'on se rapporte à l'année critique de 1901. Le syndicat des houilles fut le seul alors qui maintint ses prix aussi longtemps que possible et qui les diminua très peu, et l'association de l'acier (*Stahlwerks-verband*) pendant la période de dépression qui a suivi 1908 est aussi le seul, après le syndicat des houilles, qui ait tenu la plus grande partie de ses produits à des prix élevés. Et tandis qu'en 1900-1901 la majeure partie des cartells du ciment disparaissaient, ils se sont maintenus en 1908, et ils n'ont que très peu abaissé leurs prix, et en tous cas, ils ont su éviter un brusque recul, et un certain nombre de cartells du ciment, notamment ceux du Sud de l'Allemagne, ont pu, en 1908, distribuer le même dividende que dans les années les plus favorables. Aussi, dans les petites industries, par exemple dans l'industrie des glaces, les cartells ont-ils résisté à la dépression, et assuré à leurs membres une situation relativement avantageuse.

Nous examinerons au chapitre suivant l'influence qu'exercent sur les acheteurs les prix ainsi maintenus ; en tous cas, un cartell bien organisé et solidement établi constitue en quelque sorte une assurance contre les trop brusques fluctuations du marché. Cet effet sera certainement encore plus apparent à l'avenir, lorsque la formation de cartells organisés aura fait des progrès. Il est vrai que toutes les industries ne se trouvent pas dans des conditions également favorables à ce développement, et même la possibilité d'empêcher une extension excessive de la production pendant les périodes de haute activité n'existe pas partout au même degré.

Ce qui constitue pour les entrepreneurs un grand avantage, ce sont les conventions qui se rattachent habituellement aux cartells de prix et qui sont relatives aux *conditions de vente*, aux *modes de paiement*, à la *concession de rabais et de crédit*, à l'*imputation de l'emballage*, etc., et que l'on désigne sous le nom de Cartells de conditions (*Konditionenkartelle*). Ces conventions servent, d'un côté, à rendre plus efficaces les conventions de prix, tandis que d'un autre côté elles suppriment plusieurs inconvénients qui d'ordinaire accompagnent bien des industries et qui souvent représentent une sorte de concurrence bâtarde.

Même sans aucun lien qui les rattachât aux *conventions de prix*, les cartells de conditions ont, dans ces dernières années, acquis une très grande diffusion, non seulement dans la production, où ils jouent surtout un certain rôle dans les diverses branches de l'industrie textile de produits finis, mais encore dans les diverses branches commerciales. Ils n'ont, à proprement parler, aucun des effets du monopole, mais ils procurent cependant à leurs membres une diminution sensible de la concurrence, puisqu'ils suppriment les procédés généraux de concurrence, que, en leur absence, on a coutume d'employer dans ces industries. Ils placent, au point de vue des conditions de vente, tous les concurrents sur le même pied et ils fortifient, par suite, leur position vis-à-vis des acheteurs. Ceux-ci se sont, par contre, souvent groupés, notamment dans le commerce de détail, pour rendre moins dures pour les acheteurs des conditions de vente souvent très oppressives. Dans plusieurs branches d'entreprises, on est déjà parvenu à établir des ententes entre les deux parties ; dans d'autres, la lutte acharnée continue encore. Ces luttes et ces ententes constituent les phénomènes les plus remarquables de l'économie nationale contemporaine, puisqu'on y voit encore aujourd'hui les intéressés des deux camps s'organiser sur toute la ligne et s'unir dans une action commune et définitive, ce qui autrefois n'était le cas que pour les luttes contre les ouvriers.

De telles ententes au sujet des conditions de vente peuvent aussi, d'un manière générale, être très utiles au point de vue économique, car, tout le monde sait que, par exemple, la concession de crédit, que l'on rencontre très fréquemment à tous les degrés de l'échelle économique dans le commerce de détail, fait, en réalité, payer plus cher les marchandises aux derniers consommateurs. Aussi le public a-t-il intérêt à voir supprimer ces excroissances de la concurrence et à voir s'établir des prix fixes pour tous les acheteurs.

L'uniformité des prix, la sécurité contre leurs chutes soudaines ont, pendant la crise, naturellement aussi une grande importance pour la diminution du *risque du capital*. Cette diminution est encore favorisée par l'adaptation de la production aux besoins, et c'est ce que rend possible, pour les entrepreneurs, le cartell de production. C'est dans la régularisation de la production qu'apparaissent surtout les avantages d'une étroite association des industriels par rapport à l'isolement qui existe sous le régime de la libre concurrence. Dans la concurrence, nous observons un état de choses en complète opposition avec toutes les règles économiques, à savoir que l'entrepreneur individuel, lorsque les conditions de vente sont défavorables, ne peut pas entreprendre de réduire son offre, mais qu'il est plutôt porté à l'augmenter. Tout entrepreneur sait qu'une offre excessive ne peut être combattue qu'au moyen d'une limitation de la production, mais il sait aussi que dans l'état de concurrence il ne peut pas établir seul une telle limitation sans créer un avantage pour les autres et sans se nuire à lui-même. Les cartells y apportent une modification. Une limitation commune de la production est donc, notamment en période de dépression, le moyen d'améliorer la situation plus rapidement que ne le permettrait la libre concurrence qui, elle, finit par supprimer les entreprises les plus faibles.

Lorsque la situation est très défavorable au point de vue économique, les entrepreneurs ne peuvent y porter remède qu'au moyen d'une limitation de la production. De simples conventions de prix ne suffisent pas ; car les grands stocks qui se trouvent soit chez les commerçants, soit chez les producteurs, empêcheraient l'exécution de ces conventions, et les producteurs doivent avant toute chose faire en sorte que les dépôts, qui occasionnent des frais si considérables pour la plupart des produits, ne s'augmentent pas. Il s'ensuit que, notamment dans les industries qui se prêtent le mieux à la formation de cartells, dans les industries de la houille et du fer, dans les autres industries métallurgiques, dans celles de la pierre et de la terre, etc., les premiers cartells, qui régulièrement ont pris naissance pendant des périodes difficiles, ont été des *cartells de production*.

Ce qui est, en outre, d'une très grande utilité pour les entrepreneurs, c'est la position très prépondérante que le groupement leur crée vis-à-vis des autres sujets économiques. Par rapport aux acheteurs en général, on peut dire que les producteurs groupés en cartells sont jusqu'à un certain point souverains, tandis que, dans la libre concurrence, ce sont souvent les acheteurs qui déterminent les prix, ou, en tous cas, qui jouent un rôle beaucoup plus considérable dans leur fixation. Mais, en dehors de la fixation des prix, le cartell fournit aux entrepreneurs l'occasion de réglementer toute l'organisation de la vente industrielle.

Cette organisation est encore aujourd'hui, à la suite de l'action combinée des divers sujets économiques, une chose compliquée et une intervention du cartell dans cet organisme est pleine de conséquences économiques à très grande portée. Les marchands se trouvent particulièrement atteints, et l'influence que les formations de monopoles exercent sur le commerce constitue un des phénomènes économiques les plus importants de tout ce développement.

Sous le régime de la libre concurrence, c'est au marchand qu'incombe l'adaptation de la production aux besoins. L'entrepreneur isolé, qui n'est pas capable d'embrasser d'un coup d'œil l'état momentané de la demande, règle sa production d'après les marchands. Celui-ci assume le principal risque, son activité représente les motifs purement spéculatifs et elle exerce véritablement l'influence compensatrice de toute spéculation. Le marchand achète si les prix sont peu élevés ; il complète alors son stock et procure par là de l'occupation au producteur. Si donc il remplit incontestablement une tâche très utile au producteur, il n'en est pas moins vrai que le service qu'il rend est acheté par le producteur au prix d'une grande dépendance. Cela est surtout apparent chez les petits producteurs qui ne disposent que d'un mince capital, par exemple, dans l'agriculture ; mais de grandes maisons de commerce sont elles-mêmes obligées de s'adresser à de tout petits commerçants qui occupent une sorte de position de monopole. Le commerce a surtout fait que les périodes favorables ne sont pas absolument à l'avantage des producteurs. (C'est la contre-partie de ce fait, à savoir que par son intervention le commerce atténue la dépression). Pendant la période de haute activité de 1897-1900, les commerçants ont souvent triomphé en majeure partie des hausses du prix, et non seulement ils en ont triomphé, mais encore, par exemple, pour la houille, ils ont été directement la cause d'une élévation excessive des prix. C'est pour cela qu'à toutes ces époques les producteurs font les plus grands efforts pour éliminer le commerce ou pour endiguer sa puissance, et c'est ce qu'ils peuvent faire au moyen des cartells. Nous verrons plus tard les effets économiques qui résultent de ce changement dans l'organisation de la vente.

Le groupement assure aussi aux entrepreneurs une très forte prépondérance vis-à-vis des ouvriers. Mais cette prépondérance n'apparaît pas dans les cartells proprement dits, qui sont dirigés contre les acheteurs, tandis qu'elle apparaît dans les unions conclues spécialement contre les ouvriers et que l'on désigne sous le nom d'Associations de patrons (*Arbeitgeberverbände*), d'Associations antigrévistes (*Antistreikverbände*), etc. Ces unions peuvent aussi être conclues sans qu'il existe de cartell entre les entrepreneurs, et même sans qu'un cartell de ce genre soit en général possible ; tel est le cas entre des entrepreneurs appartenant à des industries différentes (par exemple, Association patronale de Hambourg-Altona).

D'ailleurs, lorsque dans une industrie des difficultés s'élèvent avec les ouvriers, la circonstance qu'un cartell existe déjà entre les patrons, permet toujours facilement aux entrepreneurs de s'unir contre les ouvriers et de faire échec d'une manière générale à la réalisation de leurs espérances. Et, en particulier, les mesures prises *ad hoc*, comme la décision en vertu de laquelle les ouvriers en grève dans une usine ne pourront se placer chez aucun membre du cartell, sont des mesures qui seront ici d'une exécution plus facile que si les entrepreneurs sont isolés.

Enfin, il faut faire remarquer encore que les entrepreneurs ont un autre avantage à la formation des cartells en ce que cette formation leur procure une *plus complète mise en valeur de leur entreprise*. Cela devient surtout apparent pour les actions de société admises à la Bourse. D'ordinaire la Bourse salue la conclusion d'un cartell par une hausse des valeurs qui en dépendent. Il est indifférent au point de vue économique qu'une action ait une plus-value de 200 ou 300 0/0 et l'avantage d'une mise en valeur éventuelle uniforme sous le régime du cartell est compensé par l'activité de la spéculation qui s'attache à la dissolution ou au renouvellement d'un cartell. Les chiffres suivants nous montrent dans quelle proportion extraordinaire la valeur des actions de houille s'est élevée depuis l'existence du syndicat (v. p. 49).

Que cette augmentation de valeur ait dû provoquer la spéculation, c'est ce qui va de soi, et en particulier le commerce des parts de mines (*Kuxen*) a, sous le régime du syndicat, acquis une grande extension. Mais une plus-value sensiblement plus élevée qu'autrefois se trouve légitimée non seulement par la hausse, mais encore par la

Derniers cours des actions

Noms	Cours						
	1893	1895	1900	1907	1902	1906	1909
Société minière de Gelsenkirchen.	127	171	180	180	231	228	218
Consolidation	140	204	340	352	436	477	422
Nordstern	40	161	217	248	285	386	(*)

(*) Compagnie passée au « Phénix » en 1907 avec 400 0/0 d'augmentation.

Cours moyens des parts de mines (Kuxen)

Noms des Sociétés minières	Cours						
	1893	1895	1900	1902	1904	1906	1909
Comte de Bismarck.	12 000	30 000	36 000	46 000	74 000	77 000	78 000
Ewald	7 000	15 400	19 000	21 000	42 000	59 090	54 000
König Ludwig.	3 200	6 500	11 000	12 000	27 000	29 000	32 000

plus grande certitude des rendements. Naturellement, depuis 1907, à la suite de la dépression, il faut signaler un recul dans les cours des parts de sociétés minières ; mais ce recul est beaucoup plus insignifiant qu'il ne serait sous un régime de libre concurrence et qu'il n'a été, en réalité, à des époques antérieures.

La force active qui a apporté aux entrepreneurs les avantages plus haut décrits des cartells, qui les a poussés à s'unir, à sortir de leur isolement et à abandonner les luttes ruineuses qu'ils se livraient entre eux, ce fut l'espoir du gain. Mais ce gain n'allait pas, bien entendu, sans un sacrifice de la part des entrepreneurs, et ce sacrifice, c'est la *limitation de leur indépendance*. Quant à dire jusqu'à quel point cette limitation constitue un sacrifice, c'est ce qui nous est clairement indiqué par les nombreuses difficultés que l'on éprouve toujours à conclure un cartell, difficultés qui proviennent de l'hésitation des individus, qui croient pouvoir mieux sauvegarder leurs intérêts en conservant toute leur indépendance. D'une manière générale, on peut dire que l'utilité du cartell pour les entrepreneurs est d'autant plus grande que leur indépendance se trouve plus limitée. Car les cartells solidement organisés, ceux qui empiètent le plus sur l'indépendance des individus, assurent, si on les compare aux autres, des avantages plus considérables, et, en particulier, pour une plus longue durée que, par exemple, les simples conventions de prix ou les limitations de la production.

Mais il y a toujours eu des entrepreneurs qui, sans doute, veulent bien profiter des avantages des cartells, mais qui ne veulent pas supporter les sacrifices nécessaires. Quelquefois on réussit, tout en restant en dehors du cartell et précisément en abaissant les prix, à s'assurer un débouché important et à réaliser des bénéfices. Mais, naturellement, cela ne dure que très peu de temps. Si la concurrence extérieure devient torp intense, le cartell doit se dissoudre. Il n'est pas rare cependant que les membres d'un cartell cherchent à s'assurer des avantages particuliers et à se créer des débouchés importants au moyen de manœuvres secrètes ou de véritables infractions contractuelles. Je connais des entrepreneurs qui, pour cette raison, déclarent qu'en général les cartells sont entachés d'immoralité. Un fabricant me racontait qu'il avait dû une fois subir un grave préjudice pour n'avoir pas accepté une de ces offres prohibées par le contrat, offre qui lui était faite par un membre d'une convention. Il avait besoin d'une grande quantité d'un produit chimique depuis longtemps cartellisé et il reçut d'une maison ayant adhéré à la convention une offre verbale sensiblement au-dessous des prix du cartell, mais à la condition expresse que le compte serait établi d'après ce dernier prix, car les factures des membres devaient être vérifiées par un contrôleur lors de l'encaissement du prix stipulé.

De tels agissements sont malheureusement très fréquents. Il y a quelques années, un cas fit le tour de la presse : il s'agissait d'un membre de la *Zanellakonvention*, qui fut convaincu de cette infraction malgré toutes les dénégations par lesquelles il assurait sur l'honneur qu'il s'était conformé aux prix et n'avait consenti aucun rabais. Un autre cas un peu moins grave, et qui ne laisse pas d'avoir quelque chose de comique, est celui qui me fut raconté dans le sud de l'Allemagne. Un représentant d'une fabrique de vin de champagne remarqua que les hôteliers de la Forêt Noire auxquels il avait coutume de vendre du vin de champagne avaient cessé tout à coup de lui en commander et s'approvisionnaient sur un certain marché. Il s'aperçut qu'une fabrique de chicorée de l'Allemagne du Sud, pour se créer un débit particulier pour ce produit malgré les conventions de prix du cartell, avait l'habitude de joindre une bouteille de champagne à chaque envoi de chicorée. Dans les cartells, se produit souvent aussi de la concurrence impure, qui est obligée alors de se dissimuler sous des formes nouvelles.

Mais la limitation de l'indépendance, la soumission de la volonté individuelle à celle de la majorité comportent néanmoins certains dangers. Il est toujours possible que l'intérêt que les entrepreneurs prennent à leurs exploitations, les efforts qu'ils font en vue des progrès techniques se trouvent par là même diminués et que les cartells ne soient considérés que comme une institution destinée à assurer d'une manière durable des revenus élevés, mais que l'impulsion vers le progrès économique, que représente seule la concurrence, leur fasse totalement défaut. Ce dernier danger n'est cependant pas réel. L'entrepreneur a toujours intérêt à abaisser les frais de production, et la puissance capitaliste est si grande en Allemagne que si un cartell voulait s'en tenir à des procédés vieillis, de nouveaux concurrents ne manqueraient pas d'apparaître immédiatement. En général, en effet, toute augmentation des bénéfices, toutes les fois que cette augmentation ne repose pas sur un monopole naturel, appelle immédiatement aujourd'hui une nouvelle concurrence.

Mais il faut remarquer que, par la limitation de son droit d'initiative dans les cartells, l'entrepreneur particulier perd l'attachement qu'il a pour son exploitation et est bien plus porté qu'autrefois à confier cette initiative à une société par actions, à la fondation desquelles nos banques sont toujours disposées. La tendance vers la création de ces sociétés et, par suite, vers l'accroissement de l'influence des banques sur l'industrie se trouve ainsi, jusqu'à un certain point, favorisée par les cartells.

Mais, en face de cette influence des cartells sur les entrepreneurs, se dresse une autre influence dont ils n'ont peut-être pas entièrement conscience, mais qui est d'une très grande importance au point de vue économique. Je veux dire l'influence que les cartells exercent sur l'*ensemble des idées* des entrepreneurs en ce qui concerne leurs rapports avec leurs concurrents et leur position absolue dans la vie économique.

En ce qui concerne tout d'abord la modification des idées personnelles, de la manière de comprendre la position occupée par les entrepreneurs, cet effet se trouve amené par la limitation de l'indépendance, limitation que s'imposent les entrepreneurs eux-mêmes dans leur propre intérêt. Déjà les cartells les moins rigoureux témoignent d'un amoindrissement de la souveraineté absolue de l'entrepreneur en ce qui se rapporte à la forme de sa vente. Les prix sont fixés en commun ou bien les conditions de vente sont réglées en commun. Peu à peu on va plus loin. On indique à chaque entrepreneur la zone dans l'étendue de laquelle il peut faire son offre ; si la nécessité l'exige, chaque membre est obligé de limiter sa production dans une proportion déterminée ; il lui est enjoint de ne faire travailler que tant de jours ou tant d'heures par semaine, de n'avoir en marche qu'un certain nombre de machines ; et si l'intérêt commun l'exige, il doit, moyennant une indemnité, laisser chômer son exploitation. Dans un grand nombre de cartells, l'entrepreneur doit consentir à ce que les hommes au courant de la profession pénètrent de temps en temps dans l'intérieur de son usine, recherchent si les limitations de production qui ont été établies sont respectées, et se fassent représenter toutes les factures pour voir si les prix convenus sont appliqués, s'assurant au moyen de l'examen des livres que chaque entrepreneur s'en tient dans ses ventes à la clientèle qui lui a été attribuée, etc. Enfin, on en arrive à des unions constituées. Ici, les membres se voient enlever tous rapports directs avec la clientèle considérée d'une manière générale ; les commandes reçues sont distribuées par un Bureau du cartell, et, dans les cartells de partage des bénéfices, les membres ne reçoivent, en général, qu'à la fin de l'année leur quote-part dans les recettes payées par la caisse sociale.

Mais partout, à la place de l'administration secrète de l'exploitation, de la comptabilité hésitante, surtout en présence des concurrents, est apparue une *plus grande publicité.* Le sentiment de l'homogénéité l'emporte sur l'idée de la compétition économique. Lorsque l'on considère que, dans certaines industries, tout a été tenté pour amener le groupe à trouver la forme de cartell la plus adéquate, pour provoquer l'adhésion de ceux qui sont restés en dehors, pour concilier les tendances contraires ; lorsque l'on voit quel temps et quelles fatigues ont été dépensés, combien de réunions ont été tenues et de statuts proposés, et que l'on remonte alors aux conditions existant il y a vingt-cinq ans, où de telles discussions dans lesquelles il devient nécessaire de parler des actes les plus cachés de l'exploitation auraient été impossibles, on pressent alors combien la structure économique s'est modifiée et combien aujourd'hui les cartells ont transformé la base fondamentale de l'exploitation sous forme d'entreprise.

Naturellement, la limitation de l'indépendance de l'entrepreneur, de son ancienne initiative se révèle aussi ailleurs que dans la production et dans la vente L'opinion d'après laquelle la fabrique, qui est aussi une propriété privée au sujet de laquelle aucun étranger n'a à intervenir, est assimilable au domicile privé, à l'administration domestique à laquelle est emprunté ce que l'on appelle le système patriarcal, où se retrouvent, en ce qui touche les ouvriers, des relations analogues à celles qui existent entre maîtres et serviteur, cette opinion, dis-je, est encore très répandue, mais peu à peu elle est remplacée par d'autres manières de voir. Et si, en principe, la reconnaissance des associations ouvrières fait des progrès, si les conventions de tarifs et si des unions plus étroites avec les ouvriers, des alliances (*Allianzverbände*), s'étendent peu à peu, cela est certainement dû pour une large part à ce que l'entrepreneur lui-même a réalisé l'organisation de ses intérêts professionnels d'une façon que l'on aurait considérée auparavant comme impossible.

Je pourrais caractériser cette tendance de développement, que nous pouvons observer dans ses commencements, en disant que les entreprises, en dépit de leur caractère de grandes entreprises capitalistes, ont toujours eu cependant, surtout en ce qui concerne la position occupée par le patron par rapport aux ouvriers, et aussi en ce qui concerne les entreprises particulières entre elles dans leur état d'isolement, un certain caractère d'économie domestique. Les cartells apparaissent maintenant, à côté d'autres institutions, comme étant la cause qui a fait que les entreprises ont fait éclater peu à peu la coquille de l'économie domestique d'où est sortie notre organisation actuelle de la production, et que ces mêmes entreprises admettent, tout en ne touchant pas à la propriété privée, à la place de ce caractère domestique un caractère plus ouvertement économique, caractère auquel appartient l'avenir parce qu'il représente le progrès.

Un effet défavorable des cartells pour les industries qu'ils concernent doit encore être signalé ici. Cet effet, qui s'est surtout manifesté dans ces dernières années, consiste en ce que la formation des cartells stimule fortement l'*accroissement de la production* des entreprises, mais stimule tout particulièrement la création d'entreprises nouvelles. Aux époques de grande activité commerciale, les cartells laissent ordinairement à leurs membres toute liberté d'étendre leur commerce, et ceux-ci, par suite, donnent à leurs exploitations une extension excessive dans l'espoir que, même aux époques de dépression, le cartell parviendra à les occuper. Bien plus, il n'est pas rare que les entrepreneurs, déjà pendant les périodes de dépression, créent de nouveaux établissements afin que plus tard, grâce à l'amélioration de leur situation, ils puissent en temps opportun entrer dans le cartell avec des droits à une augmention de leur part attributive. Les cartells éprouvent souvent alors les plus grandes difficultés à réduire la production trop fortement accrue. Il devient nécessaire d'imposer de sévères limitations à la production réelle en présence du chiffre accru des attributions qui doivent être consentie pour les nouveaux établissements, et un grand nombre de cartells, par exemple, ceux du ciment, du fer en gueuse, de l'alcool, ont dû se dissoudre parce que leurs membres avaient trop étendu leur exploitation. Les limitations de production et autres mesures semblables ne sont même que des mesures subsidiaires appliquées par les cartells. D'une manière générale, il ne leur est pas possible d'empêcher une extension exagérée des entreprises. A ce point de vue, le *trust* est tout à fait supérieur au cartell puisqu'il *possède* les entreprises particulières, et que, par suite, il peut exercer une l'influence sur l'extension de ces entreprises.

Ce qui est fâcheux encore pour l'industrie c'est, bien entendu, la survenance et le développement d'exploitations d'*entrepreneurs étrangers au cartell.* Plus, en effet, un cartell est efficace et utile pour ses membres et plus, sous son influence, leurs bénéfices s'élèvent, et, naturellement, plus on est porté à fonder de nouvelles entreprises. Si celles-ci sont admises dans le cartell, on voit alors apparaître les difficultés que nous avons mentionnées plus haut Si elles restent en dehors, elles tendent en général à s'agrandir démesurément parce qu'elles espèrent qu'aux époques de grande activité, en établissant des prix inférieurs à ceux des cartells, elles tireront à elles une grande partie de la vente, tandis qu'aux époques de dépression elles auront l'avantage de n'être pas soumises aux limitations imposées par les cartells.

La création de nouvelles entreprises à côté d'un cartell s'est produite dans un grand nombre d'industries, mais elle ne s'est dans aucune produite à un plus haut degré que dans l'industrie de la potasse (*Kaliindustrie*). On croyait tout d'abord que le sel de potasse n'existait qu'en quantité très limitée ; mais peu à peu de nouvelles fouilles dans le nord-ouest et dans le centre de l'Allemagne ont mis au jour de nouveaux gisements de potasse qui méritent d'être exploités. On peut donc dire qu'aujourd'hui la potasse est un produit que l'on peut obtenir en quantité illimitée. Or, tandis que pour d'autres produits, la création de nouvelles usines n'est entreprise qu'en considération des rapports de l'offre et de la demande, lorsqu'il s'est agi de ces produits du sol, on a eu l'air de croire que leur valeur résidait en eux-mêmes et était indépendante de la demande (erreur que la doctrine économique aujourd'hui en faveur tend à propager) — et on a fondé de nouvelles entreprises sans s'inquiéter de la possibilité d'écouler les produits obtenus. A la suite de cela, l'extension de cette industrie a dépassé les besoins actuels dans une proportion que l'on n'avait jamais vue. Et ce qui y a contribué fortement, c'est cette circonstance, à savoir que les anciennes usines se sont réunies en un syndicat parfaitement organisé avec la participation des deux plus grands producteurs, l'Etat prussien et l'Etat d'Anhalt, ce qui leur a jusqu'ici permis de tenir tête à toutes les difficultés qui sont nées de l'énorme extension de cette industrie.

En 1879, lorsque le premier cartell des mines de potasse prit naissance, il existait quatre entreprises, c'est-à-dire, en dehors des deux entreprises d'Etat, deux entreprises privées. Jusqu'en 1886 trois autres vinrent s'y ajouter, et trois encore dans le cours des douze années suivantes, de sorte qu'en 1898 le nombre des membres ne dépassait pas dix. C'est alors que commença la « fièvre de la potasse » et, jusqu'à la fin de 1901, dix nouveaux membres, puis vingt et un jusqu'en 1905, y furent admis. Il n'y eut pas moins alors de trois cents entreprises de perforation pour l'extraction de la potasse, les parts d'environ 170 d'entre elles furent mises en circulation et furent cotées. Depuis lors, plusieurs ont disparu, mais le nombre des membres du syndicat s'est accru de cinquante-deux jusqu'en 1909, et plus de trente nouvelles usines ont actuellement des puits en construction. A la suite de cela, la quote de participation des trois plus anciennes usines, qui en 1398 était encore de 11 à 12 0/0, est tombée à environ 2,8 0/0.

Dans les *mines de houille* également, aussi bien que

parmi les membres du syndicat des charbons, comme dans les autres mines, et surtout dans les usines de l'Etat prussien dans la région de la Ruhr et de la Saar, l'extension de la production a été très importante, bien que la plus grande partie des emplacements miniers n'ait pas passé en d'autres mains. L'extraction des mines réunies en syndicat a presque doublé dans la période qui va de 1893 à 1906. Néanmoins, pendant les périodes d'activité de 1889 à 1900 et de 1906 à 1907, l'extension de l'exploitation ne suffit pas à faire face aux besoins. A deux reprises, on a parlé d'une disette du charbon, disette qui, sans doute, avait été provoquée en partie par le manque de wagons. En 1906, le syndicat, pour s'acquitter de ses engagements de livraison, se vit dans la nécessité d'acheter en Angleterre des quantités assez importantes de charbon ; si l'extension de la production et la création de nouvelles usines avaient été plus faciles, il est certain qu'aux deux époques de vente active il se serait produit une extension plus considérable.

Mais ce qui est caractéristique, c'est que six mois à peine après cette « disette du charbon » les mines étaient dans la nécessité de prendre en dépôt de grandes quantités de charbon et de le vendre à bas prix à l'étranger, et cela simplement pour pouvoir occuper les ouvriers. On voit par là que les cartells ne sont pas toujours parvenus à obtenir une *demande* uniforme. Les oscillations de l'activité de vente ont des causes si profondes dans toute l'organisation de la vie économique, avec sa spécialisation poussée si loin et l'extension du crédit, qu'elles ne sauraient être supprimées par les cartells. Et, cependant, ceux-ci ont, à bien des points de vue, donné à l'industrie plus d'uniformité, plus de modération et plus de sécurité. Dans la lutte économique actuellement si ardente, le groupement constitue pour les entrepreneurs une protection. Si les entrepreneurs devaient aujourd'hui non seulement lutter au sujet des prix avec leurs clients, mais encore, comme autrefois, lutter les uns contre les autres au sujet de la clientèle, cela entraînerait une telle aggravation du risque et même, dans certaines circonstances, une telle perte, que la grande industrie capitaliste finirait par ne plus pouvoir les supporter. Les cartells sont donc une grande cause de sécurité ; ils fournissent aux entrepreneurs un moyen d'affronter en groupe les difficultés, et ils font que les conditions économiques de l'industrie n'étant pas plus uniformes sont cependant plus faciles à surveiller, et par suite, s'accompagnent de moins de risques.

A côté des effets des cartells en ce qui concerne les *membres*, il y a aussi l'influence de ces cartells sur les *entrepreneurs qui n'en font pas partie*, influence qui n'est pas sans importance. Nous avons déjà vu plus haut que ceux qui sont en dehors d'un cartell jouent souvent, au point de vue économique, un rôle considérable. La survenance de nouvelles entreprises à côté d'un cartell constitue le remède naturel opposé par la vie économique à l'usage exclusif d'un monopole non concédé par l'État. Mais il arrive fréquemment qu'au moment de la formation d'un cartell quelques entrepreneurs veuillent rester en dehors, soit parce qu'ils croient pouvoir se maintenir grâce à la libre concurrence, soit parce qu'ils espèrent pouvoir mieux sauvegarder leurs intérêts personnels en restant *à côte du cartel* qu'en y entrant.

Un cartell, comme toute union qui s'efforce d'avoir les effets d'un monopole, doit, bien entendu, chercher à attirer à lui dans la mesure du possible toutes les personnes économiques qui doivent entrer en ligne de compte. On cherche donc par tous les moyens à obtenir l'adhésion de *toutes* ces personnes. La plupart du temps cela ne va pas sans une certaine pression qui a pour but d'entraîner ceux qui hésitent encore. Et, pour arriver à ce résultat, on a peu à peu trouvé une foule de moyens de coercition.

Le plus fréquent consiste à essayer d'obtenir l'adhésion des réfractaires au moyen d'une âpre *concurrence*. Bien entendu, cela ne peut se faire sans une baisse de prix. Mais comme le but que se propose le cartell, c'est de maintenir des prix élevés, il en résulte qu'une semblable mesure n'est jamais possible que d'une manière temporaire. En Amérique, par exemple, en ce qui concerne les luttes de tarifs de chemins de fer, cette mesure est appliquée avec la plus grande dureté. Il est arrivé là-bas que les tarifs étaient tellement diminués à la suite de la concurrence que, pendant quelque temps, le transport de certaines marchandises non seulement ne coûtait rien, mais encore rapportait quelque chose à l'expéditeur. Cela dure jusqu'à complet épuisement du concurrent, qui doit alors ou cesser son exploitation ou adhérer au trust ou au cartell. En Allemagne, les membres des cartells ont récemment inauguré pour leurs produits des marques communes de concurrence qui, partout où le concurrent offre ces mêmes produits, sont vendues à des prix particulièrement bas. C'est ainsi que le cartell de la fabrication de l'amidon a pendant longtemps cherché à arrêter le développement d'une nouvelle fabrique.

Dans d'autres cas, on cherche à *acheter* tous les concurrents. Ce moyen est surtout employé contre les entreprises qui viennent de se fonder. Le syndicat du sucre, le syndicat du charbon, le cartell de l'amidon et autres en usent ainsi, et ils ont fondé une caisse commune, en partie en vue de cela. Mais c'est surtout le syndicat de la potasse (*Kalisyndikat*) qui cherche à empêcher l'avènement de nouvelles entreprises en opposant à chaque essai de forage un forage concurrent. La société créée à cette fin par les membres de ce syndicat et désignée sous le nom de *Union pour la protection du forage minier* (*Schutzbohrgemeinschaft*) y dépensa plusieurs millions. Un forage concurrent a lieu et l'Union cherche alors à découvrir la mine pour se faire concéder le terrain. Néanmoins, comme nous l'avons vu, cette mesure n'a pas suffi pour empêcher une extension exagérée de l'industrie. Dans ces derniers temps les cartells définitivement organisés ont dépensé de grosses sommes pour arriver à ce résultat et, ainsi, ils se rapprochent toujours davantage des trusts américains qui, étant de grandes organisations capitalistes parfaitement homogènes, procèdent naturellement d'une façon beaucoup plus simple et peuvent combattre la concurrence nouvelle.

Mais le principal moyen employé par les cartells pour forcer l'adhésion de ceux qui sont restés en dehors, consiste en ce que l'on appelle l'*obligation au commerce exclusif* (*Verpflichtung zu ausschliesslichem Verkehr*), le contrat exclusif (*Exclusivvertrag*) avec les acheteurs. Ceux-ci doivent prendre l'engagement de n'acheter qu'aux membres du cartell les produits qui font l'objet de ce cartell. Des contrats analogues ont été souvent conclus avec ceux qui fournissent la *matière première* aux producteurs réunis en cartell ; ces fournisseurs s'engagent à ne pas faire de vente à ceux qui ne font pas partie du cartell. Et entre ces associations qui s'appuient les unes sur les autres existent aussi des contrats d'exclusion. Le Syndicat du coke s'engagea à ne faire de vente qu'aux membres du syndicat du fer en gueuse et non aux usines qui n'en font pas partie, et il assura par ce moyen la durée de ce syndicat ; l'Association du fer demi-ouvré (*Halbzeugverband*) ne vendait pas en dehors du syndicat du fil laminé ; celui-ci ne vendait qu'aux membres du cartell des pointes (*Drahtstiftkartell*). Ou encore, on ne vendra qu'à des prix plus élevés à ceux qui ne s'engagent pas à n'avoir de relations qu'avec les producteurs groupés en cartell (c'est en Amérique une mesure fréquemment employée et connue sous le nom de *factors agreement*). Toutes ces dispositions ont, dans ces dernières années, pris un très grand développement. Il en est de même, par exemple, entre les cartells de producteurs et les associations de marchands (*Händlerverbände*), entre les diverses branches de l'industrie textile de produits finis. A ces dispositions se rattache encore une autre disposition par laquelle nos cartells ne paient de primes d'exportation qu'aux Associations, en ce sens que les membres de ces associations profitent seuls des prix plus modérés de la matière première pour les produits exportés.

On voit par là que ces conventions doivent produire des effets très importants de deux côtés. D'un côté sur les *acheteurs* ou sur les fournisseurs de matière première (*Rohstofflieferanten*), et, d'un autre côté, sur tous ceux qui sont restés en dehors des cartells et contre lesquels sont précisément dirigées ces mesures. Pour ces derniers, l'affiliation au cartell des acheteurs ou des fournisseurs de matière première peut être pour eux la cause d'un grave préjudice, ou même de la ruine, puisque leurs clients ou leurs fournisseurs leur sont enlevés. La souveraineté des cartells peut dégénérer en une sorte de terrorisme. Mais si, à cause de cela même, les tribunaux sont plutôt portés à protéger les producteurs demeurés étrangers aux cartells, et si, par suite, plus d'une fois, ils ont voulu voir dans les dispositions réglementaires des cartells une atteinte à l'ordre public ou le délit d'exaction (*Erpressung*), il faut remarquer qu'au point de vue économique, ces dispositions ne sont pas toujours aussi injustifiées que l'on pourrait croire et que ceux qui sont restés en dehors ne méritent pas toujours une telle protection. Bien souvent, en effet, ou même en général, un producteur ne cherche à demeurer en dehors d'un cartell que parce qu'il espère retirer un plus grand avantage de son abstention. Et dans la plupart des cas il ne se trompe pas. Celui qui n'appartient pas au cartell peut, en abaissant ses prix au-dessous de ceux du cartell, s'assurer un débouché important ; il profite de la réglementation de la production et de la fixation des prix par le cartell, sans contribuer aux sacrifices que les membres du cartell doivent s'imposer. Si tout le monde pensait ainsi, il est évident qu'il faudrait renoncer à la réglementation de l'industrie au moyen d'un cartell, et, par suite, dans la plupart des cas, il est très juste que les cartells cherchent à combattre les efforts faits par les particuliers pour s'assurer de grands avantages en restant en dehors des cartells.

La protection devrait s'exercer non pas tant en faveur de ceux qui sont restés en dehors du cartell que contre les dispositions des cartells en ce qui concerne les *assujettis*, c'est-à-dire les *consommateurs* et les *fournis-*

seurs de matière première qui, eux, sont liés au cartell en vertu de leur obligation de rapports exclusifs. Ceux-ci doivent peut-être renoncer à d'anciennes relations d'affaires, lorsque ceux qui sont étrangers au cartell ne sont pas en état de faire face à tous leurs besoins ou lorsqu'ils ne peuvent pas faire des commandes suffisantes aux fournisseurs de matière première. C'est ainsi que les règlements du cartell peuvent apporter de profondes restrictions à leur liberté commerciale. Mais, d'un autre côté, c'est aller trop loin que de vouloir reconnaître en principe au consommateur le droit d'acheter à qui il veut et de considérer que toute convention ou tout engagement de n'acheter qu'à certains producteurs déterminés constitue un engagement illicite et illégal.

Dans la vie économique contemporaine, en effet, on ne saurait se passer de semblables obligations. Il faut surtout considérer que dans toutes ces obligations d'exclusion commerciale réside une *force organisatrice* dont la loi n'a pas le droit d'interdire l'utilisation par la vie économique. Ce sont là des contrats analogues à ceux en vertu desquels ont été formés, par exemple, ce que l'on appelle les *communautés de tarif* (*Tarifgemeinschaften*), communautés qui, dans de nombreuses industries, ont eu des résultats si avantageux pour les entrepreneurs et pour les ouvriers. Dans ces traités aussi, il est nécessaire que les ouvriers s'engagent à ne travailler que pour tels ou tels entrepreneurs qui ont adopté le tarif, en même temps que les entrepreneurs ne doivent occuper que des ouvriers fidèles à ce tarif. Ce sont aussi ces contrats qui ont encore amené la création de ces *associations* anglaises *d'alliance* (*Allianzverbände*) si intéressantes, où aux communautés de tarifs viennent s'ajouter des échelles mobiles de salaire (*Gleitende Lohnskalen*), grâce auxquelles les ouvriers participent à l'élévation des prix des cartells au moyen d'une hausse de leurs salaires. Ce sont des contrats qui sont appliqués partout où existent des personnes économiques qui ont entre elles des rapports mutuels d'échange, qui sont exposées à être en lutte et qui cherchent à conclure la paix et à réglementer leurs relations d'affaires. Nous nous trouvons ici en présence de nouvelles créations économiques dont la portée et l'importance pour l'avenir ne sauraient encore être appréciées à leur juste valeur.

Aux membres de l'industrie formée en cartells se rattachent encore exclusivement leurs *ouvriers*. Que les entrepreneurs exercent une action à proprement parler directe sur les conditions des ouvriers, non pas au moyen des cartells, mais au moyen des *Associations d'employeurs*, des *Associations anti-grévistes*, quel que soit d'ailleurs le nom qu'on leur donne, c'est ce que nous avons déjà indiqué ; de même que les cartells facilitent la création de semblables groupements (ou *vice-versa*), et que les associations d'employeurs embrassent souvent un cercle beaucoup plus étendu d'entrepreneurs que cela n'est possible dans la fondation des cartells. L'efficacité des associations d'employeurs constitue aujourd'hui en soi un grand problème économique que nous ne pouvons pas aborder ici. Mais les *cartells*, eux aussi, ont tout naturellement une influence sur la situation des ouvriers, et souvent les prétentions contraires émises par des entrepreneurs réunis en cartell ne sont pas justifiées. Le fait que bien des règlements de cartells excluent pour le cartell le droit de s'occuper des questions ouvrières, n'est pas une preuve certaine qu'ils n'exercent aucune influence en cette matière. Il est vrai qu'une semblable influence des cartells est souvent difficile à établir. En tous cas, on ne saurait, par exemple, douter que les cartells complètement organisés des entrepreneurs facilitent aux ouvriers l'obtention de salaires plus élevés. Lorsque les entrepreneurs ont un cartell, ils sont sans doute plus disposés à accorder aux ouvriers des augmentations de salaire qu'ils ne le seraient sous le régime de la libre concurrence, et cela, parce qu'ils sont mieux en mesure d'en faire supporter la charge aux acheteurs, grâce à des prix plus élevés. En général aussi, les ouvriers peuvent plus facilement obtenir des salaires plus élevés auprès des entrepreneurs constitués en cartell. Il dépend entièrement d'eux d'exiger une élévation des salaires proportionnée à la hausse des prix de cartell, c'est-à-dire d'exiger une « échelle mobile des salaires » et c'est, d'ailleurs, ce que leur imposent des unions professionnelles puissantes. On ne saurait douter que les jugements défavorables portés sur les échelles mobiles doivent être essentiellement modifiés dès qu'il existe des cartells constitués qui, pendant les périodes de dépression, maintiennent les prix à un niveau élevé. Dans la *Rheinisch-westfälische Kohlenbergbau* (mine de houille (rhenano-westphalienne) il serait aujourd'hui parfaitement possible d'établir une échelle mobile des salaires (1).

(1) Cf. sur ce point et sur le suivant l'article de Tschierschky, *Die sozialpolitischen Wirkungen der Kartelle*, in *Kartellrundschau*, 1907, pp. 826 et ss. ; 1908, p. 2 et ss. et p. 78 et ss.

Que les salaires dans les industries constituées en cartell aient été élevés sensiblement dans ces dix dernières années, c'est ce qui ne saurait faire l'objet d'un doute. Dans l'industrie du charbon et du fer, l'élévation survenue de 1901 à 1907 s'élève au moins à 10 0/0, et même, pour certains salaires, à 20 0/0. Il est vrai que, dans plusieurs de ces industries, le prix des produits s'est lui-même élevé dans une proportion encore plus forte que les salaires des ouvriers. Mais il semble être généralement admis que, même en tenant compte du renchérissement de la vie de l'ouvrier, le salaire réel a encore subi une hausse relative.

Il ne faut pas non plus oublier de signaler une plus grande *uniformité dans les salaires* et dans l'*occupation des ouvriers* sous l'influence des cartells. Les cartells organisés attachent un grand prix à cette uniformité du travail, non seulement à cause des ouvriers, mais surtout pour utiliser autant que possible les établissements des membres du cartell, comme aussi pour conserver dans une mine une souche de bons ouvriers. Ce dernier point de vue a une très grande importance dans l'industrie textile, où il est particulièrement difficile de se procurer une main-d'œuvre spécialement qualifiée. Mais les cartells ont, bien mieux que des entrepreneurs isolés, la possibilité d'introduire dans l'emploi des ouvriers une grande uniformité. C'est pour cela que, dans les cartells, le taux des salaires est, en général, indépendant des circonstances, qu'il s'agisse d'ailleurs de circonstances particulières de la vente ou, surtout, qu'il s'agisse de la situation du marché du travail.

Après comme avant les cartells, les salaires, comme les prix, ne sont qu'une *question de force*. Que le développement moderne de la grande exploitation et de son organisation ait plus d'une fois compromis la situation des ouvriers, c'est ce qui ne saurait être sérieusement contesté et ce qui apparaît d'ailleurs clairement dans l'issue malheureuse que de nombreuses grèves ont eue pour eux. Lorsque aujourd'hui les entrepreneurs, sortant de leur ancien isolement, créent des unions professionnelles et des cartells, ces unions et ces cartells rendent plus facile leur groupement contre les ouvriers. Sans qu'il soit besoin d'avoir recours aux associations de combat, aux associations d'employeurs (*Arbeitgeberverbände*), il peut cependant se produire des ententes d'entrepreneurs au sujet des conditions du travail. L'établissement de listes noires devient plus facile; comme aussi la chasse à l'ouvrier, la concurrence pour accaparer les ouvriers, peuvent être considérablement atténuées.

Le développement de la « grande exploitation », des entreprises gigantesques fusionnées et combinées, développement qui, comme nous le verrons bientôt, est favorisé par les cartells, a également, à plusieurs points de vue, porté atteinte à la condition des ouvriers et augmenté la puissance des entrepreneurs. C'est ainsi qu'en ce qui concerne le premier point, le chômage de plusieurs petites mines dans le bassin de la Ruhr, avec le congédiement des ouvriers qui en fut la suite et le préjudice qui en résulta pour plusieurs communes, ont provoqué de vives attaques contre le syndicat du charbon.

Diverses grandes entreprises acquirent alors ces petites mines, afin, tout simplement, d'avoir une participation dans le syndicat, mais elles en restèrent là et fournirent leur quote part de vente au moyen de leurs propres puits. Il en résulta, bien entendu, un préjudice considérable pour les ouvriers et pour les communes intéressés ; mais il faut ajouter que sous le régime de la libre concurrence ces petites mines auraient disparu depuis longtemps. Tout au plus peut-on dire que, dans ce cas, le chômage et le renvoi des ouvriers se seraient accomplis d'une façon moins soudaine et auraient pu être prévus plus longtemps d'avance.

En ce qui touche le second point, il est facile aussi de comprendre que le développement d'entreprises gigantesques, comme nous en trouvons non seulement dans l'industrie minière, mais encore dans les industries chimiques et électriques, comme aussi dans la banque et même, pour d'autres pays, dans les chemins de fer, renforce la puissance de l'entreprise contre les ouvriers. Si une exploitation est suspendue à la suite d'une grève, les autres peuvent en quelque sorte y faire contre-poids; le préjudice financier devient plus supportable pour l'entreprise et elle peut soutenir la lutte plus longtemps. Il faut ajouter que les cartells peuvent se charger des livraisons à faire dès que la grève éclate chez un de leurs membres, comme ce fut le cas en 1905 pour l'Union minière d'Aix. Ils peuvent encore, comme le syndicat du charbon lors de la dernière grève des mineurs, organiser l'achat en commun à l'étranger.

Mais, par contre, il ne faut pas perdre de vue, que les organisations des entrepreneurs ont aussi été pour les coalitions ouvrières un nouveau stimulant vers un plus grand développement, et que, d'un autre côté, les entrepreneurs ont appris, grâce à leurs propres associations, à comprendre les associations ouvrières. Sans doute, l'ancien point de vue patriarcal d'après lequel l'entrepreneur individuel ne veut avoir affaire qu'à *ses* ouvriers et ne reconnaît en aucune façon de représentants des associations de l'ensemble de la corporation ouvrière de l'industrie, n'a pas disparu depuis longtemps de l'industrie minière. Mais il faut jusqu'à un certain point en rendre responsable la corporation ouvrière allemande, car le malheureux amalgame qui s'est produit de la représentation de ses intérêts économiques avec les tendances politiques et religieuses et la division qui en est résultée rendent plus difficiles sa reconnaissance comme organe purement économique et l'ouverture de négociations avec elle. Tant que cet état de choses ne sera pas modifié de fond en comble, — et jusqu'à nouvel ordre on ne peut guère l'espérer, — il ne faut pas s'attendre, en Allemagne, au succès qu'ont obtenu en Angleterre, aux Etats-Unis et en Australie les associations ouvrières à l'égard des organisations d'entrepreneurs. Et cependant, malgré tous ces obstacles, on peut signaler, en Allemagne, certains progrès dans la situation sociale de la classe ouvrière par rapport aux entrepreneurs, et on se tromperait complètement si l'on pensait que les organisations d'entrepreneurs, dans les industries particulières, sont aujourd'hui si puissantes que toutes les tentatives des ouvriers doivent échouer contre elles. Et là même où existent des cartells et des associations d'employeurs, la victoire des ouvriers dépend en première ligne d'une habile utilisation des circonstances, et, en second lieu, de la force de leur organisation.

Mais, de part et d'autre, on hésite aujourd'hui plus qu'autrefois devant la lutte organisée et on cherche à éviter le dommage que ne manque pas de supporter le vainqueur lui-même. Des deux côtés, les organisations sont de moins en moins exclusivement créées en vue de la lutte, et on s'y occupe de plus en plus en commun des conditions du travail. A cela contribue pour une large part la *législation politico-sociale*. La législation impériale du *droit d'union et de réunion* (*Vereins-und Versammlungsrecht*) a fourni une base légale solide, et il en sera de même en ce qui concerne la concession, actuellement en projet, de la *capacité juridique aux associations professionnelles*. Et les chambres paritaires de travail créeraient des liens plus étroits entre les entrepreneurs et les ouvriers. Le problème le plus important qui se pose actuellement, c'est de donner aux *tarifs communs* et aux *contrats collectifs* une base légale sûre et se prêtant à tous les développements qui pourront se produire dans la suite. A cela se rattache encore surtout le perfectionnement des rapports qui existent entre les organisations d'entrepreneurs et les organisations ouvrières, parce qu'elles constituent le lien professionnel le plus étroit entre tous ceux qui sont intéressés dans une industrie. Tout d'abord, les entrepreneurs s'engagent à n'occuper que des ouvriers qui se soumettent au tarif; les ouvriers, de leur côté, s'engagent à ne travailler que pour l'entrepreneur qui accepte les conditions stipulées. Il y a déjà là quelque chose de l'*exclusion commerciale*, de l'échec fait à la concurrence à l'aide de la contre-partie. S'il existe alors, comme c'est d'ailleurs la règle, une organisation de part et d'autre, l'association d'exclusion commerciale peut se développer, puisque chaque association garantit précisément la situation exclusive de concurrence de l'autre, l'union ouvrière ne travaillant pas pour les entrepreneurs qui ne font pas partie de l'association des entrepreneurs, tandis que l'association de ces derniers, à son tour, n'occupe que des ouvriers qui font partie de l'union ouvrière. Tel est aussi le principe des associations anglaises d'alliance, qui constituent les liens les plus étroits entre les organisations des entrepreneurs et les associations ouvrières, puisque, dans ces associations, à l'engagement réciproque d'exclusion commerciale vient s'ajouter encore une échelle mobile des salaires, par laquelle les salaires sont réglementés automatiquement d'après le taux des prix du cartell (1). Il est vrai que ces associations n'ont pas pu se maintenir en Angleterre; néanmoins, le développement s'accomplit lentement dans le sens d'une relation plus étroite entre les organisations ouvrières. Nous avons aussi en Allemagne des industries basées sur l'exclusion commerciale. Il en est ainsi surtout dans l'imprimerie des livres, dans la batterie d'or et d'argent, dans l'aiguiserie des couteaux. Ce n'est que tout récemment que nous avons pu nous rendre compte, pour les établissements de gravure au rouleau (*Walzengravieranstalten*), que, comme pour les alliances anglaises, une union professionnelle des ouvriers contribue à rendre plus facile la création d'un cartell des entrepreneurs, parce que les ouvriers y voient l'unique possibilité d'obtenir de meilleures conditions de travail. Tandis que, il y a tout au plus une dizaine d'années, on accueillit avec quelque scepticisme mes appréciations optimistes des alliances, il s'est trouvé dernièrement en la personne de Tschierschky (Cpr. l'article mentionné précédemment), qui a collaboré au cartell des établissements de gravure au rouleau mis sur pied à l'aide des ouvriers, un défenseur acharné et un apologiste de ces alliances. Quoique jusqu'ici l'exclusion

(1) Cpr. mes articles: *Die Allianzen, gemeinsame monopolistische Vereinigungen der Unternehmer und Arbeiter in England*, in *Jahrbücher für Nationalœkonomie und Statistik*, 1900, vol. LXXV, et *Die neueste Entwicklung der Allianzverbände in England und auf der Kontinent*, *ibid.*, vol. LXXVII, 1901.

commerciale ait surtout joué un rôle dans les industries purement mécaniques, on ne saurait cependant mettre en doute qu'à l'avenir cette exclusion commerciale prendra plus d'importance et créera un lien plus étroit entre les cartells et les organisations ouvrières.

Bien entendu, nous sommes encore loin de la « paix sociale ». Mais, dès aujourd'hui, on peut prédire, comme nous l'avons d'ailleurs indiqué plus haut, que, avec le développement croissant des unions en monopole, il ne s'agira plus, comme cela s'est produit jusqu'ici, de la lutte des entrepreneurs entre eux ou contre les ouvriers, lutte dans laquelle le consommateur était le *tertius gaudens*, mais il s'agira plutôt de la lutte en commun des entrepreneurs et des ouvriers contre les consommateurs, et ce sera là le problème véritablement central de l'avenir.

C'est pour tous ces motifs qu'aujourd'hui la classe ouvrière n'est nullement hostile aux cartells. Elle ne redoute pas les cartells, mais plutôt les associations antigrévistes spécialement dirigées contre elle. Les ouvriers reconnaissent de plus en plus que les cartells leur permettent d'obtenir de meilleures conditions de travail.

C'est pour cela encore que le socialisme lui-même regarde les cartells avec une certaine beinveillance. Il voit, en effet, en eux une force qui contribue au développement économique et il croit que, grâce à eux, nous nous rapprochons de ce qui est son but final, à savoir de la nationalisation des moyens de production. C'est pour cette raison, qui naturellement a une plus grande importance pour les théoriciens socialistes que pour les politiciens et pour les masses ouvrières, qu'il leur paraît désirable que le trust, comme d'ailleurs tout ce qui sert à fortifier ce que l'on appelle le capitalisme, prenne place dans l'économie allemande. Mais, même actuellement, la formation de cartells d'entrepreneurs est regardée par maint socialiste comme favorable aux ouvriers. C'est notamment le cas pour le socialiste R. Calwer, qui s'est efforcé de faire comprendre à ses partisans que « l'organisation de la production sous forme de cartells doit être non seulement bien accueillie par les socialistes, mais qu'ils doivent encore contribuer dans la mesure du possible à la faire progresser (1) ».

Nous avons encore à examiner ici une autre question, à savoir : *Quelle est l'influence des cartells sur le progrès économique et technique des industries qu'ils concernent ?* On a prétendu quelquefois que les cartells se proposaient d'assurer l'existence des entrepreneurs déjà établis, qu'ils conservaient l'organisation actuelle des méthodes de production et qu'ils constituaient un obstacle à l'avènement de formes d'entreprises mieux appropriées. Mais nous avons déjà vu que, pour l'entrepreneur individuel, l'attrait du bénéfice reste encore assez puissant dans les cartells pour lui faire rechercher les perfectionnements techniques, et, si on observe les dernières tendances du développement dans la vie économique allemande, on sera forcé de reconnaître qu'il ne peut pas être question d'un arrêt

(1) Cpr. l'ouvrage que nous avons cité au début et son article intitulé : *Kartelle und Sozialdemokratie* (*Sozialistische Monatshefte*, 1907, p. 371 et ss.). Dans l'intervalle, il est vrai, Calwer a quitté le parti de la démocratie socialiste.

sous l'influence des cartells. On devra reconnaître surtout que non seulement les cartells ne constituent pas un obstacle au progrès économique, mais encore que, dans quelques-unes des plus importantes industries allemandes, ils ont été la principale cause de ce progrès. Il apparaît de plus en plus que les cartells, qui, à première vue, semblent destinés à soutenir même les entreprises les plus faibles et les moins importantes, donnent une extraordinaire impulsion aux industries les plus avancées dans la voie des cartells, et surtout à ce qu'on est convenu d'appeler les « grandes exploitations », les entreprises gigantesques modernes.

Les cartells ont jusqu'ici provoqué de deux façons ce développement vers la grande entreprise, à savoir, en provoquant : 1° des *Fusions*, et 2° des *Combinaisons*. Dans le premier cas, il s'agit de l'*amalgame d'entreprises de même nature* pour en former une très grande, et, la plupart du temps, de l'absorption des petites usines par les grandes. Dans le second cas, il s'agit de la *réunion* en une seule grande entreprise *de divers stades de la production*, qui jusqu'ici faisaient ordinairement l'objet d'entreprises indépendantes.

Examinons d'abord les *Fusions*. Dans les mines de houille, les plus grandes entreprises, comme celle de Gelsenkirchen, la Compagnie minière de Harpen, l'Hibernia, la Nordstern, etc., se sont annexé, dans le cours des dix dernières années, une foule de mines moins importantes. Cela s'est produit afin d'acquérir la part leur revenant dans la répartition du syndicat du charbon, et, ayant augmenté ainsi leur propre part, de mieux tirer parti de leurs moyens d'exploitation et de pouvoir diminuer le montant de leurs frais de production. Quelques-unes des mines ainsi acquises étaient aussi des mines ayant de bons rendements ; et, bien souvent, l'acquisition se produisit afin de pouvoir extraire toutes les variétés de charbon, ou encore pour des raisons techniques, pour arrondir leur champ d'extraction et autres motifs analogues. Mais, souvent aussi, c'étaient de petites mines, dont les frais de production étaient très élevés, qui auraient été écrasées depuis longtemps par la libre concurrence et dont l'actif le plus clair consistait en leur participation dans le syndicat du charbon.

Nous avons déjà fait remarquer que l'acquisition de ces mines a amené plusieurs fois le chômage pour les ouvriers et pour les districts intéressés. Mais, au point de vue économique, cette acquisition constituait cependant un avantage, puisque de cette façon les grandes masses de charbon des grandes sociétés pouvaient être extraites dans de meilleures conditions. Il est vrai que la libre concurrence aurait, par l'oppression des petites mines, amené, à un degré au moins égal, l'extension de la grande et, par suite, plus avantageuse exploitation ; mais la suppression des mines plus faibles eût été plus brutale et ne fût d'ailleurs survenue qu'après des luttes interminables et ruineuses. C'est exactement ce que l'on peut maintenant observer dans l'*industrie des bouteilles*, où les grandes usines absorbent les petites, afin de grossir leur chiffre de participation dans le syndicat et de mieux utiliser la nouvelle machine d'Owen pour la fabrication des bouteilles.

En tous cas, ces exemples font très bien voir que les cartells n'entravent point le progrès économique, mais qu'ils servent à ménager les transitions.

Beaucoup plus importante encore au point de vue économique est la deuxième forme moderne d'organisation de l'entreprise, organisation que nous avons désignée sous le nom de Combinaison (*Kombination*).

Que la *tendance à la combinaison*, c'est-à-dire la réunion dans une seule entreprise de divers stades de production dépendant les uns des autres, fasse de grands progrès au cours du développement économique, c'est ce qu'il est facile d'expliquer. Autrefois, lorsque les divers stades de production étaient l'objet d'entreprises indépendantes, chacune de ces entreprises devait chercher à retirer un bénéfice de son produit intermédiaire et le prix des produits finis se trouvait par là même augmenté. Par rapport à cet état de choses, les combinaisons représentent un progrès économique ; ces bénéfices intermédiaires, en effet, sont supprimés ; par suite, ces entreprises de combinaison peuvent produire à des prix moins élevés et peuvent mieux lutter contre la concurrence. Mais un autre abaissement des frais de production résulte de ce que les frais de transport peuvent aussi se trouver réduits, et qu'en outre le commerçant, qui se glissait encore souvent entre les divers stades de la production, lorsque ces stades étaient exploités par des entreprises différentes, disparaît avec les bénéfices qu'il prélevait. Si malgré cela la combinaison ne faisait autrefois que peu de progrès, cela était dû à ce que les producteurs de matière première tenaient eux-mêmes, grâce à leur concurrence, les prix au niveau le plus bas possible. La production autonome (*Selbstherstellung*) n'offrait elle-même aucun avantage économique, si ce n'est peut-être pendant les périodes de vente active. Mais elle était inséparable d'un risque assez considérable, puisque le fabricant devait toujours craindre de pouvoir acheter la matière première à meilleur marché qu'il ne pouvait la produire lui-même, ce qui le mettait en état d'infériorité par rapport à ses concurrents. De plus, par cela même que, lorsque la situation de la branche industrielle des fabricants du produit fini était mauvaise, il n'avait pas de débouché pour la matière première qu'il produisait, et par suite, sa production de matière première subissait toujours le contre-coup des fluctuations de la vente dans l'industrie des produits finis, il avait ainsi à supporter un double risque de capital.

C'est à cause de cela qu'il n'y eut que peu d'entreprises de combinaison, même dans ce qui est aujourd'hui leur principale sphère, à savoir, dans l'industrie du fer, et dans ces entreprises la combinaison n'était pas autrefois toujours avantageuse pour l'ensemble de l'entreprise. Une transformation s'opéra, peut-on dire, tout d'un coup, lorsque, à la place de la libre concurrence, les cartells de matière première firent leur apparition et que ceux-ci, notamment le syndicat des charbons, maintinrent des prix élevés d'une manière permanente. Maintenant les usines de l'acier et les forges qui possédaient des mines pouvaient obtenir elles-mêmes leur provision de charbon à plus bas prix, et les aciéries pouvaient aussi obtenir elles-mêmes le fer brut dans de meilleures conditions qu'au moyen de leurs syndicats respectifs. Cela dura ainsi tout d'abord pendant quelques années, jusqu'à ce que l'on finit par s'apercevoir de l'avantage qu'il y avait pour les usines du fer à s'annexer des mines. Mais comme, pendant la période de vente active, les simples finisseurs avaient à souffrir continuellement du manque de matière première, le nombre des combinaisons commença à s'accroître dès 1899 et, même lorsque la crise survint, elles se révélèrent comme très avantageuses, puisque le syndicat des charbons fut prorogé et maintint des prix élevés. C'est en parti à la suite de la demande dont les mines ont été l'objet grâce aux combinaisons, et en partie à la suite des bénéfices qui permirent au syndicat du charbon d'acquérir des mines, que les mines et les champs houillers ont vu leur valeur monter aussi rapidement. Pour certaines des premières, dans une période de dix ans, leur valeur a été quintuplée.

Mais le mouvement s'étendit aussi aux autres branches de l'industrie du fer. De même que les fonderies cherchaient à s'annexer des mines, les branches plus avancées de l'industrie du fer, les aciéries, les lamineries de tout genre, les fabriques de machines cherchèrent à leur tour à s'annexer de hauts fourneaux pour devenir indépendantes à l'égard des syndicats de fer brut. D'autres établissements de transformation, comme les usines de fil de fer, cherchèrent à se soustraire aux prix élevés de l'association de la matière à demi transformée en fabriquant eux-mêmes leurs produits. Bien plus, la tendance à la combinaison va si loin qu'une fabrique de produits tout à fait spéciaux, comme la grande fabrique allemande de locomotives, la maison Hendschel und Sohn de Cassel, a acquis une fonderie et une mine de houille. En Angleterre, la combinaison des grandes filatures avec une mine de charbon s'est déjà produite, et de grandes mines d'or sud-africaines ont leur propre fabrique d'explosifs. La combinaison ne s'opère pas toujours au moyen de l'annexion d'entreprises déjà existantes; dans la plupart des cas, il est créé de nouveaux établissements pour la branche d'entreprise que l'on veut s'annexer. Dans les grandes usines du fer et de l'acier sont fabriqués aujourd'hui tous les produits imaginables de l'industrie du fer, rails, poutres, tuyaux, matériels pour la construction des vaisseaux, ponts, machines de toute sorte et même des wagons de chemins de fer, et cela, par une seule et même entreprise. Là où la matière première, comme le fer, doit être achetée à une autre entreprise, par exemple, à l'étranger, il arrive souvent qu'elles s'y intéressent financièrement.

Dans d'autres branches industrielles, la combinaison en une seule entreprise de stades de production qui font l'objet d'exploitations indépendantes n'a pas toujours atteint une aussi grande importance que dans l'industrie du fer. Car, en effet, ce n'est que dans un petit nombre d'industries qu'un fabricant utilise une aussi grande quantité de matière première et que son approvisionnement mérite qu'il fasse les frais d'une exploitation propre. D'un autre côté, pour ses propres produits, le fabricant se heurte souvent à cet obstacle, à savoir que le produit fini ne fait l'objet d'aucun cartell, et que, par suite, il ne lui est pas possible d'en retirer de bons prix. D'ailleurs, il s'est formé aussi, dans l'industrie chimique et dans l'industrie électrique, de grandes entreprises en combinaison qui embrassent les divers stades de production, et, dans d'autres branches industrielles, on voit s'accroître chaque jour la tendance vers de semblables combinaisons.

En tous cas, on peut affirmer que les cartells n'ont nullement arrêté le progrès technique, et que même, dans l'industrie du fer, le développement vers les grandes entreprises combinées, ce qui est un progrès au point de vue technique, s'accomplit peut-être plus rapidement qu'il n'aurait fait sans cela. Que ce développement vers les grandes entreprises dépasse déjà, en partie, les cartells et fasse que l'on puisse s'en passer, c'est ce que nous aurons à démontrer dans le cinquième chapitre.

CHAPITRE III

LES EFFETS DES CARTELLS SUR LES ACHETEURS

On peut aussi, du moins d'une manière générale, distinguer les effets que les cartells ont sur les entrepreneurs, d'après les deux buts principaux qu'ils se proposent et qui sont : l'*augmentation des bénéfices* et la *diminution du risque du capital*. L'effort fait pour augmenter les bénéfices est préjudiciable aux acheteurs ; car cet effort se traduit par des élévations de prix. L'effort des entrepreneurs en vue de diminuer le risque du capital, effort qui les amène à introduire une plus grande proportionnalité entre la production et la consommation, et, en un mot, une plus grande uniformité dans la situation économique, constitue, au contraire, d'une manière générale, un avantage pour les acheteurs, quoique, comme nous le verrons plus loin, certaines mesures que l'on a prises pour atteindre ce but soient encore aujourd'hui préjudiciables.

Que les cartells, comme monopole du vendeur, puissent être préjudiciables aux acheteurs, c'est ce qui se comprend sans peine ; comme aussi que les entrepreneurs puissent se servir de la grande force qu'ils doivent à l'association et n'y apportent pas les ménagements qui, dans une économie bien entendue, doivent régner dans les rapports d'échange. Il pourra y avoir lieu de prendre des dispositions contre cet état de choses, mais jamais il n'y aura lieu de se demander si, au point de vue moral, les entrepreneurs *ont le droit* d'augmenter leurs bénéfices. Il est impossible de dire à quelle limite s'arrête « le bénéfice décent » (*Wohlanständiger Gewinn*), et où commence le « bénéfice illicite » (*unberechtiger Gewinn*). Il ne faut pas oublier non plus qu'il n'y a pas pour l'acheteur un droit à la satisfaction de ses besoins à un prix déterminé. A raison de la différence qui existe entre les frais de production, on ne saurait établir un prix « juste » valant pour tous les entrepreneurs. Mais il est aussi extrêmement difficile de dire avec certitude à quel moment un prix *dépasse la mesure donnée par les conditions économiques*. On pourrait tout au plus invoquer les prix du marché général (*Weltmarktpreise*) comme terme de comparaison; mais les prix plus élevés de l'intérieur du territoire comparés à ceux-là ne signifient nullement que les bénéfices des entrepreneurs nationaux soient trop élevés. Les prix des concurrents intérieurs, même d'entrepreneurs restés étrangers au cartell ou de producteurs appartenant à d'autres zones de vente, peuvent tout au plus être considérés, aux époques de dépression, comme ceux qui correspondent à la situation économique. Pendant les périodes de vente active, les entrepreneurs indépendants ont coutume de se conformer volontiers aux prix de cartell, dans l'industrie du charbon, par exemple, le fisc lui-même s'y conforme; et lorsque la demande s'accroît, leurs prix dépassent souvent ceux des cartells.

C'est pourquoi des statistiques sur la hauteur des prix ne peuvent guère servir de preuve pour ou contre un cartell. En particulier, aux époques de vente active, on ne saurait dire ce que seraient les prix en l'absence d'un cartell. Des statistiques de prix ne peuvent, de prime abord, qu'indiquer s'il est survenu ou non, par le fait du cartell, une plus grande *uniformité* par comparaison avec les prix qui existaient auparavant. Ce n'est que lorsqu'on peut prendre pour base une grande période que l'on peut aussi, si les circonstances le permettent, constater une hausse des prix provoquée par un cartell. Mais bien entendu, une telle hausse des prix, même si elle est amenée par un cartell, peut être basée sur des rapports économiques généraux. Une comparaison avec le mouvement des salaires permet souvent de formuler un jugement sur ce point. En ce qui concerne le syndicat des charbons et l'Association des aciéries, on peut sans doute signaler une hausse des prix, comme aussi une plus grande uniformité, par rapport aux prix d'autrefois. Cette hausse dépasse de beaucoup, en général, les hausses pourtant très considérables des salaires.

En tous cas, on peut poser en principe général que l'action exercée par le cartell sur les prix, action par laquelle ils se distinguent de l'état de libre concurrence, apparaît aux époques de *dépression*. Alors, en effet, les cartells empêchent les prix de *baisser* proportionnellement à la diminution de la demande. Ils permettent ainsi de maintenir des prix élevés pendant les mauvaises périodes, et ils y parviennent en adaptant *la production et l'offre* à chaque état de la demande mieux que ne pourraient le faire les entrepreneurs isolés sous le régime de la libre concurrence. On peut donc — *cum grano salis* — caractériser les effets des cartells par rapport à ceux de la libre concurrence en disant que les cartells adaptent sans doute la *production* à chaque état de la demande, mais non les *prix*, tandis que la libre concurrence, au contraire, y adapte les *prix*, mais non la *production*. De là résultent les effets économiques de l'un ou de l'autre état. Quoi qu'il en soit, c'est surtout pendant les périodes de *dépression* que l'on se plaint le plus des cartells et de leurs prix élevés.

Il est évident que la nature de l'industrie joue un grand rôle dans la possibilité d'une forte hausse des prix au moyen des cartells et, en particulier, dans la possibilité de les maintenir pendant les périodes de dépression. Les industries les plus favorables sont naturellement ici toutes celles qui sont le plus à l'abri de la concurrence, et, par conséquent, celles qui, à cause de la limitation de l'offre de leur matière première, à cause de la coûteuse installation de leur matériel, à cause des prix élevés des transports par rapport au prix, ou à cause des droits de douane, sont le mieux protégées contre l'avènement de nouvelles entreprises, contre l'importation de l'étranger et aussi contre l'emploi de succédanés. Parmi les industries d'une grande importance générale économique, il faut ranger, à ce point de vue, en première ligne, les diverses branches de l'*industrie minière*, et cela s'explique aussi bien parce que, dans ce domaine, existent des cartells solidement organisés, que parce que, à cause de ces mêmes cartells, des prix élevés peuvent être maintenus pendant les mauvaises périodes.

En général, le plus grand danger des cartells, à savoir que, comme organisation de monopôle, ils élèvent trop les prix et, par cela même, nuisent aux acheteurs, est un danger qui n'a pas encore, jusqu'à présent, pris de grandes proportions. Ce qui est surtout apparu, c'est qu'un léger accroissement des bénéfices au-dessus de ceux auxquels on était habitué dans l'industrie a provoqué la création de *nouvelles entreprises concurrentes*. Les cartells ont alors cherché à acquérir ces entreprises et à établir une limitation générale de la production afin de maintenir les prix. Mais, si ceux-ci ne correspondent pas à l'état de la demande, ce maintien des prix n'est pas de longue durée, car les usines qui produisent à meilleur marché, celles qui, même avec des prix peu élevés, parviennent à réaliser de bons bénéfices, aiment mieux alors utiliser pleinement leur exploitation et ne pas venir en aide à de plus faibles. Il arrive ainsi que, dans la plupart des cas, le cartell fait place à une période de concurrence. Ces conditions apparaissent d'une manière particulièrement typique dans l'industrie du ciment ; mais, dans un grand nombre d'autres branches de l'industrie de la pierre et de la terre, dans les industries textile, chimique et métallurgique, telle est encore aujourd'hui la marche du mouvement des cartells, c'est-à-dire que les associations se dissolvent aux époques de crise et qu'alors, après un certain temps, la concurrence apparaît.

La création de nouvelles entreprises est aujourd'hui tellement facilitée en Allemagne par l'abondance des capitaux et par l'extension du crédit qu'un cartell même ne peut pas, dans la plupart des cas, empêcher cette création. On cherche cependant de plus en plus à atteindre ce but. Nous avons déjà examiné les moyens employés pour combattre les entreprises étrangères au cartell. Ce qu'il y a de plus efficace, c'est encore de supprimer, pour les entreprises nouvellement fondées, la possibilité des débouchés en obligeant les acheteurs à n'acheter qu'aux membres du cartell. Mais peu de cartells sont assez forts pour pouvoir faire cela d'une manière durable.

Jusqu'ici l'expérience a toujours montré que tous les cartells qui ont longtemps duré ont provoqué un très considérable accroissement de la production et de l'offre. Lorsque ce n'était pas en provoquant la fondation d'entreprises nouvelles, c'était parce qu'ils encourageaient leurs membres à étendre leur exploitation. C'est, par exemple, ce qui a eu lieu, sur une vaste échelle, pour le Syndicat Rhéno-Westphalien des charbons (*Rheinisch-Westfalisches Kohlensyndikat*). Peu de *nouvelles* entreprises minières ont pris naissance, car les champs d'extraction se trouvent, pour la plupart, être l'objet d'une solide possession, mais presque toutes les exploitations existantes ont sensiblement augmenté leur production par l'adjonction de nouvelles couches. D'ailleurs, pour ces produits qui, parce qu'ils ne se présentent qu'en quantité limitée, jouissent d'une sorte de monopole, comme les charbons, la potasse, le pétrole, etc., le danger, évidemment très grand, que l'avènement de nouvelles entreprises ne constitue pas un contre-poids suffisant par rapport à une exagération des prix du cartell, justifie au plus haut point une intervention de l'Etat. Mais, pour ces produits aussi, on a pu constater jusqu'ici, sous l'influence des cartells, une si forte élévation de la production que le danger de faire hausser démesurément les prix, à la manière des *rings*, en provoquant la rareté de la marchandise, comme aussi en maintenant par des moyens artificiels l'offre au-dessous de la demande, ne doit pas être considéré comme un danger imminent.

Les progrès de la technique actuelle font que, dans bien des cas, celle-ci est capable d'exercer une pression sur les cartells de certains produits au moyen de succédanés;

de plus, le poids de l'opinion publique, en ce qui concerne une exploitation véritablement usuraire par les cartells, n'est pas à dédaigner, et enfin l'Etat a à sa disposition, à ce point de vue, tout une série de moyens de coercition dont nous reparlerons plus tard.

En général, d'ailleurs, il est pris des dispositions pour que les arbres du cartell ne s'élèvent pas jusqu'au ciel et on peut dire tout au moins que la grande masse des derniers consommateurs a été jusqu'ici relativement peu pressurée par les cartells, quoiqu'elle ne puisse plus s'approvisionner dans d'aussi bonnes conditions que du temps où les producteurs se livraient à la concurrence la plus acharnée.

Que les derniers consommateurs, le grand public, ne se soient que relativement peu ressentis de l'action des cartells, c'est ce qui est dû d'abord à la diminution des frais de production et ensuite à ce que les *derniers* degrés de transformation ne sont pas constitués en cartells dans une aussi grande proportion que les producteurs de matière première et que, par suite, la hausse du prix de ces derniers ne peut pas toujours avoir son contre-coup sur les acheteurs. C'èst pour cela que le grand public n'est, en général, atteint que par un petit nombre de cartells, ceux dont les produits passent directement des mains des premiers producteurs dans celles des consommateurs, comme la houille, le sucre, le pétrole. Et c'est pourquoi aussi leurs cartells occupent la première place dans les discussions publiques.

Les manufacturiers (*Weiterverarbeiter*) se trouvent au contraire dans une posture des plus défavorables lorsqu'ils doivent employer la matière première cartellisée, et qu'ils ne peuvent pas eux-mêmes se constituer en cartell pour leurs produits. Nous rechercherons plus loin l'influence que ces conditions exercent sur la transformation des entreprises actuelles, sur la tendance vers les combinaisons. Quoi qu'il en soit, les attaques les plus violentes contre les cartells organisés de matière première partent habituellement de ces milieux ; mais, en général, ce n'est qu'en tant que la cartellisation elle-même est favorable aux derniers consommateurs, et, souvent, grâce au concours de ces derniers.

Si les manufacturiers sont certainement les premiers et les plus profondément atteints par les hausses de prix des monopoles, ils y trouvent cependant un très grand avantage en ce sens que l'organisation en cartell des producteurs de matière première les place tous, au point de vue du prix d'achat, sur le même terrain. Lorsque les manufacturiers ne peuvent pas eux-mêmes s'organiser, la concurrence se trouve cependant atténuée par le fait que la matière première peut être obtenue à un prix uniforme pour tous. Les limites à l'intérieur desquelles la concurrence peut s'exercer, les armes de combat dont peuvent se servir les particuliers, se trouvent par cela même réduites, lorsque des matières premières importantes ou des matières à demi-manufacturées coûtent également cher pour tous. Les associations organisées s'efforcent d'influer dans ce sens en comptant au taux le plus juste les frais de transport jusqu'aux divers centres des débouchés et d'établir les prix conformément à ces frais. Bien entendu, il est très difficile d'y parvenir sans que les acheteurs se croient lésés dans un lieu ou dans un autre et sans qu'ils poussent de nombreuses plaintes à ce sujet.

Ce qui a eu jusqu'ici une bien moindre importance pour les manufacturiers, ce sont les autres fins vers lesquelles tend le monopole, à savoir l'introduction d'une plus grande uniformité temporaire des prix, d'une plus grande stabilité dans les prix d'achat de matière première à la suite des cartells de ses producteurs. Jusqu'ici, un très petit nombre de cartells ont pu introduire avec un réel succès une plus grande uniformité dans les conditions d'écoulement de leur industrie. A proprement parler, le Syndicat des charbons a été le seul, du moins pendant la période de vente active qui s'étend de 1897 à 1900, qui ait procédé avec mesure en ce qui concerne la hausse des prix et qui, lorsque la crise survint, ait empêché leur effondrement, ou plutôt ait été en état d'assurer une stabilité sensiblement plus grande de ces mêmes prix. C'est pourquoi le Syndicat des charbons n'éleva pas non plus ses prix en 1905, pendant la grève des ouvriers mineurs, tandis qu'auparavant chaque grève avait coutume d'amener une hausse des prix. Il effectua les livraisons pour lesquelles il avait pris des engagements au moyen des charbons qu'il achetait en Angleterre.

Cela n'a pas jusqu'ici aussi bien réussi aux autres cartells, et notamment aux Syndicats de fer brut et au Syndicat de l'acier. Cela tenait en partie à des vices d'organisation, mais surtout à ce que les cartells ne sont encore que des phénomènes trop récents pour qu'il soit partout possible de les diriger d'une manière opportune au point de vue économique. Ordinairement, dans les cartells, un parti modéré et prévoyant lutte contre un autre qui voudrait retirer tout le profit possible des périodes favorables. Dans le Syndicat du charbon lui-même, pendant les années 1907-08, la hausse des prix, qui fut encore plus considérable que celle de 1900-01, fut jugée exagérée ; d'autant plus que les salaires pendant cette période ne montèrent pas dans la même proportion. Aujourd'hui même, dans la plupart des cas, aux époques de grande activité, la majorité des membres des cartells fait tous ses efforts pour retirer de cette période tout ce qu'elle peut donner, au lieu de considérer que, lorsque surviendra l'heure de la dépression, l'effondrement des prix se fera d'autant plus sentir.

Tout le monde n'est pas encore parvenu à comprendre que, pour l'industrie elle-même comme pour l'économie générale, il est plus avantageux d'introduire dans les prix une grande uniformité que de savourer, pendant une courte période de hausse vertigineuse, des prix fantastiques. On doit faire tout son possible pour que cette manière de voir se répande de plus en plus. Plus une politique modérée tendant moins à une hausse des prix qu'à une uniformité dans les débouchés gagne du terrain et plus s'atténueront les attaques dirigées aujourd'hui contre les cartells. Un plus grand développement de ceux-ci dépend en première ligne de l'application de plus en plus générale de ce point de vue.

Il est vrai de dire que les manufacturiers ne se rendent pas encore parfaitement compte que la plus grande uniformité des prix vers laquelle tendent plusieurs cartells de matière première a jusqu'ici constitué un avantage même pour eux. Déjà, pendant la période de dépression de 1901, le Syndicat du charbon fut violemment attaqué parce qu'il n'avait pas suffisamment abaissé ses prix, et le même cas s'est représenté pendant la période de dépression de 1908-09. Sans vouloir prétendre, bien entendu, que les prix fixés par le syndicat pendant la période d'activité et maintenus ensuite aient été précisément et absolument les plus utiles au point de vue économique, je crois cependant que le *principe* auquel obéissait alors le

Syndicat est bon dans une économie nationale organisée. Les consommateurs, qui ne sont pas eux-mêmes constitués en cartell (abstraction faite de ceux qui ont à lutter contre des usines combinées) n'auraient eu aucun avantage à ce qu'une forte baisse survînt tout à coup dans le prix du charbon. Les conséquences se seraient bornées tout d'abord à de grosses pertes de spéculation pour ceux qui, comptant sur la continuation de la période de vente active du charbon et des autres matières, avaient fait de grands provisionnements. Il y aurait eu certainement, à cause de cela même, un plus grand nombre de faillites à signaler. Mais, dans la suite, la concurrence entre les manufacturiers aurait amené une baisse de leurs produits aussi considérable que le permettait la baisse du prix de la matière première. C'est d'ailleurs ce qui fut reconnu de divers côtés dans l'enquête relative aux cartells, contrairement aux assertions émises par le député Gothein, qui signalait comme mauvaise la politique suivie par le syndicat du charbon depuis que la crise était survenue. Le directeur d'une des plus grandes fabriques de ciment de l'Allemagne disait : « On ne saurait aucunement douter qu'une plus grande baisse des prix du charbon aurait eu pour conséquence une plus grande baisse des prix du ciment ». Un autre grand industriel faisait la même constatation pour l'industrie du fer.

Mais, comme nous l'avons dit, il faut ajouter que ces effets favorables des cartells organisés n'ont apparu jusqu'ici que très incomplètement parce qu'encore ce qui faisait défaut à la plupart des cartells, c'était, en partie, une organisation appropriée, et, en partie, une exacte compréhension de la tâche qui leur incombait. Néanmoins, si les deux dernières crises venues après ce grand essor ont été relativement très bénignes, il faut, déjà l'attribuer pour partie à l'action des cartells qui, du moins dans une branche d'entreprise formant la base de l'économie nationale, parviennent à introduire une plus grande uniformité.

Les moyens qui furent ici appliqués par les cartells de matière première ont été, notamment en 1901, l'objet de violentes attaques de la part des manufacturiers et des commerçants, et ils ont été signalés comme étant économiquement préjudiciables. C'est la conclusion obligatoire et très anticipée des contrats que, dans les périodes de vente active qui se sont écoulées, le syndicat du coke, en parculier, a imposée à ses acheteurs. C'est lorsque, en 1899, la situation économique devenait de plus en plus prospère et qu'un brusque revirement ne paraissait guère à craindre que les cartells de matière première, qui s'étaient montrés modérés dans la hausse des prix, remarquèrent que les manufacturiers, qu'ils fussent constitués en cartell ou non, augmentaient beaucoup plus les leurs. On comprend très bien que cet état de choses ait de nouveau poussé les producteurs de matière première à établir aussi de leur côté des prix soudainement élevés. Et cela, ils le firent lorsque la période d'activité touchait à sa fin : c'est ce qui amena pour le charbon, le coke, le fer brut ce que l'on a appelé les *contrats de fusion*, les *marchés à long terme* (*lange Abschlusse*), au moyen desquels les prix de plusieurs années se trouvaient fixés pour longtemps. Mais ce n'est pas seulement des cartells de matière première qu'émane la tendance à conclure ainsi des marchés à long terme. Comme cela a d'ailleurs été établi dans l'enquête relative aux cartells, les acheteurs, eux aussi, pendant les périodes de vente active, alors que personne ne savait si cela se prolongerait longtemps et que cependant la demande et les prix s'élevaient de jour en jour, s'étaient efforcés de se mettre à couvert pour longtemps à l'égard des prix du moment, et c'est en vue de cela qu'ils s'étaient adressés aux cartells. Ce que l'on a reconnu aussi partout, c'est que de ce côté encore la « douce pression » bien connue n'était pas absente, c'est-à-dire l'avis que si l'on ne consentait pas à traiter dès maintenant, on n'avait pas la certitude de pouvoir plus tard s'approvisionner de matière première. Mais l'incertitude des conditions futures du marché est quelque chose que les cartells sont impuissants à faire disparaître, et, à la suite de cette incertitude, les deux parties assument un certain risque au moment où elles se lient par un contrat. Lorsque est survenue la fin de la période d'activité, le résultat s'est trouvé mauvais pour le manufacturier, mais le contraire aurait tout aussi bien pu se produire.

C'est pour cela que je ne peux pas non plus considérer comme absolument justifiés les jugements plus ou moins généraux que l'on a émis au sujet des contrats à long terme. Pendant les périodes de vente très active, il est imprudent pour les acheteurs de se lier par de semblables contrats. Mais, pendant les périodes de calme, si les cartells de matière première consentaient à traiter à long terme avec les manufacturiers d'après les cours du moment, je crois que ces mêmes manufacturiers accepteraient volontiers leurs conditions. Il est sûr qu'une entente commune au sujet du prix et de sa fixation durable est une chose qui vaut la peine qu'on fasse un effort. C'est le seul moyen qu'aient les cartells d'amener une plus grande stabilité ; et s'il est vrai, comme le prétendent les cartells de matière première, que les manufacturiers ont prématurément, par la hausse exagérée des prix, amené la fin de la période de vente active, ils peuvent aussi à l'avenir user de leur grande influence pour que ces prix, aussi bien qu'eux-mêmes, soient modérés aux époques de grand élan commercial. L'Union des aciéries, qui embrasse comme cartell général les diverses branches de production de la fabrication de l'acier, et qui est en contact avec les cartells de matière première, est précisément en état de veiller à ce que les prix des divers stades de la production restent d'une manière durable en rapport étroit les uns avec les autres.

Sans doute, toutes les branches de l'industrie ne sont pas également intéressées à l'uniformité des prix et des débouchés. L'industrie minière, où les interruptions dans la régularité de l'exploitation sont particulièrement désastreuses, y sont beaucoup plus intéressées que les industries de *finissage* (*Verfeinerungsindustrien*), où des limitations d'exploitation peuvent être plus facilement établies et où les produits peuvent être mis en dépôt sans trop de frais et de difficultés Mais on ne saurait trouver mauvais que les industries de matière première cherchent à s'assurer au moyen des cartells cette plus grande stabilité qui leur est nécessaire.

Cependant il ne sera jamais possible aux cartells seuls de supprimer complètement les oscillations de la vente. Dans l'état actuel de notre organisation économique, on ne saurait les éviter, et si elles disparaissent un jour, ce ne sera qu'à la suite d'un changement complet introduit dans cette organisation. Mais la création d'une semblable organisation économique sera le dernier but que se proposera tout le developpement économique actuel et, quoique les cartells ne représéntent encore que le premier pas fait dans cette voie et ne fassent que se rapprocher un peu du but, ils y trouvent cependant une justification suffisante.

En somme, je suis d'avis que, même déjà, le développement des cartells et la création de cartells bien organisés de matière première ont procuré des avantages aux manufacturiers. D'un côté, sous la pression des cartells de matière première, les manufacturiers sont, eux aussi, sortis de leur isolement et ils se sont, quoique avec plus de difficulté que ceux-là et d'une manière moins solide, organisés en cartells ; ils ont ainsi fait passer sur leurs acheteurs la pression qu'ils avaient eux-mêmes subie. Mais, d'un autre côté, ils se sont ainsi maintes fois, en même temps qu'ils se formaient en cartells, organisés, en leur qualité d'acheteurs, en unions de *preneurs* (*Abnehmerverbände*) et ils ont soutenu des luttes acharnées contre les fournisseurs de matière première. Il n'est pas rare que ces luttes finissent par une « Association d'alliance », par une obligation réciproque d'exclusion commerciale, et, parfois, par une fixation commune des prix. C'est ainsi que l'Association des fabricants de tissus pour parapluies s'est entendue avec l'Association des fabricants de tissus pour cravates ; l'Association des Usines de gaz d'éclairage s'est entendue avec l'Union des fabricants de lampes et des négociants en gros. Mais si les manufacturiers ne pouvaient pas encore s'organiser eux-mêmes en cartells constitués, les cartells de matière première ont cependant provoqué chez eux un groupement, c'est-à-dire la création d'unions professionnelles (*Fachvereine*) et de cartells de conditions (*Konditionenkartelle*). Ils leur ont facilité le calcul des frais de production et rendu moins aléatoire leur activité économique. C'est ce qui apparaît surtout très clairement si l'on considère l'industrie allemande des machines.

L'exportation à bon marché serait d'autant plus désavantageuse que les prix des cartells de matière première seraient plus élevés, et alors, dans cette industrie, qui ne fait ses achats qu'aux cartells de matière première et de produits à demi ouvrés, mais qui ne saurait elle-même, en général, à raison de la diversité de ses produits, s'organiser en cartell, la situation serait absolument intolérable. C'est le contraire qui arrive. A l'exception d'un petit nombre de branches qui souffrent de l'insuffisance de la demande de la part de leurs acheteurs, la situation de l'industrie des machines, dans ces dix dernières années, a été des plus favorables. Je ne veux signaler que l'ensemble de l'industrie électrique, l'industrie des bicyclettes, des machines à coudre, des automobiles, la fabrication des machines pour la fabrication du sucre, pour les industries du bois, pour les industries textiles, etc.

Un seul groupe de manufacturiers se trouve aujourd'hui dans une mauvaise situation, ce sont ceux qui se trouvent *en concurrence avec de grandes exploitations combinées* auxquelles ils doivent en même temps eux-mêmes acheter leur matière première. Tel est le cas pour l'*industrie du fer*. Ici, comme nous l'avons vu au chapitre précédent, se sont formées de grandes entreprises qui embrassent l'ensemble des divers stades de la production et qui pénètrent de plus en plus dans le domaine des manufactures. Et c'est pourquoi maintenant les usines dites pures, non combinées, qui se confinent dans un certain degré de fabrication, souffrent de cet état de choses. Elles en souffrent non seulement parce qu'une nouvelle concurrence est faite à leurs produits par les usines combinées, mais surtout parce qu'elles se trouvent dans une situation sensiblement inférieure au point de vue des frais de production. Les grandes usines combinées sont indépendantes par rapport aux cartells de matière première. Elles produisent elles-mêmes en tout ou en partie leur matière première : elles n'ont donc pour celle-ci qu'à tenir compte de leurs frais de production, et elles profitent des bénéfices qu'en retireraient sans cela les producteurs de matière première constitués en cartell. Au contraire, les usines pures doivent acheter plus cher la matière première aux cartells de matière première ou de produits à demi ouvrés, et il leur est par cela même impossible de soutenir la concurrence avec les autres.

Mais, outre que les entreprises combinées sont supérieures aux usines pures par le bon marché de la matière première, elles contribuent encore par cela même à rendre de plus en plus désavantageuse la situation de ces dernières (1). C'est-à-dire que plus les combinaisons s'accroissent et plus il devient difficile, par exemple, pour les usines de laminage, de se procurer, en général, la matière première ou le produit demi ouvré. La combinaison, en effet, s'est aujourd'hui tellement développée dans l'industrie du fer qu'on peut dire qu'il n'existe presque plus de producteur de fer brut ou demi ouvré. Quoi qu'il en soit pour ces produits, les grandes usines combinées dominent entièrement dans les cartells, dans les syndicats de fer brut et dans l'association des aciéries. Bien plus, elles amènent en partie la dissolution des syndicats de fer brut, car elles n'ont plus aucun intérêt dans ces syndicats, puisqu'elles ne vendent plus de fer brut. Elles déterminent donc seules les prix que leurs con-

(1) Cpr. sur ce point les relations de l'enquête sur les cartells et HEYMANN, *Die gemischten Werke im deutschen Grosseisengewerbe*, Munich, *Volkswirtschaftliche Studien*. N° 65, 1904.

currentes dans la fabrication, les usines pures, doivent payer pour la matière brute et pour la matière à demi ouvrée, et elles ne leur abandonnent celles-ci que si elles ne jugent pas utiles de continuer elles-mêmes leur transformation.

C'est ce qui arrive lorsque les matières premières peuvent être vendues cher. Mais alors les usines pures de laminage ne peuvent plus les acheter parce qu'elles ne peuvent plus retirer de leurs produits des prix suffisants. Et cela encore à cause de la concurrence des usines combinées. Celles-ci n'ont aucun intérêt à faire vivre avec elles au moyen d'un cartell les petites usines pures de laminage. C'est à cause de cela que jusqu'ici ces produits n'ont pas été l'objet d'un cartell où, comme pour le fer en barre, en bandes ou en fil, les grandes entreprises combinées ne sont pas encore parvenues à écarter les usines pures de laminage.

La majeure partie des usines pures de laminage peut à peine se maintenir en face de cette situation. Elles représentent d'ailleurs une forme surannée d'exploitation, et c'est tout au plus si quelques-unes peuvent se maintenir en vie en se confinant de plus en plus dans la production de produits très qualifiés, dans ce que l'on appelle la *spécialisation*, quoique, à raison de cette même spécialisation, elles dépendent davantage des circonstances et voient ainsi s'augmenter leurs besoins et leurs risques de capital. D'une manière générale, les avantages de la « grande exploitation », de l'entreprise combinée, ne peuvent en aucune façon être obtenus par les entreprises non combinées. L'abaissement et la suppression définitive des droits de douane pour le fer brut, le demi-produit, et les retailles, qui sont demandés par les usines simples (*reine Werke*), seraient sans doute une chose à examiner, et si elle était exécutée au moyen de conventions internationales, elle ne saurait, à mon avis, être préjudiciable à l'économie nationale. Cependant, comme les usines simples le reconnaissent elles-mêmes, elle ne leur serait pas d'un très grand secours dans leur lutte contre les usines mixtes. L'idée même de se procurer, au moyen d'une union des manufacturiers simples en coopérative, la situation d'exploitations produisant en commun leur propre matière première et d'échapper ainsi à la dépendance des usines combinées et des associations de matière première, idée qui a déjà été émise bien des fois et qui aujourd'hui encore joue un certain rôle, ne pourrait aboutir à aucun résultat et ne saurait, d'une manière générale, être mise à exécution. La dispersion des manufacturiers, la diversité de leurs besoins sont autant de grandes difficultés que l'on aurait à surmonter.

Il nous reste encore à examiner un autre côté des effets des cartells sur les acheteurs, et ce côté fait l'objet du plus important et du plus difficile des problèmes concernant les cartells. Il s'agit de la *question des ventes à bon marché à l'étranger*. En général, les cartells n'embrassent qu'une zone restreinte. Cette zone, c'est quelquefois tout l'Empire allemand, souvent aussi ce n'est qu'une circonscription déterminée par des conditions naturelles, comme, par exemple, par les frais de transport. Sur toute l'étendue de cette zone règne le monopole du cartell et ce monopole ne s'étend pas au delà ; il en résulte une différence entre les prix pratiqués à l'intérieur de la zone et ceux qui sont pratiqués à l'extérieur. Les acheteurs qui se trouvent en dehors du rayon d'action du cartell peuvent donc acheter les marchandises dans de meilleures conditions, et les manufacturiers qui se trouvent dans la zone du cartell, manufacturiers qui payent plus cher ces mêmes marchandises, se trouvent à raison de cela même dans une situation d'infériorité en ce qui touche leur capacité de concurrence. C'est là un phénomène d'une importance particulière dans les cartells *nationaux* de prix, c'est-à-dire dans ceux pour lesquels la libre concurrence ne peut s'exercer qu'à l'*étranger*. Et c'est en particulier sous *cette* forme de vente à bon marché à l'étranger, que le fait pour les cartells de pratiquer sur l'étendue de leur zone des prix plus élevés qu'à l'extérieur de cette zone a fait l'objet des plus vives attaques contre le régime des cartells.

On a vu dans la vente à bon marché à l'étranger, c'est à-dire dans ce que l'on a appelé le *dumping*, un gaspillage des produits nationaux. Mais, c'est à tort, car les prix que l'on peut obtenir à l'étranger n'ont pas en général subi une baisse par l'effet des cartells. Après comme avant le cartell, les entrepreneurs devaient faire leurs offres au moins aux prix pratiqués par leurs concurrents, s'ils tenaient à avoir un débouché. Aussi longtemps donc que des prix de concurrence étaient pratiqués à l'intérieur, il ne venait à l'idée de personne de parler d'un gaspillage des produits nationaux à l'étranger, alors même que l'exportation ne donnait que peu ou pas de bénéfices et qu'elle n'était pratiquée que pour éviter à l'intérieur la surproduction ou les interruptions d'exploitation. Ce ne fut que lorsque les entrepreneurs, pressés par une concurrence de plus en plus ardente, adhérèrent aux cartells de prix, que l'on considéra comme économiquement mauvais le fait d'exporter à des prix qui ne faisaient que couvrir les prix de revient des produits exportés. Cependant aujour d'hui on y trouve moins à redire, et il est beaucoup plus souvent reconnu qu'en général il vaut mieux exporter à bon marché que de voir la surproduction amener à l'intérieur des crises et des effondrements de prix, ou de voir les usines insuffisamment occupées et de nombreux ouvriers manquer de pain.

Le point central de la question ne porte pas sur le gaspillage des produits nationaux, mais sur quelque chose de tout à fait différent, à savoir qu'en tenant des prix élevés les manufacturiers qui se trouvent dans le rayon d'action du cartell subissent un préjudice en ce qui touche leur capacité de concurrence par rapport à ceux qui, en dehors de ce même cartell, peuvent se procurer la matière première à des prix moins élevés. Il suffit cependant d'un moment de réflexion pour voir que cette question du dommage subi par les manufacturiers de l'intérieur, en ce qui touche leur capacité de concurrence par rapport à ceux de l'extérieur, n'a rien à voir avec l'exportation à bon marché. En effet, même si l'industrie formée en cartell n'exporte pas du tout, les manufacturiers de l'intérieur subissent un dommage dans leur capacité de concurrence vis-à-vis des manufacturiers étrangers, et ce dommage ils le subissent par cela même que, *à l'intérieur, les cartells maintiennent les prix de la matière première au-dessus de ceux qui sont pratiqués à l'étranger*. Sauf le cas où les cartells allemands de matière première pèsent lourdement sur les prix du marché mondial par leur exportation à bon marché — et cela se produira rarement — la capacité de concurrence de nos manufacturiers ne se trouve nullement diminuée par la vente à bon marché faite par les cartells à l'étranger ; au contraire, ce sera lorsque ces cartells n'exportent pas du tout. Ce ne sont donc pas les ventes à l'étranger qui sont préjudiciables aux manufacturiers, mais simplement et uniquement les prix élevés pratiqués à l'intérieur. Si le syndicat du fer brut ou l'Association de l'acier n'exportaient pas — et, pendant les périodes de vente active, l'exportation n'a en général que peu d'importance — les manufacturiers nationaux qui doivent nécessairement acheter les produits à ces cartells pourraient, bien qu'il n'y eût pas d'exportation, subir un dommage dans leur capacité de concurrence, et le subir précisément par cela même que les prix pratiqués à l'intérieur sont supérieurs à ceux qui sont pratiqués sur le marché du monde. Le danger d'un effet préjudiciable des cartells ne réside donc encore ici uniquement que dans leur caractère de monopole, c'est-à-dire dans la possibilité d'établir des prix démesurément élevés sur toute l'étendue de leur zone d'action.

De ce qui vient d'être dit il résulte qu'il existe une différence importante entre les cartells concernant les marchandises qui doivent être manufacturées et ceux qui concernent les produits finis. Si nous exportons à bon marché de la houille, du fer brut, du fer demi-manufacturé et autres produits semblables, ou, pour nous exprimer en termes plus exacts, si les prix pratiqués pour les produits sont plus élevés à l'intérieur qu'à l'extérieur, la concurrence deviendra plus difficile pour les manufacturiers nationaux puisqu'ils ont des frais de production plus élevés. Les chantiers de navires de la Hollande pourraient donc fabriquer, avec du fer allemand, des navires à meilleur marché que les chantiers allemands, et il en est de même pour les fabriques de gazomètres et beaucoup d'autres industries.

Au contraire, précisément en ce qui touche le produit

au sujet duquel fut en premier lieu examiné le problème des prix d'exportation à bon marché, c'est-à-dire pour les rails, il ne saurait nullement être question d'un préjudice porté à l'économie nationale. Si les usines de rails déjà depuis 1870, alors que, en Allemagne, la construction des lignes de chemins de fer n'avait encore pris qu'une faible extension et que la demande intérieure pour des rails avait baissé, vendaient en Espagne, en Portugal, en Roumanie, etc., à des prix bien inférieurs, presque de moitié, aux prix pratiqués en Allemagne, et cela simplement pour utiliser en quelque sorte leur matériel et pour pouvoir occuper leurs ouvriers, l'économie nationale n'en a cependant pas souffert, bien qu'elle n'ait rien gagné à cette exportation. En effet, puisqu'il ne saurait être question d'un accroissement de la capacité de concurrence de ces pays par rapport à l'Allemagne, on doit simplement constater que, sans cette exportation, des mises de fonds considérables seraient demeurées sans emploi et auraient disparu, en même temps que de nombreux ouvriers seraient restés sans travail. Si les ventes ont seulement permis de récupérer les prix de revient de la matière première et le montant des salaires dépensés pour la fabrication des rails exportés, l'économie nationale allemande se trouve par là même s'être enrichie et cette exportation doit alors être jugée favorablement, ce qui ne veut pourtant dire qu'il n'eût pas été préférable de pouvoir vendre à des prix plus élevés.

Mais, même si la *matière première* et les *produits demi ouvrés* sont exportés à meilleur marché, les dommages qu'en éprouve l'économie nationale sont loin d'être aussi considérables qu'on pourrait être tenté de le croire à première vue.

1° En effet, il arrive très souvent que la vente n'est faite à bon marché qu'en apparence, ce bon marché se trouvant compensé par des droits de douane et par des frais de transport plus élevés ; de telle sorte que ce n'est que d'une manière apparente que le manufacturier étranger obtient la matière première allemande à meilleur marché que le manufacturier allemand. Car, en effet, si sa capacité de concurrence ne s'en trouve pas améliorée, cette exportation est cependant avantageuse par cela seul qu'elle sert au maintien de l'exploitation, qu'elle atténue les pertes générales de l'entreprise et qu'elle procure de l'occupation et des salaires aux ouvriers.

2° C'est là ce qui se produit la plupart du temps et c'est pour cela que cette exportation n'est nullement un *phénomène régulier*. Le manufacturier étranger ne peut donc, en toute sécurité et d'une manière permanente, compter sur un approvisionnement à bon marché de matière première. Cela diminue naturellement l'importance de sa concurrence. Quoi qu'il en soit, il faut reconnaître que très souvent il se produit cependant d'une manière durable une exportation à bon marché. Cela se produit notamment lorsque des *primes à l'exportation* s'associent à des impôts intérieurs de consommation, comme cela s'est produit jusqu'ici pour le sucre. Que cette exportation favorise les industries de l'étranger qui emploient du sucre et qu'elle affaiblisse, au contraire, les industries nationales analogues, c'est ce qui ne saurait faire l'objet d'un doute. C'est ainsi qu'en Angleterre, l'industrie des conserves, qui importait son sucre, exempt des] droits de douane, de l'Allemagne, de la France, de l'Autriche, doit à ces circonstances son grand développement.

3° Il faut donc reconnaître que cette exportation à bon

marché devrait être très avantageuse pour les pays où elle se produit et où elle favorise le progrès des industries manufacturières. Et, notamment dans les pays qui pratiquent le libre échange et où le prix des marchandises importées n'est pas augmenté par suite des droits de douane, les manufacturiers devraient, en réalité, en retirer les plus grands avantages. Il n'en est pas cependant toujours ainsi, et, même là où cela se produit, comme dans l'industrie anglaise des conserves à la suite de l'importation du sucre à bon marché, on n'a pas considéré cette importation comme avantageuse. Bien plus, c'est l'Angleterre qui a donné le signal de la suppression des primes sucrières. Mais, en général, nous ne constatons pas, dans les pays qui se procurent ainsi la matière première à bon marché, un développement de l'industrie manufacturière aussi rapide qu'on pourrait peut-être l'espérer. Par exemple, il ne saurait être question d'un grand développement de l'industrie manufacturière du fer en Angleterre, où cependant on reçoit à bon marché de l'Allemagne et des Etats-Unis la matière première et les produits à demi ouvrés. Cette vente à bon marché est même, pour ainsi dire, trop peu régulière pour qu'elle puisse donner l'essor à une grande industrie manufacturière travaillant surtout en vue de l'exportation.

Le fait est, en tous cas, que presque tous les Etats, au lieu de favoriser l'importation à bon marché de la matière première étrangère ou des produits à demi finis, s'efforcent, au contraire, de l'enrayer au moyen de l'élévation ou de la création de droits de douane. On sait que, même en Angleterre, les efforts faits dans ce sens gagnent tous les jours du terrain. Dès qu'il existe des droits de douane, nous voyons que les industries étrangères font précisément comme nous, c'est-à-dire exportent à rabais. On doit donc y trouver un avantage économique incontestable. Mais, même lorsqu'il n'existe ni cartells ni droits de douane, on vend meilleur marché à l'étranger, et c'est ce qui arrive sur une vaste échelle en Angleterre. L'exportation constitue même une soupape de sûreté au moyen de laquelle on peut faire écouler aux époques de crise la production que le pays ne peut pas absorber, ce qui permet de ne pas suspendre l'exploitation et d'occuper les ouvriers.

4° Cette circonstance que nous ne sommes pas les seuls à pratiquer l'exportation à prix réduits, mais que tous les Etats industriels le font aussi, doit être prise en considération dans l'appréciation de cette mesure. Il en résulte notamment que les prix du marché mondial qui sont ainsi établis, correspondent de moins en moins aux frais réels de production des divers pays et ne font qu'exprimer les besoins d'exportation des principaux pays industriels. Si donc nous ne réalisons aucun bénéfice en pratiquant des prix obtenus en vertu d'une convention avec des pays étrangers, ce n'est pourtant pas dire par là que les Etats qui sont en concurrence avec nous parviennent à couvrir leurs frais. Le syndicat allemand des pointes (*Drahtstift-verband*), où la différence entre les prix de l'intérieur et ceux de l'extérieur était parfois considérable, et qui, dans la deuxième moitié de 1900, subit à la suite de ses exportations une perte de 859.000 marks, mais réalisa par son commerce intérieur un bénéfice de 1.177.000 marks, avait à lutter contre la concurrence américaine du trust des pointes, qui vendait alors à raison de 2,11 dollars, tandis que son prix intérieur était de 4 1/2 dollars. Il ne faut donc pas, par cela seul que nous ne réalisons pas de bénéfice en exportant aux prix du marché universel, en conclure qu'il existe à l'étranger une plus grande capacité de concurrence. Les manufacturiers anglais n'obtiennent donc pas d'une façon permanente la matière première à des prix aussi bas que ceux que, dans les périodes de crise, nous faisons pour l'exportation, afin de n'avoir pas à suspendre le travail des usines. En général donc, ce n'est que dans des cas tout particuliers qu'il peut en résulter un préjudice.

Qu'au point de vue économique, au point de vue de la production à aussi bon marché que possible, les conditions qui résultant de cet état de choses, soient toujours d'une parfaite opportunité, c'est ce que personne n'oserait prétendre. Elles peuvent, par exemple, conduire à ce résultat, à savoir qu'au même moment où nous envoyons en Amérique, à prix réduit, des produits à demi finis, les Américains eux-mêmes nous fassent des offres pour ces mêmes produits. Bien plus, il est arrivé que du fer exporté d'Amérique en Europe était ensuite renvoyé en Amérique, et, malgré les droits de douane et les doubles frais de transport, revenait alors à meilleur marché que si on l'avait obtenu directement du trust du fil de fer, trust qui avait élevé les prix du commerce intérieur, momentanément, il est vrai, d'une façon extraordinaire. Et, même chez nous, il est arrivé que l'on pouvait faire venir de la Hollande de la tôle allemande à des prix moins élevés que si on l'achetait directement à la fabrique, qui était cependant moins éloignée des consommateurs. Il en résulte un gaspillage considérable de frais de transport.

Si l'on fait abstraction de ces inconvénients, qui d'ailleurs demeurent toujours isolés, les désavantages de l'exportation à bon marché sont loin d'être aussi considérables qu'on a coutume de le prétendre. Mais, même lorsqu'il en résulte un dommage pour les manufacturiers, ce dommage ne provient pas toujours de ce que les prix d'exportation sont trop bas, mais simplement de ce que les prix de l'intérieur sont trop élevés et que ces prix sont préjudiciables aux acheteurs, alors même que l'industrie cartellisée ne fait absolument aucune exportation. C'est pourquoi, comme nous le verrons plus loin, il est absurde de vouloir venir en aide aux manufacturiers en empêchant l'exportation. La statistique de nos rapports commerciaux avec l'Angleterre nous fournirait la meilleure preuve que les manufacturiers allemands, en dehors de quelques cas particuliers, n'ont, en général, vu diminuer en rien leur capacité de concurrence à l'étranger et que, d'un autre côté, notre exportation à bon marché de matière première n'a profité en rien aux fabricants étrangers. L'exportation du fer allemand en Angleterre s'est élevée de 4,3 millions de marks en 1899 à 49,3 millions en 1902, tandis qu'en même temps l'exportation du fer anglais en Allemagne tombait de 35,8 marks à 7,2 millions. En 1907, à la suite de la période de vente active en Allemagne, l'importation du fer brut de l'Angleterre s'éleva à 27,3 millions de marks, et il ne fut exporté que pour 12 millions de marks de produits à demi finis, comme les rails bruts, les loupes et rondins de fer. Malgré notre exportation à bon marché de matière première et le dommage causé aux fabricants par les prix élevés de l'intérieur, l'exportation du fer allemand en Angleterre s'est élevée de 27,3 millions de marks en 1899 à près de 49 millions en 1902, tandis qu'en même temps, et dans ce même espace de temps, l'exportation du fer anglais en Allemagne et malgré les avantages que les manufacturiers anglais retiraient de notre exportation à bon marché de matière première, tombait de 13,3 millions de marks à 7,9 millions. En 1907, — depuis cette époque, la statistique a été quelque peu modifiée, — l'Allemagne exporta du fer en Angleterre (sans compter les machines) pour environ 73 millions de marks, dont 13,7 millions se rapportant à des poutres (*Träger*) ; elle importa de l'Angleterre pour environ 43,3 millions de marks, dont la plus grande partie en bateaux de fer et en fer blanc (19,8 millions et 14 millions de marks). Malgré bien des lacunes qui font que la statistique des importations et des exportations ne peut procéder que par approximation, il résulte cependant de ces chiffres que, en Allemagne, l'industrie du fer, dans toutes ses branches, même en ce qui touche l'exportation, a fait des progrès extraordinaires sous l'influence des cartells. Dans ces dix dernières années, elle a considérablement devancé l'industrie anglaise. L'Allemagne, aujourd'hui, produit sensiblement plus de fer brut et d'acier que l'Angleterre, tandis qu'il y a dix ans, c'était exactement le contraire.

En tous cas, il est entièrement faux de prétendre, comme le font les partisans du libre-échange, que le système de protection douanière est entièrement responsable des préjudices causés par les ventes à bon marché à l'étranger. Dans le libre-échange, l'exportation à bon marché est tout aussi bien possible et, comme nous l'avons dit, cette exportation est également pratiquée par l'industrie anglaise. Un des rares cas où l'on a considéré occasionnellement, en Angleterre, l'exportation allemande à bon marché de matière première et de produits à demi-fabriqués — le plus souvent elle suscite des plaintes — c'est celui qui concerne les matériaux de construction navale. Mais ces matériaux sont exempts de droits de douane en Allemagne et tout le monde peut l'importer aux prix pratiqués sur le marché mondial.

Les cartells ont eux-mêmes employé un moyen pour faciliter aux manufacturiers la concurrence à l'étranger, concurrence qui est rendue plus difficile par les prix élevés pratiqués par les cartells de matière première. Ils ont introduit ce que l'on a appelé les bonifications d'exportation, primes d'exportation (*Ausfuhrvergütungen*), c'est-à-dire que les cartells indemnisent les fabricants jusqu'à concurrence d'une certaine somme pour les quantités de matière première de l'emploi desquelles ils justifient dans la fabrication de leurs marchandises exportées. Ces primes à l'exportation furent accordées pour la première fois au commencement de l'année 1880 par la Convention du fer brut qui existait à cette époque ; elle fut accordée aussi dans la suite, notamment par le syndicat du coke et de la houille aux producteurs de gueuse et de fer en barre. Depuis 1902, le syndicat du coke et du charbon, le syndicat du fer brut de Düsseldorf, l'association du fer en barre, et le syndicat des poutres (*Trägersyndikat*), et, maintenant à la place de ces derniers, le syndicat des aciéries (*Stahlwerksverband*) se sont groupés à Düsseldorf en un Bureau de règlement (*Abrechnungsstelle*) en vue de l'exportation, et cela afin de procéder d'une manière uniforme dans la concession des primes à l'exportation. Mais ces primes à l'exportation cessent régulièrement pendant les périodes de vente active. C'est pourquoi elles furent supprimées en 1906 ; mais elles furent rétablies pour la plupart des associations au commencement de 1907, au moment où à la période d'activité succéda une période de crise.

Antérieurement, des primes à l'exportation avaient été payées individuellement à des fabricants. Mais il arriva souvent que cela avait pour résultat de pousser les fabricants à se faire sur le marché étranger une concurrence plus acharnée à l'aide de ces mêmes primes. C'est pour cela que les primes à l'exportation ne sont maintenant accordées qu'aux cartells, et les fabricants non constitués en cartells n'ont donc aucune part à cette gratification. Souvent aussi les cartells qui concèdent la prime exigent que l'on s'oblige à des rapports commerciaux exclusifs. Souvent encore les primes à l'exportation ne sont accordées par les cartells qu'aux usines qui achètent directement chez eux, et cela pour éviter l'abus de personnes interposées. Mais cette restriction a alors pour résultat de créer un avantage en faveur des grands acheteurs.

En tant qu'une semblable prime à l'exportation est payée par les cartells industriels de matière première aux fabricants de produits à demi finis, elle n'a d'autre effet que de faciliter l'exportation pour ces derniers, mais de rendre la concurrence à l'étranger plus difficile pour les fabricants de produits non finis. De sorte que lorsque le syndicat du coke accorde une prime aux producteurs de fer brut, ceux-ci peuvent exporter à meilleur marché ; mais les fabricants de produits non finis subissent un préjudice. Si une prime leur est aussi accordée, l'exportation est alors rendue plus difficile pour les fabricants de fils laminés, et si on paye une prime à ceux-ci, le dommage retombe sur les fabricants de pointes. C'est pourquoi une semblable prime à l'exportation doit parcourir tous les stades de la production. Mais c'est là une chose difficile, surtout parce que les produits finis ne sont pas tous cartellisés. Cette mesure est en tous cas très compliquée et elle ne suffit pas cependant pour que les fabricants nationaux aient une situation tout à fait égale à celle des fabricants étrangers. Quant à la question de savoir quelles sont les mesures politico-douanières qu'il serait possible d'étudier dans l'intérêt des fabricants, c'est ce que nous rechercherons dans le dernier chapitre. Ce que nous avons tout d'abord à examiner ici, c'est l'influence exercée par les cartells sur un groupe particulier d'acheteurs, c'est-à-dire sur les *marchands* qui vendent les produits des cartells.

Les cartells ont exercé aussi une influence très importante sur le *commerce* et ils amèneront probablement encore, dans ce domaine, des transformations économiques considérables. Sous le régime de la libre concurrence, le commerce, profitant du défaut d'union de l'industrie, avait soulevé les producteurs les uns contre les autres et bien souvent il avait su se constituer en véritable régulateur de l'ensemble de l'échange économique. Son activité spéculatrice exerçait une influence compensatrice et, par suite, utile aux producteurs, en tant qu'il achetait leurs marchandises aux producteurs surtout dans les moments de dépression et de concurrence acharnée, lorsqu'elles étaient à plus bas prix. Mais il était de son intérêt de faire baisser de plus en plus les prix et de développer de plus en plus la concurrence des producteurs. Aussi, aux époques de grande activité, profitait-il de la dispersion des producteurs pour leur arracher la plus grande partie des avantages de cette période et, par ses prix exagérés, il ne tardait pas à amener la fin de la période de vente active.

Tandis donc que, sous le régime de la libre concurrence, le commerce constituait l'élément organisateur du procès économique et cherchait à établir un accord et un parfait équilibre entre l'offre et la demande, les producteurs entendent maintenant, grâce au cartell, prendre en main cette organisation (1). Mais cela n'est possible qu'à des degrés divers dans les différentes industries. D'une manière générale, on peut dire que plus le commerce a paru nécessaire au point de vue économique et moins il a subi l'influence de l'organisation des producteurs. L'activité la plus indispensable, c'est cette activité qui produit la circulation des marchandises et l'approvisionnement, et cette branche est aussi la moins atteinte par les efforts actuels d'organisation des producteurs. Mais le commerce *intérieur* lui-même est très inégalement atteint par ces organisations. Celui qui l'est le moins, c'est le commerce des produits dont les producteurs sont le moins organisés. Tel est le commerce des marchandises fortement *soumises à la mode* et des produits agricoles. Le grand mouvement d'association agricole a lui-même encore relativement peu affecté le commerce ; les associations agricoles pour la vente du lait ont exercé une influence sur le commerce, quoique pourtant la grande tentative faite dans ce domaine, le *ring du lait de Berlin* (*Berliner Milchring*) n'ait pas pu se maintenir. En ce qui concerne les céréales, on n'a guère à constater une influence quelconque exercée sur le commerce et même lorsqu'il s'agit du produit agricole le plus important, c'est-à-dire du bétail, nous nous trouvons en présence de ce phénomène très caractéristique, à savoir que les associations, encore

(1) Cpr. pour tout ce qui suit l'excellent ouvrage de H. Bonikowski, *Der Einfluss der industrielle Kartelle auf den Handel in Deutschland*, Iena, 1907, et la critique que j'ai faite de cet ouvrage dans les *Jahrbücher* de Conrad, 3e série, vol. XXXIV, pp. 112 et ss.

insuffisamment développées, relatives à la vente du bétail ont à peine excercé une influence sur ce commerce, tandis que les industries qui s'y rattachent, les boucheries, malgré leur exploitation en grande partie routinière sont, pour la plupart, organisées en corporations (*Innungen*). Non seulement pour leur produit principal, la viande, mais encore en ce qui concerne les produits accessoires, surtout les cuirs, elles ont exercé au moyen de la création d'associations pour la vente des cuirs, d'unions pour la vente des os, de fabrique pour la colle, une influence considérable sur le commerce de ces divers produits.

On comprend d'ailleurs facilement qu'en ce qui concerne les objets soumis à la mode, la limitation imposée au commerce par les producteurs ait atteint une moins grande étendue que lorsqu'il s'agit des produits de la fabrication en masse, qui ne se présentent que sous un petit nombre de qualités différentes. C'est pourquoi nous voyons que la plus grande influence commerciale des cartells de producteurs s'exerce en général sur les branches industrielles qui se prêtent le mieux elles-mêmes à la formation en cartells. C'est ainsi que les commerces les plus affectés ont été ceux de la *houille*, du *fer*, et enfin du *pétrole* et de la *potasse* (*Kalihandel*).

La librairie occupe une place spéciale à raison même du caractère particulier de sa marchandise. Sous l'influence du cartell de production des éditeurs, les cartells locaux des marchands, des commissionnaires, se sont groupés avec ceux-là dans une organisation très solide établie sur la base de l'union commerciale exclusive (*Ausschliesslicher Verbandsverkehr*) (1).

(1) Cpr. mon article, *Der deutsche Buchhandel in der Kartellenquete*, etc., dans les *Jahrbücher* de Conrad, 3e série, vol. XXVIII, 1904.

En particulier, l'importance des cartells de producteurs pour le commerce dépend aussi très sensiblement de la *forme du cartell.* L'influence la plus fréquente et la plus générale s'accomplit au moyen de ce que l'on a appelé les cartells de conditions (*Konditionenkartelle*). L'unification des conditions de livraison qui en a été le résultat est, elle aussi, en général, profitable au commerce. Mais tandis que, autrefois, le commerce disposait souvent d'une puissance considérable et imposait aux producteurs les conditions les plus onéreuses, aujourd'hui ce sont, au contraire, les producteurs qui au moyen de leurs cartells accablent le commerce sous des conditions d'achat beaucoup trop rigoureuses. C'est ainsi que le commerce se voit forcé par le cartell à prendre livraison exactement à l'époque indiquée, tandis que souvent ces mêmes cartells refusent, pour les livraisons, de se soumettre à des délais fixes. Aussi, est-ce souvent au détriment du commerce que les cartells organisés n'assument aucune responsabilité pour la livraison des produits de certaines fabriques ou pour certaines marques déterminées. Le revers de la médaille pour les fabricants intéressés, c'est que souvent ceux qui font partie d'un cartell ne peuvent pas maintenir des prix qui correspondent à une plus grande vogue de leurs produits. Plusieurs cartells causent un préjudice au commerce en exigeant des garanties de la part des commerçants, tandis que d'autres ont exercé sur le commerce lui-même une influence favorable en diminuant la diversité de la qualité de leurs produits.

En ce qui regarde les conditions de paiement, les cartells ont incontestablement apporté une grande amélioration dans la fâcheuse situation qui, en cette matière, existait dans de nombreuses industries. C'est ainsi notamment que dans l'industrie textile de semblables cartells de conditions ont une grande importance, puisque, ici tout particulièrement, il s'était introduit des conditions de paiement des plus désavantageuses pour les producteurs. Les commerçants ne se sont pas, pour la plupart, librement soumis aux conditions les plus rigoureuses qui affectent leur force captialiste, mais ils se sont aussi organisés en syndicats et actuellement, dans un grand nombre d'industries, sévit encore avec fureur une lutte ardente et des plus modernes au sujet des conditions commerciales, lutte dans laquelle l'obligation à l'exclusion commerciale, comme aussi la concession de rabais privilégiés, jouent un rôle important. Il n'est pas rare notamment que les cartells de producteurs cherchent de cette façon à dissoudre les unions de commerçants en concédant à quelques grands commerçants des conditions privilégiées à condition qu'ils s'obligent à ne plus faire partie des unions de commerçants. C'est aussi ce qui s'est produit çà et là. Mais, cependant, il arrive fréquemment que les rapports directs avec les cartells de producteurs ne sont permis qu'à une petite élite de grands commerçants, tandis que tous les autres sont réduits à la « seconde main ».

Ce qui fait pendant à cet état de choses, c'est que les unions de commerçants, grâce à l'appui des producteurs qui sont en dehors du cartell, plient celui-ci à leurs désirs et peuvent même provoquer sa dissolution. Si donc les commerçants s'attachent solidement à leur cartell, leur lutte en commun contre les cartells de producteurs n'est nullement désespérée, et, dans le commerce des tapis, du verre, de la porcelaine, du lait, des matériaux de construction, comme aussi dans le commerce relatif aux différents produits de l'industrie du fer et de l'industrie textile, les cartells de commerçants l'ont emporté sur les cartells de producteurs.

L'action exercée sur le commerce par un cartell de producteur dépend naturellement dans une large mesure de la puissance de sa situation de monopole; en d'autres termes, elle dépend de la mesure dans laquelle le cartell a à tenir compte de la concurrence des usines qui sont en dehors du cartell et de celles qui sont situées à l'étranger. Plus cette concurrence est faible, plus le commerçant dépend du cartell et plus aussi celui-ci cherchera à limiter sa liberté d'action. Les cartells solidement organisés cherchent donc aujourd'hui de plus en plus à organiser le commerce, c'est-à-dire le commerce de gros, de façon à le mettre sous l'entière dépendance du cartell. Le point essentiel consiste généralement en l'*obligation de l'exclusion commerciale*; les commerçants ne doivent vendre que les produits des membres du cartell et en aucune façon ceux des chefs d'entreprise qui sont restés en dehors. Mais il suffit souvent que le commerçant dépende du cartell pour un seul produit pour le forcer à prendre à l'égard du cartell l'engagement de pratiquer l'exclusion commerciale et pour l'assujettir à cette obligation.

Il est facile de voir que l'effet exercé sur le commerce par un cartell de producteurs est très différent selon que ce cartell est un cartell libre de prix (*loses Preiskartell*) ou un cartell de production ou un cartell de répartition (*Verteilungskartell*) organisé. La plus grande sécurité, à savoir la durée en général courte des cartells libres non organisés qui, notamment pendant les périodes défavorables, ont coutume de faire de nouveau place à la concurrence, exerce souvent aussi une influence pernicieuse sur le commerce; elle lui rend, dans certains cas, la spéculation plus difficile. Mais, par cela même, ces cartells n'apportent aucune restriction aux relations des commerçants avec leurs acheteurs; tandis que, dans les cartells organisés, c'est surtout en cela que consiste la plus grande atteinte portée à la liberté commerciale. C'est à juste titre que Bonikowsky en arrive, sur cette question, à cette constatation : « On peut se demander quelles relations sont les plus favorables au commerce, les relations avec cartells, ou les relations qui s'effectuent dans la pleine liberté de la concurrence. Si l'on se place dans l'hypothèse d'une formation des producteurs en cartell, on devrait en définitive pour un commerce solide donner la préférence à des associations qui ont en quelque sorte une organisation stable et à qui la concurrence ne saurait occasionner un préjudice de quelque importance dans l'écoulement de leurs marchandises (*op. cit.*, p. 57). »

En ce qui concerne l'effet produit sur le commerce par les *fixations de prix* d'un cartell, il importe de faire remarquer que, en général, les élévations des prix par les cartells ne sont pas aussi absolument nuisibles pour les commerçants que pour les derniers consommateurs. Tant que ces prix ne sortent pas d'une certaine limite, les commerçants pourront espérer de faire retomber en définitive ces élévations de prix sur les consommateurs. Plus est assurée la situation de monopole d'un cartell de producteurs et plus aussi le commerce a la certitude de pouvoir suivre la hausse de ses prix. Bien plus, le commerçant a précisément souvent intérêt à ce que le prix de vente ne soit pas trop bas, puisque son bénéfice consiste la plupart du temps en un pourcentage déterminé sur ce prix de vente. Sans doute, l'ardente concurrence des commerçants fait souvent que l'on ne peut pas faire supporter par d'autres la hausse des prix provoquée par les cartells. D'un autre côté, si les commerçants sont constitués en cartells, on a souvent à craindre que ces commerçants, abusant de leur situation de monopole, ne haussent excessivement les prix et qu'une limitation, un recul de la consommation n'en soit le résultat, comme on a pu le constater pour le sucre et l'alcool. Mais la plupart du temps, dans le commerce, les prix élevés des cartells ne sont pas de longue durée; une nouvelle concurrence surgit et un subit effondrement des prix en est la suite.

La *vente à bon marché faite à l'étranger* par les cartells de producteurs n'a pas non plus la même importance pour les commerçants que pour les fabricants ; en tous cas, elle peut leur rendre l'exportation plus difficile ou même impossible. La vente à bon marché d'une matière première ou d'une matière à demi finie peut, elle aussi, causer un préjudice dans leur exportation, aussi bien aux marchands de produits fabriqués qu'aux fabricants eux-mêmes. La vente à bon marché à l'étranger effectuée par un cartell de producteurs peut également pousser les commerçants à se livrer à des manipulations équivoques.

Nous avons vu au chapitre précédent qu'introduire une plus grande stabilité des prix dans les cartells n'est possible qu'à des degrés différents dans les diverses industries. Plus le cartell y réussit et plus, bien entendu, le cartell apporte d'avantages au commerce lui-même. Plus, en effet, se trouve facilitée la spéculation et plus se trouvent simplifiées les opérations d'achat. Il est plus facile au commerçant de reconnaître comme telle la vilité du prix pratiqué par un concurrent, tandis que, sous le régime de la libre concurrence, il peut toujours supposer que ce concurrent a acheté dans des conditions particulièrement favorables, tandis que lui-même a acheté dans des conditions très défavorables. Il n'est donc pas nécessaire qu'il se conforme lui-même à cette vilité du prix. Les prix commerciaux devenant ainsi plus stables, la consommation s'en trouve accrue.

En général, sans doute, tous les commerçants ne sont pas traités sur le même pied par les cartells ; mais la plupart des cartells font un rabais d'autant plus grand que l'achat est plus important. Le privilège qui en résulte pour les grands acheteurs est nécessaire aux producteurs et il est devenu d'un usage général. Ce qui a beaucoup plus d'importance, c'est que plusieurs cartells et notamment le syndicat de la houille et l'union de l'acier ne livrent directement qu'au commerçant qui achète un minimum déterminé.

Le traitement différent dont sont l'objet les commerçants d'après l'importance de leurs achats a cependant un bon résultat qui est d'empêcher que ces commerçants eux-mêmes ne se relâchent dans leur activité économique. Ce danger est surtout à craindre lorsqu'un cartell des producteurs réglemente seul tout le marché et impose ses prix aux commerçants. Les commerçants actifs et ceux qui sont indolents, les grands et les petits se trouvent alors placés sur le même pied. Cela n'est, bien entendu, nullement un avantage pour les producteurs, et les mesures que nous avons mentionnées sont contraires à leur intérêt.

Lorsque les cartells des producteurs font de réels efforts pour arriver à une plus grande uniformité des prix, ils sont, dans la plupart des cas, forcés d'imposer des restrictions au commerce en ce qui concerne ses fixations de prix. En effet, la concurrence que se font entre eux les commerçants au moyen de leurs prix de vente constitue un danger pour la stabilité des prix et de l'écoulement. C'est ainsi notamment qu'une forte activité spéculatrice des commerçants a précisément cet effet, puisque les producteurs trouvent alors plus difficile de se rendre compte de la situation réelle du marché. Pendant la période de vente active de 1899-1900, lorsque les cartells de la houille et du fer n'avaient pas encore organisé le commerce, il est arrivé fréquemment que le commerce, au moyen de ventes de spéculation, s'est trouvé augmenter encore la rareté des marchandises et a trompé les producteurs au sujet des besoins réels. Aussi l'exploitation abusive de cette situation par le commerce au moyen des élévations de prix a-t-elle été alors l'objet de nombreuses plaintes et a-t-elle été cause que les cartells de la houille et du fer ont entrepris d'imposer au commerce cette réglementation que nous allons maintenant exposer d'une manière plus complète. En dehors d'eux, le commerce du pétrole, de la potasse et de l'alcool a été organisé d'une façon complète au moyen des organisations monopolistes des producteurs. Cette tendance cependant paraît vouloir se développer dans d'autres industries à mesure que s'étend la création de syndicats organisés.

Les cartells de producteurs peuvent, en outre, entreprendre d'établir une fixation du minimum et du maximum des prix et vouloir déterminer d'une manière générale les prix de vente du commerce. Il arrive souvent que les commerçants souhaitent eux-mêmes la fixation d'un prix minimum, car cela équivaut à une limitation de la concurrence commerciale avec l'aide des producteurs. Mais cette fixation n'est pas partout possible ; par exemple, elle ne l'est pas pour les marchandises qui dépendent absolument de la mode. La fixation d'un maximum des prix est appelée au contraire à mettre un terme à l'exploitation d'une période d'activité par les commerçants, et, le cas échéant, par un cartell de ces commerçants. La fixation de prix de vente commerciaux se rencontre surtout dans quelques cartells organisés, notamment dans le syndicat de la potasse et dans celui de l'alcool. Cette fixation a cet avantage pour les cartells, à savoir que ceux-ci réglementent ainsi les fixations de prix jusqu'aux derniers consommateurs ; mais elle entraîne le risque d'une diminution de la vente, parce que les commerçants ne tiennent plus compte comme auparavant des situations particulières de leurs clients et qu'ils peuvent les heurter avec leurs fixations de prix. Bien entendu, les affaires du commerçant se trouvent ainsi très simplifiées puisque la question du prix se trouve éliminée des rapports avec les acheteurs. Mais le commerçant devient alors un représentant exclusif du cartell et le caractère d'entrepreneur indépendant disparaît complètement.

Cette intervention très grave qui consiste à fixer au commerce les prix auxquels il doit vendre et, par suite, à lui fixer ses bénéfices, ne se rencontre sans doute que très rarement parce que les cartells ont d'autres moyens de s'opposer aux élévations excessives des prix pratiqués par les commerçants. Parmi ces moyens, il faut compter, par exemple, la disposition bien connue de la Chambre de commerce, disposition que le syndicat du charbon s'appuyant sur son expérience fit voter pendant la période de vente active de 1900. Cette disposition édicte une peine pour les commerçants qui, d'après l'avis de la Chambre de commerce, exigent des prix hors de proportion avec l'importance de leurs risques.

Les syndicats peuvent, en outre, s'opposer aux élévations excessives des prix commerciaux par cela même qu'ils se livrent a l'*approvisionnement direct* des consommateurs. Ou, du moins, le cartell livre aux gros consommateurs eux-mêmes, tandis que le commerce est expressément réduit à l'approvisionnement des petits acheteurs. C'est ce qui est arrivé souvent et ce qui, dans bien des cas, a considérablement diminué le débit des commerçants.

Un autre moyen consiste à limiter le nombre des commerçants auxquels sont permis les rapports directs avec le cartell. Cette tendance à n'entrer en relation directe qu'avec les commerçants les plus importants et dont le capital est considérable a été réalisée surtout dans le Syndicat des houilles et dans celui des aciéries. C'est là certainement une des plus grandes limitations qui ait jusqu'ici été introduite par les cartells dans la liberté industrielle ; mais, d'un autre côté, on ne saurait nier que, avec l'existence de cartells organisés, la fonction économique proprement dite du grand commerce : le nivellement spéculatif momentané des prix, disparaît ou du moins perd beaucoup de son importance et que, à raison de cela même, il paraît entièrement justifié d'imposer une restriction au cartell et de limiter sa part de bénéfices.

A la suite de toutes ces mesures, l'action des cartells s'exerce dans le sens d'une *exclusion du grand commerce*, et ils favorisent, par suite, une tendance s'exerçant dans cette direction, tendance qui d'ailleurs, même indépendamment des cartells, existe dans l'économie actuelle.

Cette tendance a deux sources. D'abord les producteurs se sont efforcés de faire échec au grand commerce et de se mettre, au moyen d'organisations propres, directement en rapport avec les détaillants, comme cela est arrivé notamment dans l'entreprise du pétrole et au moyen du syndicat de l'alcool. D'un autre côté, le *commerce de détail* s'est, lui aussi, souvent efforcé d'écarter le grand commerce et de se mettre en rapport direct avec les consommateurs. Cette tendance est surtout favorisée par le développement de la *grande exploitation* dans le *commerce de détail*, par l'apparition des entrepôts et des grandes entreprises capitalistes. Il est vrai que dès que les marchands en détail sont entrés en lutte avec les producteurs, ils ne peuvent plus guère se passer de l'appui du grand commerce, et ce n'est que là où la grande exploitation a pénétré dans le commerce de détail et où celui-ci s'est organisé en syndicats qu'elle est de force à se mesurer avec les producteurs et que, dans certains cas, elle les domine. C'est ainsi, par exemple, que le syndicat des entrepôts a lutté victorieusement contre les syndicats de produits textiles.

Mais, d'un autre côté, il arrive aussi que les cartells des producteurs *accordent leur protection* au commerce de gros contre les efforts que font les détaillants pour les exclure. Cependant, d'ordinaire, ce ne sont que quelques commerçants en gros qui parviennent à se faire ainsi une situation protégée par les cartells, tandis qu'une grande partie en est réduite au rôle de « seconde main » et ne leur achète pas directement.

Non seulement les cartells mettent en échec le commerce de gros en se mettant à la recherche des consommateurs ou des détaillants, mais ils l'excluent encore par des prohibitions qui sont édictées de temps à autre pour des infractions à la clause d'exclusivité. Dans l'industrie du fer, la tendance vers la combinaison a, dans une certaine mesure, exercé son action dans cette direction. Le commerce de gros a surtout été attaqué par le syndicat de l'alcool qui l'a presque entièrement supprimé.

Le commerce de gros n'a lui-même fait usage de cartells que pour des produits pour lesquels existent des cartells de producteurs. Ses associations se proposent alors de faire profiter leurs acheteurs des taxes que les producteurs imposent aux commerçants en gros. Une grande stabilité et des résultats économiques importants caractérisent les cartells du commerce de gros qui se trouvent en étroite relation avec le cartell des producteurs et qui sont organisés par ces derniers, ou même qui embrassent à la fois les producteurs et les commerçants. Des organisations de ce genre ont été créées, notamment dans le commerce du charbon et du fer. Le syndicat des charbons a organisé un certain nombre de commerçants de gros en Sociétés du commerce de gros (*Grosshandelgesellschaften*), qui ont seules entre les mains les relations d'affaires avec le Syndicat. La plus connue de ces associations est la *Société rhénane du commerce du charbon et de l'armement* (*Rheinische Kohlenhandels- und Reedereigesellschaft*) à responsabilité limitée ; c'est ce que l'on a appelé le comptoir du charbon (*Kohlenkontor*), qui fut fondé en 1903 par le syndicat des charbons et par quatre grandes maisons d'armement, afin de monopoliser la vente du charbon expédié dans l'Allemagne du Sud. Quarante-quatre parmi les plus grands commerçants de la zone de débouchés de l'Allemagne du sud adhérèrent à cette société. En 1904, le capital fut élevé à plus de

13 millions de marks. De très gros dividendes, s'élevant à plus de 30 0/0, furent distribués. Ces organisations de vente des commerçants en gros, dont plusieurs autres ont encore été fondées par le Syndicat des charbons dans d'autres zones, ne livrent cependant pas directement à tous les détaillants, et, à plus forte raison, au public, mais la condition pour avoir droit à des rapports directs avec elles, c'est encore de faire des achats pour une valeur appréciée diversement selon chaque branche industrielle. Au-dessous des Sociétés du commerce de gros existe aussi un deuxième groupe de petits commerçants en gros et de grands détaillants, et, parmi eux aussi, les petits détaillants locaux. Ces deux groupes se sont encore groupés entre eux sous les formes les plus diverses. Plusieurs de ces unions sont tout à fait libres, elles ne représentent que les intérêts communs ; d'autres se proposent de défendre la clientèle et le crédit ; plusieurs établissent des conventions au sujet des conditions ; d'autres achètent en commun, tandis que d'autres enfin procèdent à une fixation commune des prix. Dans un petit nombre de localités, les détaillants ont adhéré à de véritables « Trusts du petit commerce » (*Kleinhandelstrusts*), organisés sur le modèle des Sociétés du commerce de gros. Ces détaillants ont renoncé à leur indépendance ; ils ont des magasins communs et ils se partagent le bénéfice dans une proportion déterminée. Dans certaines branches, ils ont dû s'engager à des rapports commerciaux exclusifs avec les Sociétés du commerce de gros. Là, au contraire, où le syndicat du charbon a à lutter contre la concurrence étrangère, ils vendent aussi d'autres sortes de charbon. Dans les branches industrielles de cette nature, les Sociétés du commerce de gros, qui sont d'ailleurs

en rapports exclusifs avec le syndicat, ne sont pas liées à ce dernier. C'est ainsi que le comptoir des charbons (*Kohlenkontor*) vend d'autres sortes de houilles ; il a même acheté la production d'une mine de houille brune de la Hesse et il s'est entendu avec l'Union non syndiquée de Manheim qui introduisait tout spécialement des houilles anglaises.

De la même façon que le Syndicat des charbons, seulement d'une manière encore plus uniforme, le Syndicat de l'acier (*Stahlwerksverband*) a également organisé le commerce des traverses (*Trägerhandel*). D'abord, les seuls commerçants en gros qui soient en rapport direct avec le syndicat forment quatre groupes territoriaux. Chaque membre de ces groupes reçoit du syndicat de l'acier une prime fixe de 2,50 marks par tonne d'achat. Au-dessous de ces associations du commerce de gros existe un deuxième groupe de commerçants qui n'achète pas directement au Syndicat de l'acier (*Stahlwerksverband*) et qui reçoit une prime fixe de 1,50 à 2 marks par tonne d'achat. Au-dessous de ceux-ci encore se trouvent les unions locales (*lokalen Vereinigungen*) en lesquelles se sont groupés les détaillants, mais qui, au rebours de ce qui se passe pour le commerce des charbons, sont organisées d'une manière tout à fait unitaire par le Syndicat de l'acier et qui bénéficient d'un rabais de 50 pfennigs par tonne sur les prix des commerçants. De plus, il existe encore quelques commerçants qui n'appartiennent à aucune union et qui achètent, sans aucune sorte de rabais, aux prix commerciaux imposés par ceux du premier groupe.

D'ailleurs, précisément dans le commerce des charbons et du fer, le commerce de gros suit également la tendance à la « concentration » qui existe partout. Il cherche à se fortifier au point de vue financier en fondant des sociétés par action et à étendre son rayon d'action au moyen de fusions. C'est ainsi notamment que pour la vente des produits miniers (*Montanprodukte*), la situation de quelques grandes maisons de commerce (*Wollheim, Friedländer, Ravené, Caro, Lindner*), surtout à cause des liens étroits qui les unissent à un petit nombre de grands producteurs, se rapproche beaucoup d'un véritable monopole.

Le commerce de détail est en général moins soumis à l'influence des cartells de producteurs que le commerce de gros. Ici, il faut distinguer les détaillants qui achètent directement aux producteurs constitués en cartells et ceux à qui le commerce de gros sert d'intermédiaire. Il est, en général, plus facile aux premiers qu'au commerce de gros de faire supporter aux consommateurs les prix élevés des cartells ; mais, au contraire, à cause précisément de leur manque de capitaux, ils sont beaucoup plus atteints par les conventions de conditions des producteurs. Au point de vue économique, cependant, cela constitue un bien en tant que cela peut contribuer à diminuer le nombre des détaillants et à faire cesser la surabondance du commerce de détail. C'est encore pour cette même raison que la fixation d'un minimum de prix par les producteurs est utile au commerce de détail en tant que cette fixation met un frein à une concurrence excessive. Bien entendu, il est très difficile, même pour le commerce de détail, d'arriver à une fixation d'une part maxima de bénéfices. Le syndicat de l'alcool est jusqu'ici le seul qui y soit parvenu, sans que cependant la réglementation établie par lui ait donné pleine satisfaction.

Pour les détaillants qui achètent au commerce de gros, la réglementation de ce commerce par les producteurs est la plupart du temps avantageuse, puisque le cartell des producteurs a lui-même un avantage à maintenir aussi bas que possible les bénéfices des commerçants de gros et à protéger les détaillants contre une exploitation par ce même commerce. Un cartell du commerce de gros qui ne se rattache pas à un cartell de producteurs, n'est, en général, pas assez fort pour nuire considérablement au commerce de détail. S'il crée des prix stables, c'est encore là un avantage pour les détaillants. Mais lorsque les cartells du commerce de gros sont unis aux cartells des producteurs, ceux-ci peuvent avoir alors un réel intérêt à soutenir le commerce de détail et, le cas échéant, ils le protègeront contre les Sociétés d'achat (*Einkaufsgenossenschaften*) des consommateurs. Mais, souvent, ils tiennent dans la main le détaillant qui se trouve, en tous cas, dans un état de complète dépendance.

Le commerce de détail a cherché à fortifier sa position soit au moyen des cartells de prix, par lesquels il fait supporter par les derniers consommateurs la pression économique qui a son point de départ chez les producteurs ou chez les commerçants en gros, soit au moyen d'unions d'achat (*Einkaufsvereinigungen*). Celles-ci ont souvent subi les attaques du commerce de gros. Ceux qui sont allés le plus loin dans cette organisation, ce sont les détaillants de charbon de Cassel et de Brême, qui se sont décidés à créer des « Trusts du commerce de détail » (*Kleinhandelstrusts*). C'est là une union de l'ensemble de leurs exploitations par laquelle se trouve supprimée, il est vrai, l'indépendance des individus, mais d'où résultent aussi de grands avantages personnels à raison de l'achat en commun, de l'économie du matériel de transport et de la place dont on dispose pour les magasins.

Tout récemment, les Unions d'achat ont acquis, dans le commerce de détail, une importance très considérable. On peut citer les Unions des marchands de charbon, des marchands de chaussures, des marchands de verreries et de porcelaine, des pharmaciens, des détaillants des industries textiles, des marchands de bois, des passementiers, des quincailliers et des droguistes. Il est certain qu'elles prendront encore de l'extension. Elles jouent un rôle non seulement comme organisations contre les producteurs ou contre les cartells du commerce de gros, mais encore, en dehors de ce but de combat, le commerce de détail leur a reconnu de l'utilité, surtout en ce qui concerne le commerce des denrées coloniales et le commerce des comestibles.

Une autre organisation encore plus étendue apparaît, au contraire, comme étant jusqu'ici d'une importance moindre : il s'agit de la production en commun des marchandises dont ont besoin des Unions de commerçants (production propre du Syndicat) (*Verbandseigenproduktion*). Qu'il suffise de nommer une fabrique de bouteilles des marchands de vin, une fabrique de glace et d'acide carbonique de l'Union des hôteliers, une fabrique de tissus de pansement des pharmaciens. Il est clair que chacune de ces productions propres provenant des syndicats de commerçants se heurte à de grandes difficultés. Elle suppose une parfaite cohésion.

CHAPITRE IV

LES TRUSTS AMÉRICAINS

L'effort fait par les entrepreneurs pour supprimer la concurrence au moyen des Unions et pour améliorer par là-même leur situation économique a acquis de l'importance dans tous les pays où la grande industrie a atteint un développement considérable. Mais, sous l'influence de conditions juridiques particulières et de manières de voir différentes au point de vue économique, les unions ont pris là-bas une forme partiellement différente de celle qu'elles ont prise chez nous.

Comme nous l'avons déjà indiqué dans le premier chapitre, le développement en monopole des Unions en Angleterre et dans les Etats-Unis d'Amérique diffère entièrement du mouvement qui a donné naissance aux cartells en Allemagne. Il est vrai que, déjà vers 1780, de véritables cartells existent en Angleterre dans les mines de houille ; et, dans la première moitié du XIXe siècle, des organisations de ce genre existent aussi dans des industries particulières. On peut citer en passant les assurances, les mines de cuivre, la librairie et les chemins de fer. Mais ces cas sont demeurés isolés et le développement a, en général, pris ici une autre direction. Les raisons de cela sont :

la législation et la jurisprudence anglaises, qui ont combattu plus vigoureusement que dans d'autres pays les unions par lesquelles on se propose de restreindre la liberté industrielle (*in restraint of trade*), c'est-à-dire les tendances individualistes de l'entreprise anglaise, qui considérait, d'accord avec la doctrine économique anglaise de toutes les époques, que la libre concurrence est le seul état naturel de la vie économique. Ces idées exercèrent dès ce moment une action prohibitive sur la création d'organisations monopolistes, alors même qu'elles n'étaient représentées que par une partie seulement des entrepreneurs, tandis qu'une autre partie était pour le monopole. Il faut y ajouter l'absence de douanes qui réagit sur ces mêmes idées économiques et qui, sans entraver d'une manière générale la création de cartells, rendait cependant plus difficile l'exploitation d'une situation privilégiée particulière créée par la douane à l'intérieur du pays ; dans ces derniers temps depuis que la concurrence des autres Etats s'est considérablement accrue, il faut tenir compte encore de ce que les industries anglaises, non seulement à cause du libre échange, mais aussi à cause du voisinage de la mer et à cause de l'absence d'un territoire constituant un débouché naturel, ont plus à redouter la concurrence étrangère que, par exemple, les branches correspondantes de l'industrie allemande.

Quoiqu'il en soit, il existe depuis longtemps un certain nombre de cartells en Angleterre dans les industries de la houille, du fer, des tissus, du ciment, de la porcelaine, des tapis, et dans les industries chimiques. Mais ce n'a été là que de libres cartells de prix et de production qui n'ont eu qu'une existence momentanée. Une monopolisation durable n'était possible que là où elle réussissait à grouper dans une seule entreprise tous ou presque tous les entrepreneurs intéressés, à leur enlever leur indépendance et à la remplacer par une *fusion en monopole.*

C'est ce qui est arrivé dans plusieurs industries, surtout dans celles où d'anciennes tentatives de constitution en cartell n'avaient pas réussi pour les raisons indiquées plus haut. Telles sont, par exemple, les industries du sel, de la soude, de la teinturerie de laine, de l'imprimerie sur étoffes, du ciment et des tapis. Une autre forme par laquelle on se proposait d'assurer aux entrepreneurs les avantages de la domination monopoliste du marché, a été trouvée par le fabricant de Birmingham, J. E. Smith, dans ce que l'on a appelé les *Alliances.* Celles-ci étaient des conventions entre un syndicat d'entrepreneurs et l'union professionnelle des ouvriers, conventions qui avaient pour base le commerce syndical exclusif (*ausschliesslicher Verbandsverkehr*) (V. ci-dessus chap. II), où les ouvriers prenaient l'engagement de ne travailler que pour les membres du cartell, tandis que les entrepreneurs s'engageaient à n'employer que des ouvriers faisant partie de l'union professionnelle (*Gewerkverein*) et leur assuraient en même temps des salaires correspondant à l'élévation des prix du cartell. Lorsque tous les ouvriers faisaient partie de l'Union professionnelle, les entrepreneurs constitués en cartell se trouvaient alors, grâce à ce traité d'Alliance, assurés d'une façon parfaite contre la survenance d'une nouvelle concurrence et leur situation de monopole se trouvait ainsi très solidement établie. Mais, en fait, il arrivait fréquemment que de nouvelles entreprises faisaient appel à une main-d'œuvre étrangère et ces alliances, qui ont existé par moment dans l'industrie de la literie, dans la fabrication des bouteilles et dans diverses branches de l'industrie de la poterie, n'ont pu se maintenir.

Il convient d'ailleurs de faire remarquer que, quoique les unions en monopole jouent en Angleterre un rôle peu considérable, si l'on s'en rapporte à l'ancien développement industriel dont ce pays a été le théâtre, cependant les autres tendances à l'évolution des formes d'entreprise (Fusions, Combinaisons, etc.), dont il sera question plus tard, y ont pris une extension considérable (1).

Le développement des Unions monopolistes dans les Etats-Unis d'Amérique ne s'est pas produit tout à fait sous la même forme qu'en Angleterre. Là aussi, depuis 1870, on a fait, dans diverses industries, notamment dans les chemins de fer, des tentatives en vue de supprimer la concurrence au moyen d'ententes.

Et, en particulier, les cartells de répartition des bénéfices, les *pools*, comme on les a appelés, jouèrent momentanément un certain rôle dans l'administration des chemins de fer. Mais ces cartells ont encore moins de consistance qu'en Angleterre, parce que la législation et la jurisprudence, dans les Etats-Unis, défendait, encore plus énergiquement qu'en Angleterre, le point de vue de la liberté industrielle et déclarait illicites toutes les mesures restrictives. Comme malgré cela toutes les ententes n'étaient pas sujettes à contestation, elles furent transformées par des Américains très dépourvus de scrupules dès que l'un d'eux y voyait son avantage. Quoi-

(1) Cpr. H. Levy, *Die Trust-und Kartellentwickelung in Grossbritannien und ihre Beziehung zum Freihandel*, in *Schmollers Jahrbuch*, 32e année, 4e livraison, et aujourd'hui, en particulier, le livre de ce même auteur : *Monopole, Kartelle und Trusts*, Iéna, 1909.

qu'il en soit, il existe encore aujourd'hui un nombre assez considérable de cartells que les grandes entreprises ont formés entre elles, d'une manière assez lâche, il est vrai, et sans caractère juridiquement obligatoire et, par suite aussi, sans grande consistance (c'est ce que l'on a appelé *Gentlemen'agreements*). Un des plus importants et des plus durables est le cartell des rails de chemin de fer.

Mais on chercha une autre forme de groupement offrant une plus grande sécurité juridique et on la trouve enfin dans l'institution du trust (*Trustinstitution*) du droit anglais, dans la garde par fidéicommissaires. Le trust se propose de transférer l'administration et la disposition, mais non la propriété, d'un bien quelconque à un administrateur (*trustee*, fidéicommissaire). Cette vieille institution du *Treuhänder* du droit germanique a reçu, en Angleterre et en Amérique, un usage très étendu en ce qui touche l'administration des biens étrangers, comme aussi en matière de tutelle, de communauté, de masse de faillite et autres cas analogues. Récemment, l'institution du trust a reçu de nombreuses applications pour la représentation des porteurs d'obligations de chemins de fer et autres sociétés, et, à cette fin, le droit moderne allemand a maintenant encore fait revivre cette vieille institution juridique allemande pour la représentation des droits des créanciers hypothécaires auprès des banques hypothécaires.

En Amérique, déjà depuis le milieu du XIXe siècle, on a commencé à créer en vue de semblables fédéicommis des sociétés par actions (*Aktiengesellschaften*) particulières, que l'on a désignées sous le nom de *Companies* et qui tout d'abord avaient des liens étroits avec les assurances. Comme elles s'occupaient de l'administration des patrimoines et qu'à ce titre elles recevaient des capitaux considérables, elles se transformèrent peu à peu en banques de dépôt (*Depositenbanken*), pendant que les autres banques américaines (Banques nationales et d'Etat) se trouvaient considérablement entravées dans l'exercice de leur activité commerciale par la législation. Ces banques de trusts (*Trustbanken*) purent se développer librement et elles étendirent finalement leur activité à toutes sortes d'opérations monétaires et de crédit, à l'exception des émissions de papier-monnaie réservées aux banques nationales. La fonction de fidéicommissaire ne constitue donc aujourd'hui qu'une partie de l'activité de ces banques.

Un ingénieux avocat, S. E. T. Dodd eut, en 1881, l'idée de faire appel à l'institution juridique du fidéicommis (*Treuhand*), du trust, qui avait déjà été étendue à d'autres objets, pour créer une administration unitaire dans l'industrie du pétrole. Il est vrai que, déjà ici, un homme, J. D. Rockefeller, s'était acquis une souveraineté dans cette industrie, et avait procuré la suprématie à l'association qu'il dirigeait. Mais ce ne fut que la fondation du *Standard Oil Trust* qui leur permit, à lui et à ses associés, d'exercer un monopole durable. Les actions de toutes les entreprises qui adhérèrent furent confiées à un comité, le *Board of trustees*, à la tête duquel se trouvait Rockefeller, et qui délivrait pour ces actions des certificats de trust. C'est de cette façon qu'un certain nombre de trusts furent fondés vers 1880, notamment dans les industries du sucre et des alcools.

La vie économique américaine ne tarda pas à éprouver les effets de ces nouvelles unions en monopole. On remarqua que les entreprises en apparence indépendantes étaient dirigées par une volonté unique et que toute concurrence entre elles se trouvait supprimée. L'obscurité dont s'entouraient les trusts contribua pour une large part à rendre l'opinion publique défiante à leur égard. Mais il ne tarda pas à devenir manifeste que les moyens mêmes, dont se servaient les fondateurs de trusts pour atteindre leur but étaient souvent des moyens brutaux et qu'une concurrence mortelle impitoyable, la subornation, les prépotences de toutes sortes y jouaient un certain rôle. Plusieurs enquêtes que l'on fit alors sur l'action des *trusts* amenèrent un certain nombre d'Etats de l'Union à voter des lois contre les trusts. Les dispositions draconiennes de la plupart de ces lois, qui quelquefois rendaient impossible toute fusion importante, n'aboutirent cependant à aucun résultat pratique. La forme seule du trust dut être abandonnée; mais on ne tarda pas à trouver d'autres moyens pour atteindre le même but. Quelques trusts, tels que ceux du sucre et de l'alcool, se formèrent en une *société unique* au moyen d'un mélange complet, d'une fusion; c'est-à-dire que les diverses entreprises intéressées se groupèrent en une seule, de telle sorte qu'elles cessèrent d'exister comme organisation économique particulière. Mais la plupart, après divers essais, adoptèrent, dans ces derniers temps, la forme de ce que l'on a appelé une *Holding Company* (Société de détenteurs), d'une association de surveillance (*Kontrollgesellschaft*) comme nous pouvons l'appeler, c'est-à-dire que l'association acquit toutes les actions, ou du moins la majorité des actions de toutes les associations particulières faisant partie du trust. Les directeurs de la *holding company* gouvernaient donc l'ensemble des associations subordonnées qui, par suite, ne cessent pas d'exister comme dans la fusion, mais qui sont seulement groupées financièrement dans l'association de contrôle, grâce à la possession par celle-ci de leurs *titres* représentatifs (*Effekten*). La fondation de ces associations fut rendue possible par le fait que quelques Etats ne s'associèrent pas à la campagne faite par d'autres contre les grandes corporations, et cherchèrent plutôt, au contraire, à alléger les frais considérables nécessités par la fondation de ces corporations. Les grandes unions n'existaient plus maintenant sous la forme juridique du trust ; mais, au point de vue économique, les effets étaient exactement les mêmes, et le mot *trust* fut, par suite, maintenu partout, sauf parmi les noms officiels des grandes associations.

Mais tandis que les trusts originaires furent tous constitués en vue du monopole, il n'en est maintenant plus ainsi depuis longtemps parmi les organisations que l'on désigne sous le nom de trusts. Plusieurs entreprises peuvent aussi se grouper en association sans se proposer un but de monopole et simplement pour supprimer la concurrence de part et d'autre et pour pouvoir, grâce à l'abaissement des frais de production, lutter plus avantageusement contre un tiers. Une *holding company* peut encore être créée uniquement pour grouper sous cette forme un certain nombre d'entreprises d'une industrie, mais sans se proposer aucun monopole. Ces deux cas se sont produits en vertu de la tendance à créer dans une large mesure de grandes entreprises et des groupes d'intérêts sous une direction unique, et la plupart des groupements connus aujourd'hui sous le nom de *trusts* ne représentent pas des organisations de monopole et ne peuvent pas, par suite, être comparés aux cartells, qui sont toujours des organisations de cette nature.

Nous nous trouvons donc en présence de deux séries

de développement distincts qui se confondent dans les trusts : 1° La création d'unions *contractuelles* monopolistes cartells ; 2° La réunion *financière* de plusieurs entreprises en une seule, qui peut elle-même s'opérer : *a*) sous forme de *fusion*, dans laquelle les anciennes entreprises viennent se dissoudre comme telles ; *b*) sous forme d'association de contrôle (*Kontrollgesellschaft*), dans laquelle la majorité de leurs actions est acquise par une nouvelle société unique.

Il n'est pas nécessaire que ces entreprises sous forme de fusion et ces associations de contrôle soient de la nature du monopole, elles peuvent n'embrasser qu'un petit nombre d'entreprises en concurrence les unes avec les autres. Mais si une semblable association du plus grand nombre des entreprises précédemment en concurrence s'est constituée sous l'une ou l'autre forme, de telle sorte que l'entreprise fusionnée ou l'association de contrôle ait la situation d'un monopole, une semblable association se trouve représenter en même temps le plus haut degré imaginable des unions monopolistes en général. La concurrence n'est alors pas supprimée par de pures ententes, par des contrats, comme dans les cartells, mais l'intérêt individuel, qui subsiste encore chez les entrepreneurs demeurés indépendants, et qui se croit toujours frustré d'un bénéfice lorsque des commandes sont faites à un autre entrepreneur, disparaît complètement. Contrairement à ce qui arrive dans les cartells, qui, eux, reposent sur une base purement contractuelle, il existe donc ici un état de monopole créé sur la base d'une *possession en commun* (*Besitzgemeinschaft*), qui, comme nous le verrons plus loin, peut avoir des effets économiques beaucoup plus intenses que ceux de l'organisation plus lâche et plus compliquée des cartells. Mais il est juste alors de donner à ces organisations de monopole un nom particulier. En Allemagne, on a pris l'habitude de les désigner sous le nom de *trusts*, à l'exemple de l'Amérique, où de telles associations ont en grand nombre pris naissance tout d'abord, les associations monopolistes qui se sont formées sous les deux formes que nous venons de décrire. Contrairement encore à ce qui se passe dans le cartell, qui représente toujours une union purement contractuelle entre des entrepreneurs *restés indépendants*, le trust est donc *en lui-même une entreprise*, le groupement de plusieurs entreprises en une seule avec un caractère de monopole. Si l'on tient cependant à trouver une désignation scientifique claire et correcte, on fera mieux d'éviter le mot trust, et il faudra parler alors, selon le genre de groupement, de fusion en monopole ou d'association de contrôle en monopole.

Mais d'où vient donc que l'on a aussi désigné sous le nom de trusts des amalgamations (*Verschmelzungen*) qui n'ont aucun des caractères du monopole, alors que cependant leurs effets doivent différer entièrement des trusts originaires à forme de monopole ? Il est facile de l'expliquer. Un cartell sans monopole n'est rien ; c'est une union, qui n'existe que sur le papier. Mais l'union de plusieurs entreprises au moyen d'une fusion ou dans une association de contrôle a des effets économiques très importants, qui s'étendent au loin même lorsqu'elle ne constitue pas un état de monopole. Les effets économiques des trusts américains ne s'exercent pas seulement et *principalement en ce qui touche le monopole*, mais *en ce qui concerne la fondation, la gestion financière et l'administration des grandes associations*. Ces effets se font donc encore sentir alors même qu'une telle association *ne constitue pas un état de monopole.* Comme nous l'avons déjà dit, tel est le cas parmi la plupart de ce que l'on a appelé les trusts en Amérique. Il est parfaitement évident que le développement vers des organisations de monopole est chez nous beaucoup plus avancé qu'en Amérique ; que, chez nous, dans un grand nombre de branches industrielles, la concurrence existe moins ou est plus sévèrement limitée que dans les Etats-Unis. Au contraire, malgré toutes les fusions et combinaisons, qui, comme nous l'avons vu, ont fait aussi dans ces derniers temps leur apparition en Allemagne, le développement vers la *grande exploitation*, vers la fusion de plusieurs entreprises au moyen des Fusions et des Associations de contrôle est de ~~plus~~ beaucoup plus avancé en Amérique que dans n'importe quel autre pays.

Les statistiques bien connues des trusts, d'après lesquelles, par exemple, pendant les années 1898-1901, il n'aurait été créé que des trusts industriels avec un capital de 3 à 4 milliards de dollars, alors que l'ensemble des trusts américains représenterait un capital d'environ 9 milliards de dollars, doivent être accueillies avec une certaine prudence. En 1900, on comptait 185 trusts de monopole avec 1.500 millions de dollars de capital représenté par les constructions, les marchandises, les établissements externes, etc., mais, pour tout cela, il avait été émis des valeurs pour plus de 3.000 millions de dollars. Le nombre des industries monopolisées est, sans doute aussi, moindre qu'en Allemagne. En l'année 1907, environ 250 trusts de monopole auraient existé avec un capital en valeurs émises d'environ 7 milliards de dollars (les Américains disent billions). Si l'on désigne, au contraire, comme on le fait souvent par suite d'une habitude de langage, chaque fusion d'entreprises et chaque réunion de deux associations ou d'un plus grand nombre, dans une *holding company* sous le nom de trust, le nombre de ces derniers sera naturellement beaucoup plus grand. Sous cette forme, c'est-à-dire sans caractère de monopole, la *tendance à la concentration* — telle est l'expression la plus générale et la plus indéterminée — a pris dans les Etats-Unis une extension considérable. Un grand manuel des valeurs commerciales comptait en 1906 400 associations de chemins de fer, environ 900 associations du gaz et de l'électricité, environ 1.100 entreprises de chemin de fer, environ 100 associations pour l'eau, 150 pour le téléphone et le télégraphe, près de 150 pour les mines et pour le pétrole et au-dessus de 1.600 entreprises industrielles et autres, soit en tout plus de 4.600 associations, qui dans ces dernières années ont été absorbées par d'autres et sont soumises à leur contrôle.

Qu'est-ce donc qui a fait, demandera-t-on, qu'aux Etats-Unis ces fusions d'entreprises ont acquis une extension aussi considérable ? Les raisons doivent en être cherchées dans les profondeurs du caractère de l'économie nationale américaine. Cette économie nationale s'est développée beaucoup plus rapidement que dans les anciens Etats européens. Tandis que, en Europe, presque toutes les grandes entreprises actuelles du commerce et de l'industrie ont une origine petite, en Amérique, elles ont souvent reçu de vastes proportions dès le commencement. Chez nous, en Allemagne comme en Angleterre, en France, en Belgique, en Autriche, la plupart des entreprises sont encore de nos jours entre les mains de particuliers, et, même lorsqu'elles ont pris la forme de sociétés par actions, de très grandes entreprises sont encore aujourd'hui entre un très petit nombre de mains, ce sont des possessions de famille (*Familienbesitz*). Cela est vrai même pour ces entreprises dans lesquelles, abstraction faite peut-être des banques et des assurances, la société par actions a pris sa plus grande extension. Telle est l'industrie du fer (par exemple, Krupp, Gute Hoffnungs Hutte, et Stumm, Köchling, Thyssen, De Wendel, etc.). En Amérique la forme de société a pris pour toutes les entreprises une plus large extension, et cela non seulement pour l'industrie et pour les transports, qui y sont tout à fait des entreprises privées, mais aussi pour le commerce et même pour l'agriculture et les branches industrielles qui s'y rattachent. Mais, maintenant, on peut nous faire observer que les sociétés par actions sont beaucoup plus portées à fusionner avec d'autres que des entreprises privées. Ce qui précisément leur manque, c'est l'intérêt personnel intense que l'entrepreneur individuel porte à son entreprise. Il est précisément plus facile de relier des entreprises sociales à d'autres lorsque leurs valeurs commerciales sont en libre circulation et peuvent être vendues à n'importe quel moment. La forme la plus fréquente de l'unification de plusieurs entreprises se trouve par suite dans l'obtention d'un contrôle sur ces entreprises au moyen de l'acquisition de la plus grande partie du capital sous forme d'actions. En Amérique céla devient d'autant plus facile que, là-bas, la division des actions en actions de préférence et en actions primitives est généralement en usage, et qu'en général une seule de ces catégories a le droit de vote, de sorte que l'on gouverne toute l'entreprise pourvu que l'on possède la moitié du capital auquel appartient le droit de vote.

Toute société par actions américaine est donc en fait gouvernée par une personne ou par un groupe unifié de personnes. Ces personnes, qui ont un droit de contrôle, constituent aussi d'habitude, et en même temps, le conseil d'administration et la direction de l'entreprise. Dans les sociétés par actions de l'Amérique, ces choses, sont en général moins profondément séparées que ne le sont chez nous la fonction des directeurs et le conseil de surveillance. Le fait que presque chaque entreprise américaine n'est, en général, gouvernée et dirigée que par un petit groupe d'actionnaires chargés du contrôle offre des dangers et des inconvénients très graves pour la masse des petits actionnaires. Ces puissants actionnaires, en effet, tirent toujours partie de leur meilleure et plus ancienne connaissance des conditions de l'entreprise : ils vendent leurs actions au moment opportun, lorsqu'on s'attend à une baisse du revenu ; ils spéculent sur les actions de l'entreprise et, souvent aussi, ils influent artificiellement sur les rendements et le cours des actions de cette entreprise.

La législation relative aux actions est, en Amérique, de la compétence des Etats particuliers, et, à cause des droits très élevés qui à l'occasion de la fondation des sociétés reviennent à l'Etat et aussi sous l'influence des puissants financiers et des fondateurs de sociétés, un certain nombre d'Etats ont rendu très facile la création de sociétés par actions. Il n'existe presque pas de dispositions relatives à la responsabilité des fondateurs, à la publication du projet des statuts et à l'examen de ce projet, choses qui en Allemagne sont édictées en vue de la protection des actionnaires. Les sociétés par actions ainsi fondées dans un Etat peuvent cependant, d'après les lois fédérales, faire des opérations dans tous les autres Etats. Cette liberté du régime des actions présentait une certaine utilité lorsqu'elle servait à supprimer la concurrence dans les diverses entreprises. La principale forme usitée pour atteindre ce but, comme nous l'avons déjà dit, ce sont celles de la *holding company*, de la société de détenteurs d'actions (*Effektenhaltungsgesellschaft*) ou de la société de contrôle. C'est là aussi une societé dont la possession totale consiste en actions de ses sous-sociétés, puisqu'elle possède au moins la moitié des actions donnant droit au vote dans chacune d'elles. Déjà, depuis 1870, de telles *holding companies* se sont formées isolément ; d'abord, semble-t-il, ce fut, en 1870, la Pennsylvania Company qui réunit une grande partie des biens de la Pennsylvania Railroad Company. En 1880, la American Bell Telephone Company acquit et unifia les valeurs d'un grand nombre de sous-associations, et ainsi de suite. Mais ce ne fut qu'en 1890 que ce procédé fut fréquemment employé pour ramener plusieurs associations sous une direction unique, et cela, en premier lieu, même en ce qui concerne les chemins de fer.

Les lois des divers Etats relatives aux trusts se tournèrent bientôt contre cette forme de groupement et, par exemple, interdirent à plusieurs reprises, d'une manière générale, à toutes les sociétés d'avoir en leur possession des valeurs des autres sociétés. Cependant, d'autres Etats cherchèrent de nouveau, au contraire, à faciliter le plus possible la création de ces associations de contrôle pour se les attirer. Tout d'abord, le développement des associations de contrôle prit un essor considérable lorsque, en 1898, l'Etat de New-Jersey promulga une loi aux termes de laquelle il devait être fondé dans cet Etat des Associations qui n'auraient d'autre but que de tenir en leur possession les valeurs des autres sociétés ou de rassembler leurs dividendes. Elles ne devaient avoir qu'un Bureau à New-Jersey, y placer une enseigne avec leur nom, et publier un compte rendu. A partir de ce moment, de nombreuses associations se constituèrent en corps à New-Jersey associations qui eurent alors le droit de faire des opérations dans les autres Etats. Il existe à New-Jersey des maisons dans lesquelles plus de 100 sociétés ont leur domicile et où elles placent en commun un concierge quelconque comme « Directeur ». Comme le prouvent les chiffres ci-dessus, durant la dernière décade, des milliers d' « amalgamations » et de « combinaisons » ont été mises sur pied par les financiers américains.

Parmi les grands « trusts » existants qui ont été créés dans les divers domaines de la vie écononomique, le *trust du pétrole* et le *trust de l'acier* ont été particulièrement remarqués même en Europe. Le premier, la *Standard Oil Company of New-Jersey* est une *holding company* (Société de détenteurs), qui a la surveillance d'environ soixante-trois sociétés américaines et d'un grand nombre de sociétés d'achat situées dans d'autres Etats. Elle constitue une société de contrôle en monopole. Car, si elle n'exerce elle-même aucun monopole absolu en Amérique — sa plus grande rivale est la *Pure Oil Company* — elle contrôle cependant environ 90 0/0 de la production américaine. Elle a organisé d'une façon merveilleuse la fabrication et l'écoulement de ses produits dans toutes les parties du monde. Elle possède ses propres voies ferrées, ses propres conduites de pétrole, ses propres navires de transport ; elle a dans tous les pays ses réservoirs de pétrole et ses wagons de pétrole. Dans un grand nombre de pays, elle a ses propres raffineries. Elle a partout organisé la vente d'après les conditions particulières de chaque pays, et cela jusqu'aux petits détaillants. Elle produit tous les objets qui lui sont utiles, tous les récipients, les bidons, les pompes, les appareils de distillation eux-mêmes et elle fabrique aussi tous les produits accessoires. En ce qui regarde ses puissants concurrents européens, les producteurs russes et roumains, qui sont eux-mêmes organisés en grands cartells, elle a conclu avec eux des arrangements secrets pour l'approvisionnement de certains pays, tandis que pour d'autres pays elle lutte avec eux au moyen de ses sous-sociétés, parmi lesquelles se trouvent la Anglo-Americain Oil Company, pour la Grande-Bretagne ; la Deutsch Amerikanische Petroleumgesellschaff de Brême, pour l'Allemagne, compagnies qui toutes sont très puissantes. Tout récemment, cependant, des ententes sont intervenues, précisément pour l'Allemagne, au sujet des prix pratiqués avec les producteurs.

Les bénéfices de la Standard Oil Company, qui a un capital de 400 millions de marks, sont énormes, bien supérieurs aux dividendes qui souvent ont été de 40 à 50 0/0. En 1907, ces bénéfices s'élèvent à environ 350 millions de marks. Les directeurs de la société, et notamment son fondateur, J. D. Rockefeller, ont employé une grande partie des bénéfices provenant des opérations sur le pétrole à acquérir des participations importantes dans d'autres industries, et même ils se sont efforcés de monopoliser autant que possible les minerais indispensables. C'est ainsi que Rockefeller a accaparé la plupart des mines de fer de l'Amérique (*Lake superior Consolidated Iron Mines*). Il a été, par suite, un des principaux agents de la fondation du trust de l'acier, qui avait coutume de tirer de ces mines ses approvisionnements de minerai. C'est ainsi que les gens de la Standard-Oil gouvernent une grande partie de la production américaine du cuivre, puisqu'ils contrôlent la Amalgamated Copper Company, qui est une *holding company* et qui possède les plus grandes sociétés des mines de cuivre. Après avoir réussi, pendant la crise de 1907, qu'on prétend généralement avoir été amenée ou du moins entretenue par eux, à écarter les grands spéculateurs du cuivre qui leur barraient la route : Heintze, Thomas, et autres, ils peuvent aujourd'hui gouverner la plus grande partie de la production mondiale du cuivre. Aussi ont-ils une grande influence sur les bénéfices des autres métaux (zinc, plomb) (*American Smelting and Reining Company*). Ils contrôlent, en outre, une série de grandes voies ferrées et une foule de tramways sur route, de voies souterraines, des compagnies d'électricité, du gaz et de l'eau, comme aussi un certain nombre de banques nationales et de compagnies de trusts (*Trust companies*).

Pour désigner une semblable agglomération d'intérêts capitalistes entre les mains d'un groupe relativement petit de personnes ou de sociétés, on se sert aujourd'hui d'un mot bien à la mode, du mot « *concern* » ; le puissant édifice qui se trouve tout à fait en bas, près du Broadway dans le voisinage du port et de l'extrémité de New-York, est le siège du plus grand *concern* capitaliste du monde. La valeur des entreprises qu'il gouverne s'élève à plus de 5 milliards de dollars. L'opinion populaire, d'après laquelle le puissant système de capitaux de la Standard Oil Company avec toutes les entreprises qui sont sous sa domination, est incarné et concentré dans la personne de J. D. Rockefeller, est sans fondement. Le fondateur septuagénaire de la société s'est déjà depuis longtemps retiré des affaires; dans les diverses entreprises, il ne fait plus travailler que son capital et il le fait fructifier par l'intermédiaire de ses hommes de confiance, un certain nombre d'habiles hommes d'affaires qui sont, à proprement parler, les puissances agissantes dans le *concern*. Les principales personnes de ce puissant système d'entreprises étaient jusqu'ici Henry Rogers, aujourd'hui décédé, et James Stillman.

La Corporation de l'acier (*Steel Corporation*) des Etats-Unis, la plus grande Association de contrôle qu'il y ait au monde, prit naissance en 1901 à la suite du groupement de diverses grandes usines d'acier, parmi lesquelles la plupart avait déjà le contrôle de petites entreprises de l'industrie du fer, de la houille, de l'exploitation du minerai, des transports et autres entreprises analogues, ou même avaient fusionné avec ces entreprises. La principale association était la *Carnegie Steel Company* de New-Jersey, qui, de son côté, contrôlait elle-même vingt-six sociétés. Les commencements de cette grande entreprise privée de l'industrie américaine du fer remontent à une petite forge construite en bois dans Alleghany City, forge qui fut fondée en 1858 par deux allemands, les frères Andréas et Anton Kloman, avec un capital de 1.600 dollars. Plus tard, Andrew Carnegie y entra. Au moment de son adhésion au trust de l'acier, l'association possédait des actions pour 160 millions de dollars et autant d'obligations, parmi lesquelles un peu plus de la moitié appartenait à Carnegie. Environ 500 millions de dollars en valeurs du trust de l'acier furent donnés à cet effet.

D'ailleurs, douze autres sociétés, avec environ 150 sous associations, entrèrent encore dans le trust, et, au-dessus de celles-ci, il faut compter encore non moins de vingt-quatre sociétés de chemins de fer. Le capital du trust de l'acier s'élève à la somme énorme de 1.100 millions de dollars sous forme d'actions, sur laquelle somme cependant il n'est dû que 870 millions de dollars et environ 600 millions de dollars d'obligations, c'est-à-dire environ six milliards de marks. Plusieurs évaluations partent de ceci, à savoir que la société est surcapitalisée de près d'un milliard, ce qui n'est cependant pas exact, puisque les bénéfices nets ont été, de 1902 à 1905, 133, 109, 73, et 120 millions de dollars, c'est-à-dire de 7 à 12 0/0 de l'ensemble du capital-actions. En 1907, le bénéfice net s'éleva à 170 millions de dollars (en 1908, seulement à 99 millions de dollars). Dans toutes les usines du trust, on occupait en 1907 210.180 employés, dont les salaires s'élevaient à environ 161 millions de dollars. En 1908, à la suite de nombreux congédiements d'ouvriers, le nombre des employés descendit à 165.211. (La grande entreprise de l'industrie minière allemande, la *Gelsenkirchner Bergwerksgesellschaft*, occupa en 1908, en dehors de 1705 employés, 44. 343 ouvriers, qui recevaient 70 millions 500 mille marks de salaires). Le trust n'est pas à proprement parler un monopole ; il ne livre en moyenne que 60 0/0 de la production d'acier dans le pays, et il ne livre qu'environ 43 0/0 de la production d'acier brut. Sa contribution la plus grande est celle qui est relative à la production des fils laminés (*Walzdrahtproduktion*) et des pointes (*Drahtstiftproduktion*) et qui s'élève à environ 70 0/0. Cependant, il existe pour plusieurs produits des ententes avec ses concurrents (ce que l'on appelle *gentlemen' agree-*

ments), qui sont renouvelées dans des réunions périodiques (*Stahlkonferenz*).

L'espace ne nous permet pas de donner ici des exemples plus nombreux du mouvement des trusts en Amérique. Ce que nous nous proposons surtout, pour le moment, c'est de résumer d'une manière générale ce qui se dit dans les appréciations que l'on en fait.

Le développement des grandes exploitations, le groupement de plusieurs entreprises au moyen de fusions et d'associations de contrôle a donné les plus grands résultats et procuré les plus grands avantages économiques en ce qui regarde la diminution des frais de production et d'exploitation. Il est possible, d'une tout autre façon, d'obtenir une production à meilleur marché au moyen de la fusion d'entreprises. Tout d'abord, on peut produire dans les exploitations les mieux organisées et qui travaillent à meilleur marché, car, ici, le matériel peut être pleinement utilisé, les travailleurs mal disposés peuvent être congédiés. C'est ce qui arriva, par exemple, dans le trust du whisky, au point que, sur 80 fabriques qui en faisaient partie, 68 furent fermées immédiatement et les 12 autres produisirent assez pour répondre à tous les besoins. Avec l'abaissement des frais de production et grâce à une meilleure utilisation du matériel, on fait immédiatement une économie considérable des frais d'entretien.

De plus, le trust se tire d'affaire avec une *main-d'œuvre moindre*. C'est pour cela que l'on a vu très souvent ces grandes entreprises fusionnées congédier de nombreux ouvriers. C'est également ce que l'on a pu constater pour nos fusions dans la banque, pour l'industrie électrique et pour celle du fer.

Mais dans le trust, comme entreprise de monopole, disparaissent des frais auxquels, dans l'état de concurrence, il doit être fait face par chaque entrepreneur. C'est ainsi que le nombre des voyageurs et des agents qui sont employés par un trust est proportionnellement bien moindre que celui qu'emploient les entreprises isolées. A la suite de cela, les chances de ces personnes, dans les Etats-Unis, sont devenues moins favorables et les traitements payés par la grande concurrence ont considérablement diminué. Dans le trust aussi, les frais de réclame peuvent être bien moindres, en tous cas, l'effort que font les entreprises particulières pour se surpasser disparaît.

Le trust en monopole a souvent aussi, comme entreprise unique de toute une industrie, une situation de monopole pour l'*achat*, du moins lorsqu'il est le seul consommateur d'une matière première. Mais, même en dehors de cela, à cause de sa grande consommation, il peut se procurer de la matière première et des matières accessoires à meilleur compte que les anciennes entreprises particulières.

On peut aussi considérer comme un avantage du trust le fait que, sans avoir recours à des élévations de prix, il peut procurer à ses membres des bénéfices plus élevés que ceux d'autrefois. Cela provient de l'abaissement des frais de production. On prétend que la *Standard Oil Company* a obtenu les bénéfices monstrueux, qui ont fait de Rockefeller un des hommes les plus riches de l'Amérique (1), non à la suite des élévations de prix, mais à la

(1) C'est Friedrich Meyerhauser à Saint-Paul qui passe aujourd'hui pour l'homme le plus riche d'Amérique. Ce « roi du bois »

suite de l'énorme abaissement des frais de production, abaissement qui est le résultat de l'organisation rationnelle de l'industrie. Sous ce rapport, le trust est particulièrement supérieur au cartell, qui ne peut procurer à ses membres une augmentation de bénéfices qu'au moyen d'une élévation des prix, et non au moyen d'une diminution des frais de production.

Ce qui est dans le trust d'une importance toute particulière, c'est encore l'*économie des frais de transport*, économie qui résulte de ce que chacune des diverses fabriques qui ont adhéré au trust est désignée pour l'approvisionnement de sa zone de vente. Il est vrai qu'un cartell constitué peut introduire une distribution des zones de vente ; mais une entreprise unitaire lui est encore supérieure en cela parce qu'ici on ne doit pas, comme dans le cartell, veiller à ce que chaque fabrique obtienne des prix égaux et ait sa quote-part de zone de vente. Sous tous ces rapports, le trust est supérieur au cartell, parce que ce dernier ne représente pas lui-même une entreprise de production, mais simplement un contrat entre de telles entreprises, et c'est pour cela qu'il n'exerce aucune influence sur les frais de production des usines particulières. Le trust peut même, à cause de son grand capital, lutter plus facilement qu'un cartell contre la concurrence lorsque celle-ci fait son apparition. On peut dire que les cartells ne constituent pas des organisations de capitaux, si l'on entend par là des organisations dans lesquelles le capital lui-même exerce une action. Et même, lorsque les membres du cartell, comme cela se produit fréquemment de nos jours, em-

est originaire du Palatinat. Il est possesseur d'une masse considérable de bois, et il est le directeur de grandes sociétés dans le Nord-Ouest.

ploient des fonds communs à lutter contre la concurrence, on ne peut cependant pas dire qu'ici cette lutte soit aussi durable et aussi une que dans les trusts.

Or, si une association de contrôle embrasse la plus grande partie des entreprises d'une industrie, elle peut en même temps exercer des effets de monopole, et il est clair que le groupement financier et capitaliste durable rend possible aussi des effets de monopole plus intenses que le simple groupement contractuel des cartells. En ce qui concerne ces derniers, les intérêts distincts peuvent beaucoup plus facilement provoquer une dissolution ; et si, naturellement, même parmi la *holding company*, une dissolution et une séparation des entreprises groupées n'est pas impossible, cependant toutes les oppositions d'intérêts sont ici bien plus complètement écartées, et le danger d'une dissolution s'en trouve par là même diminué. Le cartell n'est donc pas, dans l'ensemble, d'après ses effets, un aussi haut degré d'organisation de monopole que le trust, quoique naturellement un cartell embrasse 99 0/0 de tous ceux qui appartiennent à une industrie ; quoiqu'il possède une situation de monopole aussi complète qu'un trust, auquel n'appartiennent que 80 0/0 des entrepreneurs de l'industrie qui fait l'objet de ce trust.

Mais, dans ce qui vient d'être dit, nous avons énuméré tous les avantages grâce auxquels le trust est supérieur au cartell. L'avantage le plus considérable des cartells, c'est-à-dire l'*adaption de la production à la demande* et la compensation des oscillations commerciales qui en résulte, un cartell constitué peut les produire tout aussi bien que le trust, et, à cette occasion, il faut faire observer que, jusqu'ici, la plupart des cartells allemands n'ont pas encore atteint le degré d'organisation nécessaire pour cela. Quant à savoir si les limitations de la production, qui sont nécessaires aux époques de crise, sont entreprises avec plus de succès par le cartell ou par le trust, c'est là un point sur lequel on peut émettre diverses opinions. Les trusts, dans des cas semblables, cessent complètement une partie de leurs exploitations et, en Amérique, les ouvriers de ces exploitations sont jetés sur le pavé avec une incroyable brutalité.

Au point de vue de la technique de la production, cela est certainement plus avantageux que la pratique des cartells allemands qui imposent des limitations uniformes à tous les membres de leurs exploitations et, par suite, n'utilisent entièrement les dispositions d'aucun, ce qui fait bien entendu que les frais de production sont plus élevés. Cependant, pour les ouvriers, qui d'ordinaire ne sont pas ou ne le sont qu'en petit nombre, ce mode de limitation se trouve beaucoup plus opportun. L'autre, à savoir que quelques exploitations sont réduites au repos aux frais du cartell, se présente rarement en Allemagne. Du reste, en Amérique, les ouvriers sont complètement habitués à la pratique de ce pays et ils trouvent tout naturel d'être renvoyés dès que l'on peut se passer d'eux, ne serait-ce que pour un temps très court. En échange, ils profitent aussi beaucoup plus que chez nous des périodes favorables en demandant des augmentations de salaires.

En ce qui se rapporte à l'accroissement de puissance que l'association des entrepreneurs leur procure à l'égard des ouvriers, les trusts sont aussi un peu supérieurs aux cartells. Cependant, ici, de puissantes associations de patrons peuvent produire les mêmes effets qu'un trust, et, en fait, cela dépend naturellement beaucoup de la force des unions professionnelles et de l'ensemble des conditions sociales.

Jusqu'ici les trusts n'ont en aucune façon réussi à créer un plus parfait équilibre de la vie économique. Maintes fois même les directeurs de trusts ont provoqué de grandes oscillations dans les prix des produits et dans les cours des papiers du trust, afin de réaliser des bénéfices au moyen des spéculations de hausse ou de baisse. C'est ce qu'a fait, par exemple, de la façon, la moins scrupuleuse le président de l'ancienne American Steel and Wire Company, Gates, qui pour faire réussir ses spéculations à la baisse, fut sur le point de causer la ruine de sa société.

En ce qui concerne l'effort fait pour introduire dans l'industrie tout entière une plus grande uniformité et des conditions plus stables, les cartells ont jusqu'ici dépassé les trusts américains, quoique chez nous peu de cartells puissent sous ce rapport se vanter d'un véritable succès. En tous cas, les trusts sont, beaucoup plus exclusivement que nos cartells, issus de l'intérêt privé de quelques grands capitalistes en ce qui touche les bénéfices; ils ont, à un beaucoup plus haut degré, poursuivi un simple but d'économie privée et ils n'ont eu des avantages pour l'économie nationale qu'en tant que l'intérêt de ces grands capitalistes coïncidait avec l'intérêt économique général. Tel est le cas en ce qui touche l'abaissement des frais de production et en ce qui concerne la plus grande capacité de concurrence qui en résulte à l'égard des pays étrangers. Mais, jusqu'ici, cette dernière capacité a été exagérée et, notamment, le grand trust de l'acier n'a jusqu'à ce jour fait courir à l'industrie allemande du fer aucun des dangers que l'on craignait de lui. Bien entendu, les trusts américains ont, exactement comme nos cartells, acheté à meilleur marché à l'étranger, mais l'organisation du trust ne s'est pas, à ce point de vue montrée supérieure à nos cartells.

Cependant, ces grandes accumulations capitalistes ont eu aussi un certain avantage au point de vue financier ; elles ont considérablement accru l'importance du marché américain du capital. La concentration de toute l'immense force capitaliste du pays et l'augmentation de richesse qui résulte d'une balance commerciale favorable non seulement a rendu le marché du capital de New-York indépendant de l'étranger, mais elle a été encore cause que maintenant l'Amérique intervient plus souvent en Europe comme bailleur de fonds. C'est à partir de ce moment que le grand désir d'entreprises suscité par la richesse capitaliste, désir qui aux principales époques de la fondation des trusts s'était emparé du pays, et qui sous forme d'une ardeur effrénée de spéculation fait de temps en temps encore de nouvelles apparitions et trouve son expression dans les *corners* et dans les *rings*, c'est, dis-je, à partir de ce moment que ce désir d'entreprise a donné à New-York, pour le commerce mondial, une importance que l'on n'aurait jamais pressentie et a fait que souvent le mot d'ordre des Bourses allemandes est parti de là-bas.

Comme nous l'avons déjà indiqué, de même que la plupart des groupements que l'on a appelés des trusts en Amérique ne sont nullement des organisations de monopole, de même encore leurs principaux effets ne se font pas sentir dans le domaine du monopole. Il y a eu, il est vrai, des trusts de monopole qui, momentanément, provoquaient une forte hausse des prix, comme pour le fil de fer, le sucre, etc. Mais une réaction ne tardait jamais à se faire sentir, car le trust n'avait aucune situation assurée de monopole et une nouvelle concurrence ne tardait pas elle-même à survenir. Aussi faut-il plutôt attribuer aux spéculations ces hausses de prix qui se produisent fréquemment même en dehors des trusts dans les Bourses américaines (cuivre, froment). Il est certain que de semblables spéculations, lorsqu'il existe de grandes associations de contrôle, peuvent être plus facilement conduites par les directeurs de ces sociétés, et que les grands spéculateurs américains cherchent souvent à s'assurer par ce moyen la haute main sur une industrie tout entière. Mais, en général, les effets produits par les trusts sur la formation des prix ne sont pas très importants. Comme nous l'avons déjà dit, on peut tout au plus reprocher au trust du pétrole de ne pas abaisser les prix à un niveau correspondant au bon marché qu'il a réalisé dans la production. En revanche, c'est sous son influence qu'ils sont devenus plus uniformes. L'influence du trust de l'acier sur la formation des prix a été, elle aussi, jusqu'ici assez faible et on n'a pas non plus à signaler la grande augmentation des exportations et l'avilissement des prix à la suite de la surproduction à l'étranger, toutes choses qui avaient fait naître de très grandes craintes lors de la fondation de ce trust.

Les principaux effets des trusts américains, et notamment au point de vue défavorable, se font donc surtout sentir dans le domaine financier ou capitaliste ; ils consistent premièrement, en ce que de graves abus sont liés à la fondation et à l'administration financière de ces grandes entreprises et deuxièmement en ce que, grâce à ces agglomérations et à leur prolificité financière, la puissance de quelques grands capitalistes s'accroît d'une façon extraordinaire.

Les abus de fondation des trusts ont été examinés avec soin. Le trust doit régulièrement payer très cher les entreprises indépendantes qui existaient précédemment, et cela afin d'encourager les propriétaires à faire partie du trust. Il en est surtout ainsi pour de grandes entreprises disposant d'un capital considérable, entreprises sans l'adhésion desquelles le trust ne réaliserait pas un monopole et qu'il ne peut pas non plus espérer de vaincre dans la lutte de concurrence. C'est pourquoi presque tous les trusts sont dès leur premier début excessivement encombrés de capitaux. Quelques trusts seulement font exception à cette règle, notamment les plus anciens, qui, comme la *Standard Oil Company*, n'ont jamais pris naissance au moyen de fusions et d'accaparement avec l'intention de monopoliser, mais qui, sous une habile direction, ont étendu de plus en plus leur rayon d'action et qui par cela même, au lieu d'accueillir les entreprises rivales sous forme d'une entente amicale, les ont écartées par la concurrence. Les moyens employés pour écarter les concurrents de leur chemin ont souvent été des moyens d'une moralité et d'une légalité douteuses. L'histoire des trusts américains est remplie de récits sur ce point et bien des gens sont surpris de la *smartness* (désinvolture) avec laquelle les fondateurs de trusts ont su atteindre leur but. Le *Standard Oil Trust* en particulier s'est en grande partie assuré son monopole en faisant promettre aux chemins de fer des avantages spéciaux pour le transport des marchandises contre l'engagement de leur remettre la totalité de sa production. En même temps que ce trust faisait cette convention avec diverses lignes, il déchaînait entre elles une concurrence acharnée pour accaparer alors leurs actions à bon marché et par ce moyen acquérir la haute main sur ces entreprises. Un certain nombre d'autres trusts paraissent également s'être assuré leur monopole à l'aide des chemins de fer. Ce n'est que pour un petit nombre de trusts que leur création parait avoir été exempte de corruption ; mais il est aussi arrivé qu'un trust a essayé de se débarrasser d'un concurrent en faisant disparaître son exploitation.

Mais dans la plupart des trusts, notamment lorsque s'est révélée la grande utilité que de semblables fusions présentaient pour les intéressés, la chose s'est passée plus paisiblement. On a de plus en plus évité une longue concurrence, mais on a, par des paiements élevés, fait que les anciens possesseurs ont été portés à se dessaisir de leurs entreprises. Comme le trust commence par des mises de fonds en nature qui doivent être évaluées, une évaluation arbitraire est, bien entendu, possible. Les propriétaires demandent et reçoivent donc une très grande part pour leurs mises de fonds, et respectivement une indemnité extraordinairement élevée pour ce que l'on appelle leur *bonne volonté* (en anglais, *good will*), pour leur empressement à entrer dans le trust.

En Angleterre et en Amérique la fondation d'entreprises d'affaires n'a pas son siège dans les banques, comme en Allemagne (banques d'émission et de titres), mais elle se trouve entre les mains de capitalistes privés qui ne portent pas le nom de banquiers (*marchands*, *financiers*). Ces gens ont de tout temps administré sans aucun scrupule les sociétés par actions, parce que le droit américain ne connaît pas toutes ces dispositions par lesquelles la législation allemande, relative aux actions et aux bourses, cherche à empêcher la création dolosive d'entreprises, l'exploitation et la mise en coupe réglée des actionnaires par le fondateur. Autrefois, notamment dans les constructions de voies ferrées, des millions et des millions ont été tirés de la poche des actionnaires, la plupart du temps grâce à des évaluations excessives des constructions, du matériel ou du pays faites par le fondateur de la compagnie ; quelquefois encore, en spéculant sur les actions ou en écrasant d'autres lignes rivales, ils réussissaient à acheter à bas prix et à revendre finalement très cher à leur compagnie.

Le développement de la grande industrie, l'apparition d'entreprises gigantesques devaient naturellement aussi porter sur un plus grand pied l'activité par laquelle on se procurait de l'argent et les opérations financières. En Allemagne le développement des banques les a poussées vers la comptabilité, tandis qu'avec l'organisation du crédit véritablement décentralisée des banques américaines, il ne leur était pas possible de s'étendre suffisamment et d'étendre leur champ d'action. C'est pourquoi c'est aux financiers privés qu'il incomba de fournir l'argent nécessaire aux grandes entreprises et aux fusions d'entreprises, et, de leur côté, ces financiers firent servir à leur but les capitaux des banques, des compagnies de trust et des compagnies d'assurance, puisqu'ils en avaient le contrôle. Mais par cela même ils ont beaucoup plus nui aux intérêts économiques généraux que ne l'ont fait nos banques de fondation qui agissent sous le contrôle de la publicité ; et comme toute la vie industrielle américaine revêt un caractère plus hasardeux et plus spéculatif, il en résulte que, même dans ce domaine privé, l'esprit de spéculation et d'entreprise se déploie d'une façon beaucoup plus libre que chez nous.

Depuis que, dans la dernière décade, il s'est fondé

moins d'entreprises *nouvelles*, ces financiers et ces grands capitalistes ont trouvé dans l'amalgamation (*Verschmelzung*) d'entreprises un moyen rémunérateur de toucher de gros bénéfices de fondation. Ils surent donc vanter au public, en les parant des plus brillantes couleurs, les avantages de l'amalgamation, les économies, les bénéfices plus élevés, que l'on pouvait réaliser par ce moyen, et ils purent ainsi non seulement payer excessivement cher les valeurs des entreprises qui adhérèrent, mais encore recevoir un agio élevé pour les valeurs émises par les sociétés de contrôle surcapitalisées. Les duperies les plus incroyables se sont produites pour emprunter de nouveaux capitaux sur des entreprises insolvables au moyen d'amalgamation avec d'autres entreprises et pour faire passer cet argent dans la poche des financiers (1).

La fondation des trusts et, d'une manière générale, l'amalgamation d'entreprises de toutes sortes en une association est, par conséquent, devenue, en Amérique, une affaire particulièrement fructueuse. L'homme qui persuade à ceux qui ont été jusqu'ici des entrepreneurs de s'affilier à un trust, qui dresse le plan de cette fondation et qui fixe les statuts et organise la concession est le *promoteur* (en anglais, *promoter*). Bien entendu, il se fait largement payer son activité, de telle sorte qu'une dépense considérable de capital vient, pour les anciens possesseurs, ajouter encore une très grosse somme aux frais de fondation. Mais, d'ailleurs, en matière d'actions américaines, la pratique qui domine consiste à n'exprimer la valeur réelle de l'entreprise qu'en actions de préférence et en

(1) Sur les manœuvres financières auxquelles on se livre dans les sociétés de contrôle américaines, cpr. Liefmann, *Beteiligungs- und Finanzierungsgesellschaften*, Iéna, 1909, chap. v.

obligations, mais à émettre encore en sus un nombre plus ou moins grand d'actions primitives (*common shares*), dont les intérêts sont imputés sur les bénéfices futurs que l'on espère retirer de la fusion et de la capitalisation. Un grand nombre de trusts sont surcapitalisés de façon que les obligations et les actions de préférence dépassent de beaucoup la valeur réelle de l'entreprise. Carnegie était si prévoyant sur ce point pour les grandes usines qu'il amenait au trust, qu'il se faisait remettre des obligations qui étaient, en partie, assurées d'une garantie hypothécaire.

Livrer au public les actions de ces trusts constitue aussi une tâche spéciale. C'est à cette tâche que se consacrent les *financiers* et les *souscripteurs* (*underwriters*), les grands et les petits établissements financiers qui exigent pour ce soin une rémunération souvent très élevée de la part des fondateurs. Il est établi que les dépenses totales de fondation d'un trust s'élèvent parfois à 20 ou 40 0/0 du capital émis et, bien entendu, elles doivent être payées avec les produits de l'entreprise. D'une fondation de trust avec un capital de 100 millions de dollars on peut donc déduire tout d'abord 30 millions de dollars pour les dépenses de fondation ; mais, sur les 70 millions qui restent et que reçoivent les précédents propriétaires, 40 millions seulement peut-être représentent la valeur réelle des entreprises incorporées.

Comme exemple d'une fondation frauduleuse de trust, nous exposerons ici en peu de mots l'histoire de la fondation de la *United States Shipbuilding Company* (1). Cette fondation eut lieu en 1902 et fut l'œuvre de l'ancien pré-

(1) Cpr. W. Z. Ripley, *Trusts, Cools and Corporations*, New-York, 1906.

sident du trust de l'acier, Charles Schwab qui, sans aucun doute, n'eut, du commencement à la fin, d'autre but que de retirer de cette fondation des bénéfices personnels considérables. La fondation eut lieu le 17 juin 1902 par trois hommes de paille mis en avant par Schwab, chacun desquels signa dix actions de 100 dollars chacune, c'est-à-dire avec un capital de 3.000 dollars. Une semaine plus tard eut lieu la première assemblée générale dans laquelle les trois actionnaires nommèrent trois autres individus comme directeurs, et remirent à chacun d'eux une action, minimum que, d'après la loi américaine, doit posséder chaque directeur. La première session des directeurs ne tarda pas à avoir lieu, et dans cette réunion, l'un fut nommé président, l'autre, vice-président, et le troisième secrétaire. Les trois présidents et aussi les trois fondateurs avaient été jusque-là des employés d'une compagnie de trust que contrôlait Schwab. Le jour même de la première assemblée générale et de la séance des directeurs, la nouvelle société reçut d'un promoteur, J. W. Young, l'offre de lui vendre l'ensemble du capital-actions de six compagnies de construction navale, comme aussi 300.000 actions de la *Bethlehem Steel Company* (que Schwab contrôlait). Young se déclara prêt à livrer ces actions moyennant 19.998.500 dollars d'actions de préférence et 24.998.500 dollars d'actions ordinaires de la nouvelle société, et aussi moyennant 26 millions de dollars d'obligations. D'ailleurs, la nouvelle société devait assurer à la *Bethlehem Steel Company* 3 dollars de dividende annuel par action, c'est-à-dire annuellement 900.000 dollars.

Cette offre fut immédiatement acceptée et la nouvelle société éleva son capital-actions de 3.000 dollars à la bagatelle de 70.997.000 dollars, et le nombre des actions, de 30 qu'il était, s'éleva à 450.000. De faux comptes rendus furent dressés concernant l'actif et les recettes des sociétés particulières, les vérificateurs évaluèrent le montant des constructions à 20 millions de dollars ; il n'était, en réalité, que de 12,5 millions de dollars, mais il fut émis sur ces constructions des titres pour 71 millions de dollars. Sur les actions émises au-dessus de la valeur de l'apport, Schwab reçut 20 millions de dollars représentant ses bénéfices de fondateur. Sur le reste, 1,5 millions de dollars furent restitués à la société et leur valeur servit comme capital d'exploitation de la société. Maintenant il s'agissait de mettre ces actions en circulation ; et, à cet effet, de faux comptes rendus furent encore faits, et la Bourse de New-York accepta immédiatement l'inscription à la cote pour le 14 janvier 1904. Cinq mois plus tard, la société était en état de cessation de paiement. On s'aperçut alors que Schwab avait imposé toutes les charges à la nouvelle société en faveur de sa *Bethlehem Steel Company*. Tandis que les autres sociétés étaient vendues *entièrement* à la Compagnie de construction navale, Schwab n'avait vendu que la majorité de ses actions de la *Bethlehem Steel Company*, et il avait fait de telle sorte qu'il se couvrait en même temps au moyen d'obligations ; mais il possédait, du même coup, le contrôle sur la nouvelle société. Il avait 20 millions d'actions et 10 millions d'obligations lui donnant droit de vote, sur un capital général de vote de 55 millions de dollars. Il avait, en outre, de la part de la Société de constructions navales, une garantie de dividende qui était, à proprement parler, sans valeur, puisque la *Bethlehem Steel Company* la possédait déjà. Mais, en fait, celle-ci possédait la Société de constructions navales. D'ailleurs la *Steel Company* recevait toutes les commandes de la Société de constructions navales. Lorsque Schwab, grâce aux actions, eut en poche l'argent du public, il put donc faire tomber la Société de constructions navales. Schwab l'y força tout simplement par cela même que la Bethlehem Steel Company ne voulut déclarer aucun dividende, et qu'elle employa toutes ses recettes à étendre ses constructions et à acheter de la matière première. Les directeurs de la Société de constructions navales n'étaient pas en état de déterminer la Steel Company à verser un dividende, et, de plus, elle n'avait pas les moyens de s'acquitter de l'obligation de payer des intérêts. Elle tomba donc et le public avait perdu le capital qu'il avait versé. Mais de ses décombres Schwab créa une nouvelle société au capital de 49,5 millions de dollars, société avec laquelle il pourra continuer ses transactions de titres aussi longtemps qu'il trouvera des gens pour acheter les actions de ses entreprises. D'ailleurs, Schwab n'a pas seulement, dès les premiers débuts, trompé le public, mais il a trompé encore la Société de constructions navales par cela même qu'en même temps qu'il vendait ses actions de la *Bethlehem Steel Company* à la *Société de constructions navales*, il chargeait la première d'un emprunt en obligations de 10 millions de dollars. Cependant personne n'a jamais entendu parler de poursuites civiles ou criminelles. Bien plus, Schwab n'a par là rien perdu de l'estime publique, quoiqu'il n'ait pas peut-être facilement ses entrées dans les cercles les plus exclusifs de New-York. Dans le public, il brille encore comme l'homme qui a un traitement d'un million de dollars dans le trust de l'acier, *le plus gros salaire du monde*, et lorsque, pendant le séjour que je fis à San Francisco, il fit là une conférence, il fut très acclamé, parce qu'il avait décidé de ne pas conclure pendant la crise l'Union des ouvrages en fer (*Union Iròn Works*).

Malgré l'énorme surcapitalisation et le charlatanisme évident que l'on pouvait constater dans un grand nombre de fondations de trusts, le public se précipitait au commencement avec un aveugle empressement sur tous les papiers des trusts et il les prenait avec un agio très élevé. Cest ainsi que prit naissance une spéculation extraordinaire sur les valeurs des trusts, qui atteignirent leur point culminant de 1899 à 1903 et provoquèrent toujours de nouvelles fondations. Des amalgamations d'entreprises ne se produisirent bientôt plus avec des buts économiques : économie des frais de production, obtention éventuelle d'une situation de monopole ; mais elles eurent lieu avec des *buts de spéculation*. Très souvent, ces fusions et ces fondations de trusts ne se sont produites que pour introduire de nouvelles valeurs à la bourse et pour réaliser des bénéfices sur cette fondation et sur ces nouveaux papiers. Les petits capitalistes par lesquels on faisait prendre toutes les actions étaient, bien entendu, finalement les souffre-douleurs, lorsque, dans la crise, ces amalgamations se montraient surcapitalisées, tandis que les fondateurs savaient se retirer en temps opportun.

Il faut peut-être considérer que les conditions financières de ces grandes fusions et des trusts ne peuvent pas être aperçues par ceux qui se tiennent en dehors et que les meneurs de ces opérations peuvent se comporter d'une manière tout à fait arbitraire dans la publication du bilan et de l'évaluation du fonds. La plupart des associations qui entrent dans ces trusts résultent déjà elles-mêmes de la réunion d'autres associations et elles ont en leur possession des actions d'autres entreprises. Elles sont donc toutes unies dans le trust en une Société par actions, et respectivement le trust détient de nouveau comme *holding Company* toutes les actions des diverses entreprises. C'est ainsi que prend naissance un roi des rats (*Rattenkönig*) des participations réciproques et, en particulier, les rapports entre sociétés mère, fille et petite-fille. Au moyen des placements de participation entre ces mêmes associations, au moyen de ventes de l'une de ces sociétés particulières à une autre, de virements dans les bilans des sociétés particulières, il est, d'un côté, possible de modifier arbitrairement les revenus et d'obtenir des bénéfices fictifs, tandis que, d'un autre côté, les bilans peuvent, de cette façon, comme aussi par des échanges d'actions, par forme de comptabilité et autres choses analogues, être à tel point obscurcis que personne ne pourra du dehors apercevoir la situation réelle du trust. Tous ces moyens ont d'ailleurs été mis en pratique par les directeurs de trusts qui avaient un intérêt à ce que les actions des entreprises éprouvassent de fortes oscillations dans leurs cours.

Cependant, ces dangers du système de l'embrouillement (*Schachtelsystem*) ne se rencontrent pas seulement dans les trusts américains, mais aussi chez nous dans une large mesure. Les faits d'escroquerie qui conduisirent au fameux krach de Treber, à la chute de plusieurs banques hypothécaires et sociétés électriques, ne furent possibles qu'à la suite de l'existence de ces associations filles et petites-filles entre lesquelles des dettes et des créances fictives, comme aussi des biens et des articles de bilan, étaient çà et là introduits arbitrairement par les directeurs de la société principale. Sur ce point, la législation relative aux actions paraît être insuffisante, non seulement en Amérique, mais encore chez nous.

Les inconvénients financiers qui, en Amérique, sont inséparables de la fondation des grandes entreprises, sont aussi le plus grave défaut de ces entreprises et la principale cause pour laquelle le grand public, dès qu'il a fait quelques expériences, leur est maintenant devenu si hostile. Il y a dans la spéculation de bourse relative à la valeur des trusts des pertes énormes souffertes, en même temps que les directeurs du trust, qui pouvaient prévoir toutes les transformations, les nouvelles émissions et les manœuvres de fondation, ont, de leur côté, gagné des sommes considérables dans la spéculation relative aux papiers du trust.

Tout ceci se trouve rattaché par le lien le plus étroit au fait qu'un nombre relativement restreint de grands capitalistes et de financiers s'est énormément enrichi par l'introduction de ces amalgamations, et qu'aujourd'hui, à la suite de ces mêmes amalgamations, ils ont la haute main sur une grande partie du capital de la nation. Ces capitalistes ont en premier lieu la haute main sur les grandes banques et sur les compagnies d'assurance, et, avec l'aide des masses de capital qui affluent vers celles-ci, ils gouvernent avec un capital à eux relativement faible, et, par suite, avec un faible risque, toute une branche d'entreprise qu'ils font servir à leurs intérêts. On ne saurait trop répéter, qu'en utilisant tous moyens d'action du crédit et des titres commerciaux modernes (Substitution de crédit et de titres), au moyen de banques, de compagnies de trust, de compagnies d'assurances, de sociétés de contrôle et autres choses analogues, il devient possible à ces financiers de disposer d'un capital deux cents fois supérieur à celui qu'ils possèdent. C'est ainsi, par exemple, que presque toutes les voies ferrées importantes des Etats-Unis, avec une longueur d'environ 300.000 milles, se trouvent entre les mains d'un petit nombre de « groupes », à la tête desquels se trouve habituellement un seul grand capitaliste, comme W.-K. Wanderbilt, G.-J. Gould, E.-H. Harriman, P. Morgan, J.-Hill, W. H. Moorie, etc. E.-H. Harriman, mort en 1909, qui était bien le plus grand *magnat* des chemins de fer qu'aient jamais eu les Etats-Unis exerçait, par exemple, une influence sur les voies ferrées d'un plus grand nombre de milles qu'il n'en existe dans l'ensemble du réseau de l'Empire allemand. Il a été établi par une statistique gouvernementale que 93 capitalistes, s'ils agissent de concert, ont la haute main sur 75 0/0 de l'ensemble des lignes du pays, sur 81 0/0 des bénéfices bruts, sur 82 0/0 de la propriété des lignes, c'est-à-dire sur des valeurs de 10 milliards de dollars et sur plus de 87 0/0 des transports. Mais ces gens sont toujours ceux qui gouvernent aussi les autres branches d'entreprise.

Si une puissance aussi formidable d'un petit nombre de grands capitalistes s'est offerte aux trusts proprement dits, il ne saurait non plus être mis en doute que, grâce aux grandes amalgamations et, en particulier, grâce au système des associations de contrôle, la souveraineté sur des branches entières d'entreprise se trouve facilitée et réalisable avec un capital personnel relativement peu considérable. Et il ne saurait non plus être mis en doute qu'avec le développement de ces organisations dans l'économie nationale américaine, l'opposition entre quelques personnes très riches et la grande masse de toutes les autres s'est encore accrue. L'accumulation d'une notable partie de la puissance capitaliste de l'ensemble du pays se trouve entre un petit nombre de mains, et, en particulier, le fait de pouvoir, en Amérique, tout obtenir pour de l'argent, constitue, pour l'Etat et pour les conditions sociales, un des plus grands dangers de la formation des trusts. Les idées démocratiques des américains, sont, en ce qui touche le problème des trusts, placées en présence d'un difficile dilemme. Les idées profondément enracinées de la liberté de la personne humaine, idées d'après lesquelles il n'est pas permis d'imposer aux individus des restrictions dans la manifestation de leur activité industrielle, le sentiment de respect avec lequel l'Américain considère ses rois du dollar et l'indulgence avec laquelle il ferme les yeux sur l'emploi de moyens douteux en matière d'industrie, ont jusqu'ici empêché, de faire quelque chose pour protéger la masse de la population et dans l'intérêt d'une meilleure distribution du revenu national.

Mais, d'un autre côté, dans une grande portion du peuple, la crainte augmente de jour en jour qu'il ne survienne une aristocratie de la finance, et qu'un petit nombre de riches capitalistes n'arrivent à dominer. Toute la question de la « lutte contre les trusts » aboutit donc en définitive à une *meilleure distribution du revenu* ; on veut empêcher que quelques-uns, grâce à leur pouvoir sur le capital mobilier, ne s'enrichissent d'une manière exagérée au détriment de la communauté. Il est clair que ce grand problème est très difficile à résoudre et ne saurait être résolu tout d'un coup. Les circonstances actuelles, en effet, sont en étroite corrélation avec le rapide développement industriel de l'Amérique et avec la liberté que l'on doit laisser à chacun dans la vie industrielle pour rendre possible ce rapide développement. Mais, même s'il s'agit d'atteindre un but beaucoup plus modeste, c'est-à-dire s'il s'agit d'empêcher de quelque façon tout au moins les plus criants abus qui se produisent dans la fondation et l'administration des grandes entreprises et dans l'exploitation des petits capitalistes et des actionnaires, ce qui a été fait est encore trop peu. Il apparaît assez clairement par là que ces grands capitalistes ont en main la puissance politique dans les Etats particuliers et qu'ils peuvent influencer la législation à leur profit. Ce qui fait que l'on n'en est pas encore venu à une intervention fédérale énergique, c'est que les Etats particuliers veillent jalousement sur leur indépendance, et que sous l'influence encore des intéressés, ils empêchent une extension de la Confédération en ce qui regarde la réglementation des grandes entreprises. C'est pour cela que les diverses lois relatives aux trusts n'ont été le plus souvent qu'un coup d'épée dans l'eau et n'ont pu attaquer le mal dans sa racine. Des décisions judiciaires occasionnellement rendues contre les trusts, décisions qui ont été le résultat de la pression exercée par l'opinion publique (par exemple, l'amende de 29 millions de dollars pour la *Standard Oil Company*) sont venues échouer contre la législation des Etats particuliers et contre l'influence que les membres dés trusts exercent sur cette législation. La tâche la plus urgente en ce qui regarde la réglementation des trusts, c'est, en Amérique, une amélioration du droit des entreprises commerciales, peut-être sur le modèle du droit allemand relatif aux émissions et aux actions. Par ce moyen, on devrait pouvoir avant tout se prémunir le plus possible contre les abus qui se produisent dans la fondation et dans l'administration des grandes entreprises. Celles-ci devraient être soumises à une surveillance rigoureuse au moyen de la publicité et de la part de l'Etat, afin que les intérêts de la communauté y soient sauvegardés mieux qu'ils ne l'ont été jusqu'ici. Des entreprises qui embrassent toute une industrie et qui se composent d'un grand nombre d'entreprises différentes perdent en réalité toujours de plus en plus le caractère des économies privées et prennent celui des économies publiques. A la suite de cela la communauté doit pouvoir, d'une manière entièrement différente de celle qui a existé jusqu'ici, jeter un regard dans ces économies et y faire respecter ses intérêts.

Sans doute, une partie de ce programme n'est réalisable que le jour où la corruption encore aujourd'hui si généralement répandue aux Etats-Unis dans la politique et dans la vie économique sera réprimée plus énergiquement. C'est dans cette direction que travaillent ardemment les meilleurs éléments de la population américaine, et il n'est pas douteux qu'ils réussiront un jour à solutionner le grand problème de la réglementation des trusts et de l'exploitation des petits capitalistes par les grands.

CHAPITRE V

LE PROGRÈS DE L'ORGANISATION DE L'ÉCONOMIE NATIONALE SOUS L'INFLUENCE DES CARTELLS ET DES TRUSTS

En considérant le développement des trusts américains tel que nous l'avons décrit dans le chapitre précédent, et qui, comme nous l'avons montré, dépasse sous bien des rapports celui des cartells allemands, on a souvent émis l'opinion que, d'une manière générale, les cartells représentent un degré inférieur de développement et que nous devrions pour des motifs de concurrence internationale introduire chez nous le plus tôt possible les trusts américains. D'autres prétendent, au contraire, qu'en Allemagne, nous sommes déjà en pleine époque des trusts. En tous cas, la plupart admettent comme absolument indiscutable que le *développement vers le trust*, c'est-à-dire vers la domination de toute l'économie nationale par un petit nombre de grandes entreprises et de capitalistes, est absolument imminent et ils voient en cela le dernier degré de la marche *capitaliste*, l'accomplissement des prophéties économiques du socialisme.

Il est clair que cette divergence des opinions sur l'existence actuelle des trusts en Allemagne a principalement son point de départ dans l'incertitude qui règne au sujet de cette notion, et dans ce qu'il y a de vague dans cette expression d'après laquelle chaque grande entreprise peut être désignée sous le nom de trust. Mais il faut faire aussi la part d'une certaine ignorance des tendances qui, en réalité, existent en Allemagne, et l'éloge que l'on fait des trusts américains, comme aussi l'emploi favori de ce terme étranger, ont leur origine dans cette habitude allemande bien connue qui consiste à regarder avec étonnement ce qui se passe à l'étranger et à négliger de considérer nos propres conditions (1). Si l'on veut se faire une opinion au sujet de l'organisation économique des deux pays industriels les plus avancés, il faut considérer l'*ensemble des phénomènes de développement* qui semblent dans ces pays faire progresser l'économie nationale actuelle. C'est. en ce qui concerne l'Allemagne, ce que nous allons examiner ici avec toute la brièveté nécessaire.

Tout d'abord, en ce qui touche les cartells, il faut faire attention que, dans la plupart des industries, ils se trouvent encore à la période de début de leur développement. La grande majorité des cartells qui existent en Allemagne ne s'est pas encore aujourd'hui élevée au-dessus des simples *conventions de prix*, qui restent debout aussi longtemps que la demande se maintient, mais qui disparaissent dès que celle-ci descend au-dessous de la production. La plupart du temps cela s'accomplit de la façon suivante, dont l'industrie chimique, notamment, nous offre des exemples : les producteurs d'un article se constituent en cartell et élèvent les prix ; d'autres fabriques entreprennent alors cette production devenue rémunéra-

(1) C'est absolument la même faute que l'on commet lorsque, à l'occasion des nouvelles organisations de l'industrie allemande, on parle d'*américanisation*.

trice. La surproduction en est la conséquence. Les entrepreneurs constitués en cartell ne peuvent plus trouver de débouché au prix établi par convention. Il arrive alors ou que l'association se dissout, ce qui est souvent occasionné par le fait qu'un des co-contractants rompt le contrat et vend également à meilleur marché, ou bien encore il arrive que les entrepreneurs constitués en cartell abaissent tout d'un coup considérablement les prix pour obtenir l'adhésion des autres, si cela ne réussit pas et si la limitation de production qui est devenue nécessaire n'a l'assentiment de personne, il en résulte une dissolution de la convention et la concurrence reparaît. Quelques fabriques suspendent la production de l'article devenu onéreux, les autres, concluent une nouvelle convention, elles élèvent les prix et tout est à recommencer.

Ne sont pas davantage appropriés à une réglementation de l'industrie, ces cartells qui aux époques de dépression se fondent en vue d'une *limitation de la production*. Ce qui est beaucoup plus nécessaire pour une telle réglementation et pour l'introduction d'une certaine uniformité, c'est une action à la fois sur la production et sur les prix. Mais une semblable action est surtout exercée dans les *cartells à organisation permanente*. On peut aujourd'hui considérer comme un fait avéré que, dans tous les cas, pour les grandes industries qui produisent par grandes masses, une réglementation efficace n'est possible qu'au moyen d'un syndicat constitué, qui dirige lui-même la vente en son propre nom et aux ventes duquel les membres sont intéressés dans une mesure déterminée.

Mais la tendance à la consolidation du cartell en vue de la création d'associations constituées, conclues pour une longue durée n'est elle-même pas contestable. De plus en plus, des industries sortent de la courte période des libres conventions de prix et de production et elles essaient de former des syndicats à organisation durable. Bien entendu, ici non plus, on ne réussit pas toujours complètement à trouver la forme d'organisation la plus opportune et les syndicats du fer brut, comme les cartells du ciment, montrent que souvent des erreurs d'organisation leur sont fatales et peuvent avoir dans la suite des conséquences économiques graves. Il ne faut pas admettre non plus que toutes les industries auront bientôt trouvé la forme de cartell qui leur est le mieux appropriée ; mais elles apprendront mutuellement à profiter de l'expérience des autres, et il existe en Allemagne tout un groupe d'hommes qui, comme fondateurs de cartells, connaissent parfaitement les diverses organisations des cartells et leurs avantages.

Ce développement des cartells sous une direction prévoyante a une grande importance économique. Eux seuls peuvent introduire une plus grande uniformité dans la vie économique. Que les prix ne tombent pas tout d'un coup du maximum amené par une période d'activité au prix minimum de la période de crise, comme cela a coutume de se produire sous le régime de la libre concurrence, c'est ce qui offre une grande utilité à la fois pour l'acheteur lui-même et pour l'économie nationale tout entière. Les acheteurs peuvent faire leurs calculs avec plus de certitude et ils courent un moindre risque ; ils sont aussi tous placés sur le même pied, tandis que sous le régime de la libre concurrence, celui-ci a à compter avec tels prix d'achat et celui-là avec tels autres, et lorsqu'il survient une soudaine dépréciation dans la la valeur des matières premières déjà achetées et des marchandises, tous les producteurs et tous les marchands éprouvent de lourdes pertes. Que les cartells constitués n'abandonnent pas, après l'apparition de la crise, la réglementation des prix, comme cela se produit ordinairement dans les libres conventions, qui à ce moment ne manquent pas de se dissoudre, c'est ce qui est aussi d'une grande importance au point de vue de l'économie nationale.

Cependant on ne saurait admettre que les cartells puissent réussir à atteindre seuls le but économique dernier qu'ils se proposent d'atteindre et qui est de supprimer autant que possible les oscillations commerciales. Ce but n'est pas atteint, non plus, par les *contrats* entre les diverses entreprises ; ce qu'il faudrait ici, c'est surtout une transformation de toute l'économie nationale actuelle. Mais l'organisation des entreprises elle-même devra aussi subir toute une transformation. Les cartells, comme tels, ne portent pas atteinte, certes, à l'organisation des économies particulières : ils ne sont avant tout qu'une entente entre ces économies. Nous voyons qu'à ce point de vue, le trust, qui n'est déjà que l'assemblage de toutes les usines en une seule entreprise, est de beaucoup supérieur au cartell. Il est donc d'une grande importance pour l'économie nationale allemande, dans laquelle les trusts proprement dits se sont développés jusqu'ici en nombre insignifiant, que la transformation nécessaire de l'entreprise particulière paraisse se développer *parallèlement aux cartells* et en partie sous leur influence. Nous avons déjà appris à connaître le développement des grandes usines mixtes de l'industrie du fer qui embrassent les divers stades de la production, ainsi que la situation défavorable qu'ont en face d'elles les usines simples. Cette situation défavorable est, comme nous l'avons dit, encore aggravée par les cartells de matière première auxquels se rattachent des usines mixtes et quelques simples producteurs de matière première. Mais cette opposition entre les usines simples (*reine Werke*) et les usines mixtes (*gemischte Werke*) dépasse le problème du cartell. C'est une opposition entre d'anciennes et de nouvelles formes plus avancées d'exploitation. La supériorité technique de production des usines mixtes, qui peuvent fabriquer tous leurs produits laminés en un seul feu et qui utilisent pour leurs machines les gaz des hauts fourneaux, est incontestable (1). Ces avantages de la combinaison apparaissent encore jusque dans les derniers degrés de l'affinage, comme, par exemple, pour les chantiers de construction, qui n'ont pas de hauts fourneaux à eux et qui ont des aciéries et des mines et qui, à la suite de la concurrence des grandes usines, reculent de plus en plus au second rang. L'opposition entre les usines simples et les usines mixtes s'étend donc aussi aujourd'hui à ces cas où, comme, par exemple, dans la construction des ponts, grâce à la collaboration du travail hautement qualifié de l'architecte et du constructeur, des objets de la fabrication en masse sont élevés au degré de biens de consommation de la plus haute valeur.

(1) Tout récemment, pendant la période de dépression de 1908, on a pu voir cependant que l'emploi des gaz des hauts fourneaux et des gaz qui prennent naissance dans la préparation du coke, n'est pas toujours avantageux. Car les entreprises en question ne pouvaient pas limiter leur production de matière première et de coke, parce que, sans cela, elles n'auraient pas pu continuer leur production et, par suite, n'auraient pas pu exploiter la mine. Ces entreprises sont donc tout particulièrement désignées pour une exploitation continue.

A cela se lie étroitement un déplacement des meilleures places industrielles. A la suite de l'utilisation des gaz des hauts-fourneaux, et depuis que le minerai de fer étranger gagne tous les jours en importance, les usines simples de laminage, par exemple dans le Siegerland, sont devenues, à raison des conditions de transport, de moins en moins capables de soutenir la concurrence. Cependant elles ne sont pas complètement anéanties. Il s'opère aujourd'hui, surtout dans l'industrie du fer très développée, c'est-à-dire dans la grande exploitation, le même développement qui s'opérait autrefois entre l'exploitation de fabrique et l'industrie familiale, où la première aussi n'étouffa pas entièrement la dernière. Si l'exploitation de fabrique conserva l'industrie familiale pour l'attirer à elle comme réserve aux époques de forte demande, quitte à la laisser tranquille dans les périodes de crise, les usines mixtes en usent aujourd'hui de la même façon avec les usines simples. Celles-ci représentent dans l'industrie du fer un *élément élastique* en présence des oscillations commerciales. Toute l'organisation des usines mixtes demande une constante exploitation en masse. Aux époques de grande activité, elles abandonnent en partie le *finissage* aux usines simples, qui cherchent aussi à faire des bénéfices aux époques de forte demande, mais qui, pendant les périodes de crise, cherchent à finir les produits demi-ouvrés dont elles ne peuvent pas suspendre la production à cause de la continuité de leur exploitation, ou qui les exportent à n'importe quel prix. Dans ces deux derniers cas, soit qu'ils exportent ou qu'ils finissent, les simples manufacturiers souffrent.

Il faut aussi ajouter que, dans ces circonstances, la combinaison, l'enchaînement de stades manufacturiers peut aller *trop loin* ; que les usines mixtes peuvent s'approprier des stades de production pour lesquels elles ne sont point faites. C'est ainsi notamment que là où des cartells existent pour ces produits manufacturés, il y a grand danger que la combinaison aille trop loin et conduise finalement à la dissolution des groupes intéressés. Le champ d'action des usines mixtes et de la combinaison finit, en général, là où la production en masse de quelques qualités et de quelques types uniformes n'est plus possible. Là où cette production cesse commence donc le domaine de l'usine simple ; c'est ce domaine que l'on a appelé la *spécialisation*. Là où il n'est demandé que quelques tonnes d'un type déterminé et anormal, la grande usine ne peut plus utilement employer ses machines. Là doit apparaître une usine spéciale avec ses propres machines. C'est pourquoi lorsque dans un travail de finissage on emploie des ouvriers particulièrement qualifiés, par exemple, pour les tôles minces (*Feinblechen*), la combinaison n'a aucun avantage économique. Des usines spéciales peuvent exister aussi dans des contrées plus éloignées, où elles peuvent conserver plus facilement une souche d'ouvriers surs et établis à demeure, que cela n'est possible aux usines de matière première dans les centres industriels avec leurs équipes d'ouvriers toujours en fluctuation. C'est pourquoi aussi tout récemment, de simples usines de laminage bien appropriées se sont rattachées à des forges.

Quoi qu'il en soit, la spécialisation est un moyen grâce auquel plusieurs usines simples, toutes les fois qu'elles se trouvent dans une localité favorable, peuvent se maintenir et trouver encore à exercer une activité très rémunératrice. Il est véritablement nécessaire aussi d'exiger en conséquence des prix plus élevés pour ces spécialités. Si souvent tel n'est pas le cas aux époques défavorables, c'est autant à cause de la concurrence des usines simples qu'à cause de celle des usines mixtes. Mais, bien entendu, il est plus difficile de créer des cartells pour des produits spéciaux de cette nature et cela ne sera possible que si par une méthode de sélection l'on écarte parmi les usines simples celles qui sont incapables de vivre.

Mais l'existence des cartells est, comme nous l'avons déjà dit, d'une importance secondaire dans tout ce développement. Le lien qui relie entre eux les hauts fourneaux et les aciéries se serait formé même en dehors de toute raison technique. La tendance à la liaison des mines de houille a été certainement sensiblement fortifiée par le syndicat de la houille, aussi l'adoption des nouveaux stades de production dans le travail des usines mixtes a-t-elle été probablement amenée par les cartells de matière première et de produits demi-ouvrés, de telle sorte que les grandes usines pour lesquelles une production régulière est une condition vitale repoussaient de plus en plus vers la manufacture la fixation de contingent et la limitation de vente. Mais, en général, dans l'industrie du fer, le développement vers la combinaison et vers la plus grande exploitation a sa base dans des conditions techniques et économiques, et ce développement s'y serait accompli même sans les cartells. Sous le régime de la libre concurrence, l'étouffement progressif et la situation défavorable des usines simples leur serait sans doute apparu comme quelque chose d'inéluctable, elles n'auraient pu en rendre responsable aucun phénomène économique. Mais, dans les syndicats de matière première, elles avaient un objet concret sur le compte duquel elles pouvaient mettre en commun leur situation défavorable, et c'est ainsi que les cartells furent rendus responsables d'un développement qui aurait également fait son apparition sous le régime de la libre concurrence. En fait, c'est surtout pendant les périodes de crise que s'exerce avec le plus d'acharnement la concurrence qui conduit *aussi bien* à l'envahissement des grandes usines *qu'aux* cartells. Des entreprises en combinaison et des cartells ne sont donc guère entre eux dans un rapport de cause à effet, mais les unes et les autres sont la conséquence des fluctuations commerciales ; les unes et les autres aussi sont un moyen de rendre ces fluctuations le moins sensibles possibles pour les entreprises isolées.

Par la création de grandes entreprises combinées se trouvent donc rendus illusoires les bons effets des cartells de matière première, à savoir que tous les acheteurs sont placés sur le même pied et que, par suite, une plus grande uniformité dans les frais de production et des conditions plus stables se trouvent assurées (1). Mais, malgré cela, au point de vue général économique, ce développement, dès que les difficultés inhérentes à la période transitoire ont été surmontées, doit être regardé comme un avantage. En effet, pourvu que les grandes usines soient constituées en cartell les unes avec les autres pour leurs différents produits, elles peuvent mieux se rendre compte de l'ensemble du marché que s'il s'agissait d'un produit spécial ; elles peuvent, élever la production des articles qui pour le moment sont de vente courante, mais qui sont en retard sur la production d'autres articles ;

(1) Cpr. mon article : *Krisen und Kartell*, dans *Jahrbuch* de Schmoller, 1902, pp. 661 et ss.

elles peuvent, au contraire, prendre en main la production de ces derniers d'une façon toute différente de celle qui serait possible aux usines simples, aux exploitations spécialisées. Mais surtout, au moyen des combinaisons, on évite le danger que la formation du cartell ne se fige dans la protection des faibles et n'entrave le progrès technique et économique. Pendant que les cartells de matière première poussent les manufacturiers vers les combinaisons, il se produit au contraire une conformation aussi appropriée que possible des méthodes de production et, par cela même, notre capacité de concurrence vis-à-vis de l'étranger, s'en trouve augmentée.

La *formation du cartell* elle-même atteint un niveau plus élevé au moyen des entreprises en combinaison, puisque ces entreprises ont pour effet qu'à la place des cartells spéciaux se forment des *cartells de groupes* de produits ou cartells généraux (quel que soit le nom qu'on leur donne) pour l'ensemble des produits fabriqués dans les usines combinées de ces entreprises. C'est ainsi que dans l'industrie du fer on a vu les grandes usines, lorsqu'elles sont soumises à des limitations de production pendant les crises qui ont sévi sur les produits cartellisés, se jeter, pour s'occuper, sur la production d'articles non cartellisés, ou sur d'autres articles analogues, aux cartells desquels elles n'appartenaient pas. A la suite de cela, le principe de la combinaison fut bien souvent exagéré et on ne parvint pas à adapter au marché l'ensemble de la production. A cela il ne pouvait y avoir qu'un remède, puisque l'ensemble des produits en question était réuni dans un cartell et qu'une quotité de vente était assignée à chaque usine (1). Appliquer ce remède est le

(1) Cpr. sur ce point sur les entreprises en combinaison dans

but que s'est proposé le grand *syndicat des aciéries*, la plus étendue des organisations créées en Allemagne dans le domaine du cartell. Mais, jusqu'ici, elle n'a que partiellement atteint ce but.

La tendance vers la formation de grandes entreprises en combinaison réagit aussi sur les *cartells de matière première*. Lorsque le vieux syndicat de la houille, après avoir existé dix ans, cessa, en 1903, un renouvellement et une nouvelle organisation offrirent des difficultés notamment en ce qu'on ne parvenait pas à incorporer un certain nombre des mines-usines (*Hüttenzechen*) dans le syndicat. Et cela était nécessaire parce que ces mines-usines, surtout aux époques de dépression, apportaient sur le marché de grandes quantités de houille et rendaient plus difficiles pour le syndicat des houilles la domination et la réglementation de ce marché. Tout ce qu'on put faire, ce fut d'amener les mines-usines à une adhésion en leur attribuant une participation très élevée, ou en leur abandonnant généreusement l'usage personnel des forges dépendant de l'entreprise et en les obligeant simplement à vendre par l'intermédiaire du syndicat les excédents de houille. Mais à la suite de cela, la situation des mines-usines dans le syndicat fut beaucoup plus libre que celle des autres, c'est-à dire des simples mines de houille. Tandis que celles-ci, à la suite de l'extraordinaire extension de la production, devaient travailler en restant soumises à de sévères restrictions, les mines-usines pouvaient par l'accroissement de leur production de fer se procurer un utile emploi des plus grandes quantités de houille. Par suite, les usines du fer n'avaient plus

l'industrie du fer en général le travail déjà mentionné de Heymann.

maintenant simplement intérêt à se rattacher des mines-usines pour se rendre indépendantes du syndicat ; mais les grandes associations charbonnières cherchaient, pour mieux tirer parti de leur charbon, à s'annexer des usines du fer. On appelle mines-usines (*Hüttenzechen*) les mines annexées à de grandes aciéries, et c'est ainsi que l'on parle ici de *mines-usines*. On comprend ainsi que la plus grande société allemande des mines de houille, la société minière de Gelsenkirch (*Gelsenkirchener Bergwerksgesellschaft*) se soit annexée deux grandes usines du fer : la *Aachener Hüttenverein Rote Erde* et la *Schalker Gruben-und Hüttenverein*, qui sont également toutes les deux des usines combinées et dont la dernière, il y a quelques années, acquit une grande mine (*Pluto*), tandis que la première s'occupe de l'exploitation de mines lui appartenant. Pour acquérir ces deux mines, qui étaient parmi les plus lucratives de l'Allemagne, et dont les actions, même dans les dernières années de crise, ne donnèrent pas un dividende de moins de 20 0/0, mais ont déjà payé jusqu'à 75 0/0, la Gelsenkirchener Bergwerksgesellschaft a porté son capital de 69 à 119 millions de marks.

Ces avantages de l'annexion d'usines du fer et de l'acier à de grosses mines-usines n'auront pas, à vrai dire, une grande importance pratique après la cessation du syndicat actuel des houilles, en 1915. Jusqu'ici, en effet, les mines de houille simples, avec tout leur progrès, et les mines-usines, avec leur production qui dépasse leurs propres besoins, sont rattachées au syndicat de la houille et ne peuvent pas s'en affranchir au moyen d'une amalgamation avec d'autres. Mais, dans la *Gelsenkirchener Gesellschaft*, on voulait se prémunir pour le cas de dissolution du syndicat de la houille. En effet, avec la position assurée des mines-usines rattachées aux usines du fer, il paraît extrêmement problématique que ces mêmes mines-usines acceptent encore de se constituer en cartell avec les simples mines de houille et de laisser porter atteinte à leur libre quantum de houille. La circonstance que chaque constitution en cartell des industries de matière première pousse les fabricants de produits finis à s'annexer des exploitations productrices de matière première, peut donc être considérée, dans la vie économique, comme un acte de défense personnelle pour affronter les dangers inséparables d'une monopolisation quelconque de matières premières susceptibles de s'accroître. Grâce à l'annexion de mines de houille à des forges (*Hüttenwerke*), une opposition d'intérêts existe dans le syndicat de la houille, opposition qui est aujourd'hui si grande que le renouvellement du syndicat de la houille à l'expiration du contrat actuel paraît problématique aux personnalités qui sont placées à la tête de la *Gelsenkirchener Bergwerksgesellschaft.*

Sans doute, on ne saurait méconnaître que ce souci de l'avenir, l'attente d'un non renouvellement des grands cartells de la houille et du fer à cause de la trop grande divergence d'intérêts qui existe entre les usines pures et les usines combinées, c'est-à-dire à cause des intérêts trop peu importants de ces dernières au maintien des syndicats, comme aussi la politique des grandes entreprises qui en découle, peuvent aussi comporter des dangers sérieux. Elle paraît même conduire à une extension excessive des grandes entreprises combinées qui, d'un côté, veulent s'assurer par des accroissements considérables des droits à des participations plus grandes dans le renouvellement des syndicats et, d'un autre côté, une situation aussi forte que possible dans la concurrence qui pourrait éclater. La *Gelsen-*

kirchener Gesellschaft, qui n'était qu'une simple mine-usine, a, en 1908, rassemblé plus de 60 millions de marks de capital nouveau, principalement pour le développement de ses aciéries dont elle a pensé à élever la production jusqu'en 1912, année de la fin du syndicat de l'acier, au double du chiffre de participation qu'elle avait atteint jusqu'ici, c'est-à-dire à plus d'un million de tonnes. Comme, en même temps, la plupart des autres grandes aciéries déjà, d'un côté, se sont proposé de grandes augmentations, et que, d'un autre côté, elles sont sur le point de les réaliser, il en résulte le danger d'une surproduction et, par suite, une nouvelle difficulté pour l'existence des cartells, ou, plutôt encore la possibilité d'une nouvelle concurrence entre les grandes entreprises, du moins dans certaines branches de l'industrie minière.

Ainsi se vérifie donc ici le vieil adage, d'après lequel un principe économique poussé à l'extrême se change en son contraire. La constitution des cartells dans l'industrie minière, par cela même qu'elle provoque des combinaisons, porte en soi le germe d'une nouvelle concurrence ; elle engendre un correctif qui empêchera la création d'un nouvel état de monopole tel que l'attend le socialisme.

« Il est possible, — écrivais-je dans la première édition en examinant ces conditions — il est possible que, même dans d'autres industries l'opposition entre des usines combinées et des usines non combinées représente un certain correctif en présence de la grande capacité de constitution en cartell de l'industrie de matière première ; » et cela s'est vérifié dans la suite. Dans l'industrie de la potasse, nous voyons de nouveau ce phénomène, de même que dans l'industrie de la houille et dans celle du fer. Le syndicat de la potasse (*Kalisyndikat*) était, vers le milieu de 1909, à la veille de son renouvellement. A cause de l'énorme augmentation du nombre des producteurs, augmentation avec laquelle n'a pu lutter l'extension de la vente, le renouvellement présenta des difficultés. Quelques-unes des anciennes entreprises, qui manufacturaient de diverses façons dans leurs propres fabriques de produits chimiques les produits des mines, se sentaient maintenant comme étant des usines combinées et elles désiraient libérer leur propre consommation des limitations imposées par le syndicat.

Nous voyons donc que le développement dans les cartells conduit lui-même de diverses façons à en sortir, et il en résulte que l'on ne peut pas simplement les comparer aux trusts américains, mais que l'on doit également considérer les autres phénomènes qui, en Allemagne, font leur apparition *autour des cartells* et qui, comme eux, sont destinés à compléter l'organisation économique. Ce n'est que partiellement que les phénomènes qu'il nous reste encore à examiner ont été favorisés par les cartells ; et ils ont eu, en partie, une origine indépendante des cartells. Toujours cependant se manifeste en eux, comme dans les cartells, la tendance au *groupement serré*, à la *suppression de l'isolement* des entreprises particulières, tendance qui pénètre toute l'économie nationale.

C'est pourquoi nous voyons des tendances analogues de développement apparaître aussi dans d'autres branches d'entreprises, où n'existe absolument aucun cartell et où ce moyen d'union, à cause de la nature de la branche d'entreprise, n'était pas applicable ou ne l'était qu'incomplètement. Ici donc, sous beaucoup de rapports, le groupement des entreprises, le développement vers les grandes exploitations se trouve être précisément un *équi-*

valent des cartells et des trusts. C'est de cela que nous allons parler maintenant.

Les moyens de créer comme *équivalent* des cartells,ou à côté d'eux,un étroit groupement de diverses entreprises sont de diverses sortes. La forme la moins rigoureuse consiste en ce que l'on a appelé les communautés d'intérêts (*Interessengemeinschaften*).Celles-ci ne sont,à proprement parler,autre chose qu'une entente sur des distributions de bénéfices entre, en général, un petit nombre d'entreprises. Des conventions de ce genre se sont déjà présentées occasionnellement à des époques antérieures ; mais dans ces derniers temps, elles sont devenues plus fréquentes.

Tel est le cas, par exemple, entre les grandes fabriques de produits chimiques : les fabriques de couleurs de Elberfed, la fabrique d'aniline et la fabrique de soude de Bade, la société anonyme pour la fabrication de l'aniline, qui répartissent les gains mis en commun de façon à ce que les deux premières reçoivent chacune 43 0/0 et les deux dernières ensemble 14 0/0 de ces bénéfices ; entre la Banque de Dresde (*Dresdener Bank*) et l'Union des Banques de Schaffhouse (*Schaffhausenscher Bankverein*); entre les deux grandes fabriques de voies de campagne et de voies minières, entre trois fabriques de grues (*Hebezeuge*).

Il existe aussi des communautés d'intérêts entre des associations de branches d'entreprise différentes, mais ayant entre elles certains rapports, comme entre la *Stettiner Schamottefabrik* et la fabrique de machines de Berlin-Anhalt (*Berlin-Anhalter Maschinenfabrik*) qui travaillent ensemble, surtout pour les établissements de gaz, et qui même possèdent une des fabriques déjà mentionnées d'appareils élévatoires (*Hebezeugfabrik*). Ces communautés d'intérêts paraissent, sous plusieurs rapports n'avoir pas parfaitement réussi, puisque, sans doute, une entreprise est indépendante des autres dans ses rendements mais que, cependant, en général, elle ne peut exercer aucune influence sur elles. Celle qui s'est formée entre les deux banques que nous avons nommées s'est pour diverses raisons dissoute au bout de trois années. Les deux fabriques de voies de campagne et de voies de mines ont récemment fusionné de nouveau, et dans les *Kranbauanstalten* on a essayé, au moyen d'une délégation réciproque de directeurs, d'introduire une grande uniformité dans l'administration.

C'est pourquoi on n'en est pas resté aux pures communautés d'intérêts. Le principe de celles-ci se trouve souvent fortifié, en dehors de l'action des communautés d'administration que nous avons mentionnées, par le fait que les diverses entreprises sont en même temps intéressées les unes aux autres au moyen des *actions qu'elles possèdent*. C'est ce qui existe, par exemple, pour les deux entreprises de construction d'usines à gaz, pour la deuxième grande communauté d'intérêts de l'industrie des produits chimiques, pour la communauté entre les usines de peinture de Hochst, la maison Cassella et Cie de Francfort et la société anonyme Kate et Cie de Biebrich.

Cette participation d'une entreprise à d'autres au moyen des valeurs commerciales (*Effekte*) qu'elle possède constitue la forme la plus fréquemment employée pour créer des rapports étroits entre plusieurs entreprises (1). On

(1) Sur les participations et sur leur emploi dans l'économie moderne, cpr. mon ouvrage récemment paru : *Beteiligungs- und Finanzierungsgesellschaften*, étude sur le capitalisme mo-

peut précisément soutenir qu'il y a, en Allemagne, de grandes entreprises qui ne possèdent pas de valeurs provenant d'autres entreprises. Mais il y a une foule d'entreprises de production pour lesquelles leur propre production a moins d'importance que leur participation à d'autres entreprises, comme — pour ne citer qu'un exemple — la Société anonyme Ludwig Löwe et Cie qui, dans son bilan, évalue à moins de 10 millions de marks l'ensemble de ses constructions, de son matériel et de ses produits fabriqués, contre des participations de plus de 13 millions de marks avec un capital-actions de 7,5 millions de marks et 10 millions de marks d'obligations. Les buts d'une semblable participation peuvent être très divers et se manifestent souvent par son étendue même. Si une entreprise ne possède d'une autre entreprise qu'une participation relativement faible, c'est souvent qu'il s'agit tout simplement de pouvoir y jeter un coup d'œil et de pouvoir prendre part à l'Assemblée générale. Le but de la possession d'un grand capital dans telle autre entreprise est de se préparer d'étroites relations, de créer une certaine compensation de risques, de s'assurer un partage des débouchés, de jouir des nouvelles méthodes de production de cette entreprise, des brevets et autres choses semblables. Mais, avant tout, des participations à des entreprises de la même nature sont aujourd'hui utilisées pour atténuer les oppositions d'intérêts, pour s'assurer une communauté d'intérêts. La participation se distingue des communautés d'intérêts et des cartells en

moderne et sur les valeurs commerciales, Iéna. 1909, qui traite d'une manière approfondie, systématique et détaillée de tous les phénomènes de développement économique que nous examinons ici.

ce que la participation fait naître un rapport étroit fondé sur une communauté de possession, tandis que les communautés d'intérêts et les cartells ne créent qu'un lien *contractuel*.

Mais plus est grand le nombre des actions que possède une entreprise étrangère et plus se manifeste dans cette possession l'effort d'exercer une influence sur cette entreprise. Cet effort aboutit complètement lorsqu'une entreprise possède plus de la moitié du capital-actions ou même tout le capital d'une autre entreprise. Alors nous tombons dans le cas du *contrôle* que nous avons appris à connaître dans les trusts américains (*holding company*). Ce contrôle d'une entreprise par une autre au moyen de la possession d'au moins la moitié des actions de la première n'est pas sans doute aussi répandu en Allemagne qu'en Amérique, mais il se présente assez fréquemment chez nous. Bien plus, il n'est pas rare qu'une entreprise ait en sa possession tout le capital-actions d'une autre. Cela arrive surtout avec les succursales (*Filialen*) étrangères qui, souvent, doivent être fondées comme sociétés particulières. C'est ainsi, par exemple, que la fabrique de pâte de papier (*Zellstoffabrik*) Waldhof, à Mannheim, a en sa possession tout le capital de 7 millions de roubles de sa filiale russe. Cette fabrique a 15 millions de marks portés sur ses livres, et elle a, en outre, sur cette filiale une créance qui s'élève à 4,6 millions de roubles ; elle a garanti son emprunt par obligations de 2,5 millions de roubles, le tout avec son propre capital-actions de 12 millions de marks. De plus, des banques ont eu en leur possesion tout le capital d'autres banques (comme, par exemple, la Société d'escompte (*Diskontogesellschaft*) a celui de la *Norddeutschen Bank* à Hambourg ou comme les grandes entreprises électriques ont tout le capital des usines électriques.

Mais il y a aussi, en Allemagne, des entreprises qui n'exercent absolument *aucune activité économique* propre et qui n'ont pour but que de contrôler d'autres entreprises grâce à la possession de leurs actions ; ce sont donc de pures sociétés de contrôle, comme les *holding companies* américaines. Sans doute, quelques-unes de ces entreprises *se proposent d'établir un monopole*; elles veulent créer pour *une industrie tout entière* au moyen de la participation une organisation uniforme et une concentration. La plus ancienne de ces entreprises est *The Nobel Dynamite Trust Company Limited* qui fut, sans doute, une société anglaise créée à Londres, en 1886, dans la forme de l'institution anglaise des trusts, mais qui, en dehors de cela, est surtout allemande et ne comprend qu'une fabrique anglaise de dynamite Elle possède les actions de toutes ses succursales, qui restent extérieurement des entreprises indépendantes, ont leurs dividendes propres, mais rapportent ces dividendes au trust et ont une même administration. La première société de contrôle à monopole créée en Allemagne est l'entreprise fondée à Brême, en 1901, sous le nom bizarre de *Société de riz et de commerce* (*Reis-und Handelsgesellschaft*), dans laquelle tous les moulins allemands de riz furent groupés en six sociétés à responsabilité limitée et en trois sociétés par actions. Quelques-unes de ces entreprises n'avaient abandonné la possession privée pour revêtir la forme sociale qu'en vue de ce seul but. La société de contrôle se préoccupe également, comme le Bureau de vente (*Verkaufsstelle*) d'un cartell, du partage des bénéfices, et, en même temps, de la vente des produits de ses sous-sociétés. Une troisième société de contrôle à monopole, c'est l'*Union européenne du pétrole* (*Europäische petroleumunion*) à responsabilité limitée (G. m. b. H.), à Brême, qui constitue le sommet d'une agglomération puissante et tout à fait internationale de sociétés dont il sera encore parlé plus loin d'une manière plus détaillée.

Une association de contrôle qui revêt en partie le caractère d'un monopole, c'est aussi la société anonyme de la transformation du bois en charbon (*Holzverkohlungs-industrie*), fondée à Constance en 1902, et la Société anonyme appelée Fabrique d'accumulateurs (*Akkumulatorenfabrik* de Berlin-La Haye. Cette dernière contrôle, il est vrai, de nombreuses autres fabriques d'accumulateurs ; elle n'est pas cependant une pure société de contrôle, mais elle a aussi, dans une certaine mesure, une fabrication propre. Quoi qu'il en soit, la société de contrôle a, en Allemagne, une importance beaucoup moins grande qu'en Amérique.

La *participation* à son plus haut degré, sous forme de société de contrôle, ne constitue pas encore la forme la plus accusée du groupement de plusieurs entreprises. Cette forme se rencontre surtout dans la *fusion*, où les entreprises qui ont eu jusqu'ici une existence distincte disparaissent et se fondent en une seule. Dans quelques petites branches d'entreprise il y a aussi, en Allemagne, mais plus fréquemment, comme nous l'avons indiqué, en Angleterre et en Amérique, des entreprises fusionnées qui embrassent la plus grande partie de *toutes* les industries qu'elles concernent, de telle sorte qu'elles ont toujours une situation prépondérante et très puissante. Mais on ne saurait, à propos de ces entreprises, parler d'un état de monopole proprement dit. C'est ainsi qu'en 1880, les puissantes fabriques allemandes de pinceaux fusionnèrent en une société, tout comme les fabriques d'outremer. Il y a lieu de citer, parmi les fusions plus récentes embrassant la majeure partie d'une industrie, la fusion des fabriques de nickel, des fabriques de gélatine et des compagnies de navigation sur l'Elbe. Le plus important de ces projets, celui par lequel on se propose d'acquérir un monopole qui, il est vrai, est loin d'être acquis, consiste à faire fusionner en une seule association toutes les fabriques allemandes de tapis. Cependant, jusqu'ici, on n'a réussi qu'à accaparer une petite partie, tout au plus un cinquième, de la production allemande. Dans cette industrie, il existait autrefois des cartells, mais ils se sont montrés insuffisants. Aussi la fusion projetée récemment de quelques fabriques alliées est-elle très éloignée d'un véritable monopole. Au contraire, il y a, en Autriche, quelques fusions qui constituent un véritable monopole, comme la Société anonyme des fabriques réunies de Fez, la Société anonyme Solo (Trust autrichien des combustibles), comme aussi la Société anonyme de l'industrie chimique (trust autrichien de la colle).

Il s'est formé en Allemagne un très grand nombre de fusions qui n'ont aucun caractère de monopole et qui ont tout particulièrement favorisé le développement de la grande exploitation. En général, elles se proposaient de fortifier les entreprises particulières dans leur concurrence contre des tiers, et on est arrivé très souvent, lorsque le nombre des entreprises rivales se trouvait diminué par des fusions, à constituer des cartells entre celles qui restaient. Un exemple typique parmi bien d'autres de l'époque passée, c'est celui que nous offre l'industrie de la poudre. Déjà, en 1870, dix-neuf fabriques de poudre se groupèrent, au moyen d'une fusion, en une société par actions. Celle-ci fusionna, à son tour, en 1890, avec sa plus grande rivale, en se formant en société par actions : Fabriques unies de poudre de Cologne et de Rothweil (*Vereinigte Köln-Rothweiler Pulverfabriken*). Cette grande Compagnie constitua alors des cartells non seulement avec d'autres fabriques de poudre, mais avec le trust déjà mentionné des fabriques de dynamite. Ainsi prit naissance une étroite association très moderne de toutes les entreprises qui fabriquaient des matières explosives, entreprises qui, avec les fabriques d'explosifs françaises et américaines organisées d'une manière analogue, se partagèrent, pour ainsi dire le monde entier.

Bien entendu, en général, des *fusions* et des *participations* existent côte à côte. Plusieurs entreprises se fondent en une seule et celle-ci crée, au moyen de la participation, d'étroites relations avec d'autres. Ce développement se produit surtout dans les *banques* et dans l'*industrie électrique*. Les plus grandes banques, qui maintenant ont presque toutes leur siège à Berlin, et les plus importantes de celles que l'on appelle les Banques provinciales se sont toutes extraordinairement étendues puisqu'elles ont fusionné avec les petites banques. Chacune des plus grandes banques de Berlin s'est alors étroitement liée avec quelques banques provinciales au moyen de participations d'actions. Ainsi s'est formé ce que l'on a appelé les *groupes de banques* (*Konzerns*). La *Deutsche Bank*, qui est aujourd'hui la plus grande institution de banque de l'Allemagne, avec un capital-actions de 200 millions de marks et une réserve de plus de 100 millions de marks, ne s'est, il est vrai, unie par fusion qu'à un petit nombre de maisons de banque ; mais par les actions qu'elle a en sa possession, ce qui équivaut la plupart du temps à un contrôle, elle participe à :

1. — La *Bergish-Markischen Bank* d'Elberfeld (capital de 60 millions de marks), qui, de son côté, s'est annexée environ une douzaine de maisons de banque au moyen de fusions ;

2. — La *Schlesische Bankverein* de Breslau (capital de 30 millions de marks) ;

3. — La *Hannoversche Bank* de Hanovre (capital de 22,5 millions de mark) qui, à son tour, participe à diverses autres banques ;

4. — La *Oberrheinische Bank* de Mannheim (capital de 20 millions de marks) qui fut annexée par la *Rheinische Kreditbank* de Mannheim (capital de 70 millions de marks) ; à ces deux ont accédé plus d'une douzaine de maisons de banque, et la *Rheinische Kreditbank* a elle-même une participation dans deux autres banques ;

5. — La *Duisburg-Ruhrorter Bank* de Duisburg (capital de 12 millions de marks) ;

6. — Le *Essener Kreditanstalt* de Essen (capital de 10 millions de marks) ;

8. — La *Sachsische Bank* de Dresde (capital de 30 millions de marks) ;

9. — La *Privatbank de Gotha* (capital 10 millions de marks) et quelques petites banques. De plus, la *Deutsche Bank* participe à diverses banques étrangères comme la Banque allemande d'outre-mer (*Deutsche uberseeische Bank*), à la *Deutsch Ostafrikanische Bank* (Banque de l'Afrique orientale), à la *Banca commerciale italiana*, et autres. La *Deutsche Bank* forme également avec d'autres banques une communauté d'intérêts au moyen d'une

délégation de Conseils de surveillance (*Aufsichtsräten*) ; tel est le cas avec la *Mecklenburgische Hypotheken-und Wechselbank*. Une « concentration » analogue existe dans les grandes banques allemandes (1). Un grand nombre de banques ont absolument disparu à la suite d'une fusion avec d'autres banques ; d'autres sont étroitement liées entre elles, au moyen de participations, de communautés d'intérêts, de délégation de conseils de surveillance, et forment un petit nombre de *groupes*, à la tête de chacun desquels est placée une des grandes banques de Berlin.

Mais cette formation en groupes a atteint son point culminant dans l'industrie électrique. Les grandes fabriques électriques, et surtout les deux plus grandes, l'*Allgemeine Elektrizitäts-Gesellschaft* et *Siemens und Halske*, se sont annexées au moyen de fusions et de participations des entreprises de diverse nature qui ont un rapport quelconque avec l'industrie électrique : fabriques de machines, de gomme, de câbles, de fil de fer, de cuivre, d'aluminium, de produits chimiques, etc. La plus grande entreprise électro-technique allemande, la U. E. G. (*Union Elektrizitäts-Gesellschaft*) s'est, par exemple, en dehors de nombreuses petites entreprises électriques, fondue avec une autre grande maison d'électricité, la *Union Elektrizitäts-Gesellschaft*. Celle-ci a encore, de son côté, une foule de sous-sociétés dans divers pays et elle se rattache par des liens étroits au *Löwe-Konzern* qui a emprunté son nom à la principale société de la fabrique d'armes et de machines, l'ancienne Ludwig Löwe et Cᵉ, U.-G. Celle-ci, à son tour, se rattache étroitement à un

(1) Cpr. sur ce point Riesser, *Zur Entwickelungsgeschichte der deutschen Grossbanken*, 2ᵉ éd., Iéna, 1907.

grand nombre d'autres entreprises qui fournissent du matériel de guerre ; par exemple, au Konzern, que nous avons déjà mentionné, des fabriques de dynamite et de poudre, comme aussi à la maison Krupp. Il est facile de comprendre que ces producteurs de matériel de guerre pourraient, à l'occasion, s'unir pour exploiter leur principal acheteur, l'Etat, et cela leur est encore rendu plus facile par le secret dans lequel sont tenues les affaires militaires. En Amérique, des branches d'entreprise de cette nature constitueraient tout naturellement le champ où s'exercerait la mise en coupe réglée de l'Etat, et on ne saurait nier que, même chez nous, des tentatives de ce genre ont pu occasionnellement être signalées. Mais fort heureusement qu'en Allemagne la puissance de ces grandes combinaisons industrielles à l'égard de l'Etat vient se briser contre la conscience du devoir et l'incorruptibilité des fonctionnaires allemands.

Le deuxième grand groupe électrique a son origine dans le groupement des maisons *Siemens und Halske* de Berlin et *Schuckert* de Nüremberg. Tous les deux ont confié la plus grande partie de leur fabrication à une société particulière, la *Siemens-Schuckert-Werke*, à responsabilité limitée (m. b. H.) ; mais chacune d'elles gouverne encore un grand nombre de sous-sociétés réparties dans tous les pays. Il en est de même pour le troisième groupe de cette nature, les *Felten-et-Guillaume-Lahmeyer Werken*. Toutes ces entreprises électro-techniques méritent d'attirer l'attention par cela seul qu'elles ont à côté d'elles des *sociétés particulières* pour l'établissement du matériel électrique, sociétés qui n'ont d'autre but que de s'approprier les actions de ces usines locales d'électricité. Au lieu de répandre dans le public ces mêmes actions, ce qui à raison de leur caractère local n'est, en général, pas possible, elles se groupent en une société de même nature et celle-ci substitue ses propres titres, c'est-à-dire des obligations émisés en grand nombre, aux titres des usines locales d'électricité qu'elle tient en sa possession (société de substitution d'actions et d'obligations, Société de participation).

Ces usines électriques sont ou administrées financièrement par les grandes fabriques d'électricité, et celles-ci n'en retirent à leur tour que le capital qui s'y trouve engagé au moyen d'une transmission à une de ces sociétés de participation (société d'encaissement), ou bien ces dernières se procurent elles-mêmes le capital pour la gestion financière de ces entreprises (société de gestion financière) (1). Chacun des grands groupes d'électricité possède plusieurs de ces sociétés d'encaissement et de gestion financièro, soit en Allemagne, soit en Suisse ou en Belgique, et les usines électriques dont elles possèdent, à leur tour, les titres sont distribuées sur toute l'étendue du monde entier. C'est ainsi, par exemple, que la *Deutschüberseeische Elektrizitätsgesellschaft*, qui fait partie de l'Union des sociétés électriques (U. E.-G.) qui possède surtout des entreprises dans l'Amérique du Sud, a un capital d'environ 130 millions de marks. Ces sociétés sont, elles aussi, dans le langage courant, souvent désignées sous le nom de *trusts* et de *sociétés de fidéicommis financier* (*Treuhandgesellschaften*) ; mais aucun rapport de fidéicommis ne se rencontre véritablement en elles. On peut désigner leur organisation, fondée sur le fait qu'elles

(1) Cf. sur ce point mon étude déjà mentionnée : *Beteiligungs- und Finanzierungsgesellschaften.*

mêmes émettent des titres en vertu des titres qu'elles possèdent, comme une substitution de titres.

Des *sociétés particulières de vente* ont aussi fondé dans divers pays des maisons d'électricité dont les titres sont entre les mains des sociétés souches. D'ailleurs, non seulement elles ont établi entre elles certains prix et certaines conditions de vente au moyen de cartells, mais encore elles procèdent depuis quelque temps, en commun, à la prise en charge de grandes entreprises, surtout d'entreprises étrangères, et, à cette fin, elles ont aussi créé des sociétés communes de gestion financière.

De tout cela résulte une extension internationale extraordinaire et un entrelacment des capitaux qui s'est tout particulièrement développé dans cette très moderne industrie.

Mais le point culminant de tous ces phénomènes modernes de développement nous est très bien indiqué par la *production* et l'*approvisionnement du pétrole*. Nous trouvons précisément accumulées dans cette industrie toutes les formes modernes d'organisation, communautés d'intérêts, cartells, fusions, sociétés de participation et de gestion financière de toute nature, sociétés de contrôle, et tout cela dans un complet enchevêtrement international. Dans aucune autre branche d'industrie, le capital n'a autant franchi les frontières. En même temps que l'industrie électrique, se développait cependant d'une façon aussi continue, quoique relativement prompte, l'organisation européenne de l'industrie du pétrole, en particulier, l'approvisionnement de l'Europe occidentale ont été créés en moins d'années encore, et, ce qui est véritablement merveilleux, presque exclusivement par quelques grandes banques.

Au commencement de 1890, la *Standard Oil Company*, avec ses formidables débouchés, et à côté de laquelle les producteurs américains indépendants ne parvenaient pas à se faire jour, était seule en concurrence sur le marché européen avec les *producteurs* russes, à la tête desquels se trouvaient *Nobel* et *Rothschild*. Ces deux grands groupes parvinrent, vers le milieu de l'année 1890, après de longues luttes, à conclure une entente; par cette entente, une certaine quotité de la consommation européenne fut réservée aux russes, et les deux groupes achevèrent d'édifier, l'un à côté de l'autre, leur organisation de vente dans les principales zones de vente de l'Europe occidentale. Cependant, vers la fin de 1890-1900, ces groupes eurent à affronter une nouvelle concurrente en l'industrie *roumaine* du pétrole. Depuis le commencement de la décade 1890, le capital de l'Europe occidentale avait commencé à s'intéresser aux sources de pétrole de la Roumanie. Le développement de la production de cette région n'allait pas cependant sans de grandes difficultés; et ce n'est que depuis 1898 qu'en particulier la *Deutsche Bank* et le *Wiener Bankverein* réunis sont parvenus, au moyen d'une dépense considérable de capitaux en Roumanie, à créer une entreprise de production, la *Steana Romana*, et à organiser la vente de leurs produits dans l'ouest de l'Europe. Pour se procurer les capitaux nécessaires, les deux banques fondèrent toute une série de sociétés de gestion financière en Hongrie, en Angleterre, en Roumanie et en Belgique, sociétés au moyens desquelles leurs dépenses pour cette industrie étaient mieux réparties.

Aujourd'hui la *Steana Romana* possède un capital-actions de 40 millions de francs et elle est le plus grand producteur de pétrole de la Roumanie. Pour l'exploitation du pétrole, la *Deutsche Bank* fonda avec la *Steana*, pour l'Allemagne, la Société par actions des produits du pétrole (*Petroleumprodukte Aktiengesellschaft*), sous forme de société de vente, avec un capital de 9 millions de marks ; pour l'Angleterre, la *General Petroleum Company* ; pour le Danemark et la Suède, la *Danisch-Deutsche Petroleumkompagnie-Aktiengesellschaft* à Copenhague ; pour la Hollande et la Belgique, la *Deutsche Petroleum Handels-Maatschappij*, à Amsterdam ; pour la Suisse, la *Schweizerische Petroleumprodukte Lagergesellschaft* à Zürich. A la *General Petroleum Company* comme société de vente vinrent se rattacher aussi les producteurs hollandais de l'Inde et les producteurs américains indépendants qui étaient en concurrence avec la *Standard Oil Company* (*Pure Oil Company*).

La *Deusche Bank* était elle-même intéressée dans d'autres entreprises de pétrole en Allemagne, en Autriche, etc., et elle considérait comme nécessaire de diriger un peu moins directement toutes ces grandes participations ; c'est ainsi qu'elle fonda la *Deutsche-Petroleum-Aktiengesellschaft*.

Après que les intérêts roumains de la *Deutscher Bank* eurent ainsi à leur disposition une grande organisation d'écoulement dans l'ouest de l'Europe, les sociétés qui en faisaient partie se formèrent en une organsiation commune de vente avec les producteurs *russes* et, cela, en vue d'une lutte en commun contre la *Standard Oil Company*. La société russe de vente, en Allemagne, la *Deutsche-Russische Naphta-Import Gesellschaft*, se réunit à la société de vente de la *Deutsch Bank*, la *Petroleum-Verkaufsgesellschaft* (à responsabilité limitée).

Ce fait se produisit aussi en Angleterre. Et, là aussi, la

Consolidated Petroleum Company, qui était là-bas la Société de vente de Nobel et Rothschild, se réunit avec la *General Petroleum Company* dont nous avons déjà parlé, et la société de vente des intéressés allemands, indo-hollandais et américains indépendants réunis en la *British Petroleum Company*, en une société de vente et de contrôle, représentant jusqu'ici la plus puissante concurrence qui ait surgi en face de la *Standard Oil Company*.

Mais la concentration en vue d'exclure la concurrence réciproque et en vue d'une lutte en commun contre la *Standard Oil Company* atteignit son point culminant en 1906, lorsque les deux sociétés de vente des deux plus grands pays de consommation en Europe, l'Angleterre et l'Allemagne, c'est-à-dire la *Deutsche Petroleumverkaufsgesellschaft* avec responsabilité limitée et la *British Petroleum Company* se réunirent en une société monopoleuse de contrôle et de vente en commun, la *Europaische Petroleum Union, société à responsabilité limitée*, de Brême. A ce groupe accédèrent aussi les autres sociétés de vente des autres pays d'Europe, savoir pour la *Deutsch Bank* :

la *Deutsche Petroleumhandels-Maatschapij*,

la *Dänish-Deutsche Petroleumkompagnie*, société par actions.

la *Schweizerische Petroleumproduktenlagergesellschaft*.

Pour les producteurs russes, il y avait les sociétés suivantes :

Société anonyme d'armement, d'industrie et de commerce (en français dans le texte),

Société belgo-hollandaise de pétrole,

troleum – Union

cessement ; les autres sont des sociétés de vente et, en partie, de contrôle.

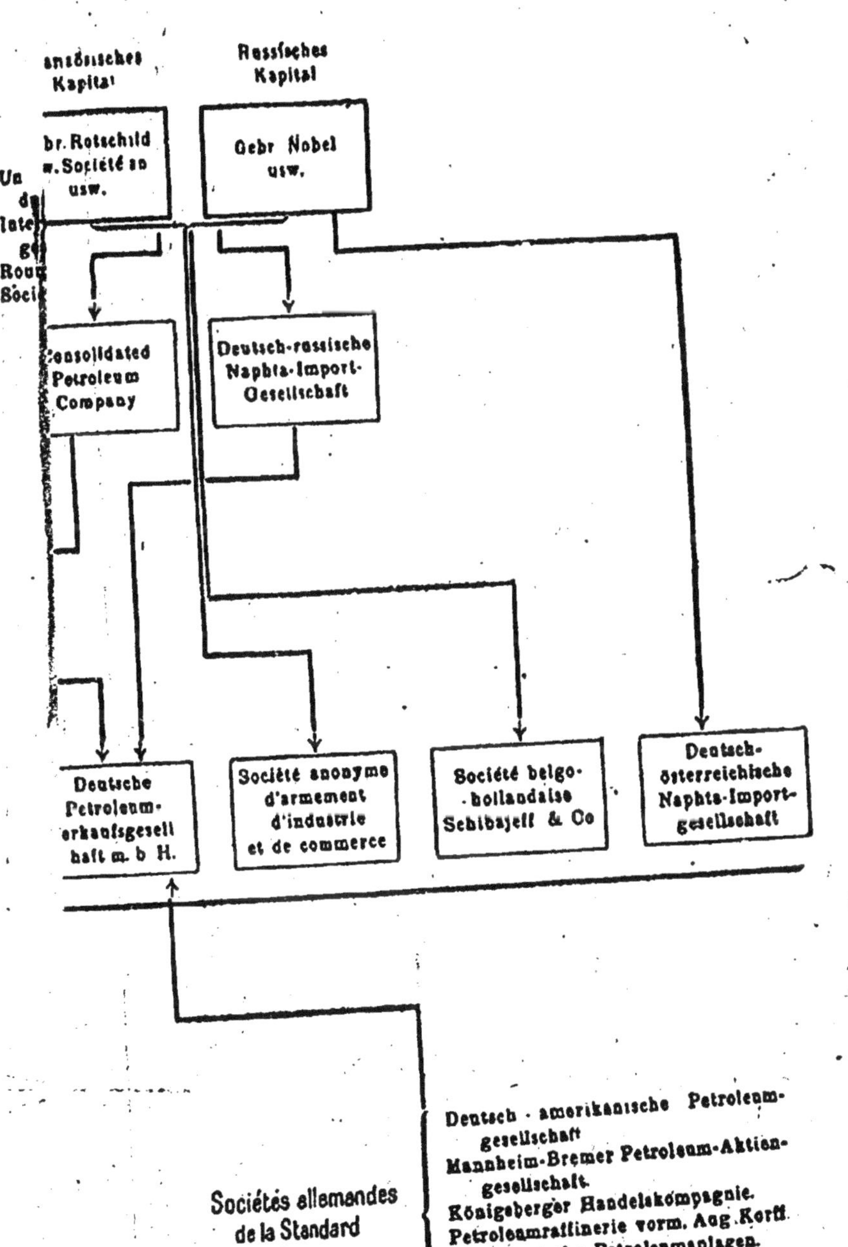

Sociétés dépendant de la Europaïsche—Petroleum—Union

Les Sociétés entourées d'un trait fort sont des entreprises de production ; celles entourées d'un pointillé sont des banques ou des sociétés d'encaissement ; les autres sont des sociétés de vente et, en partie, de contrôle.

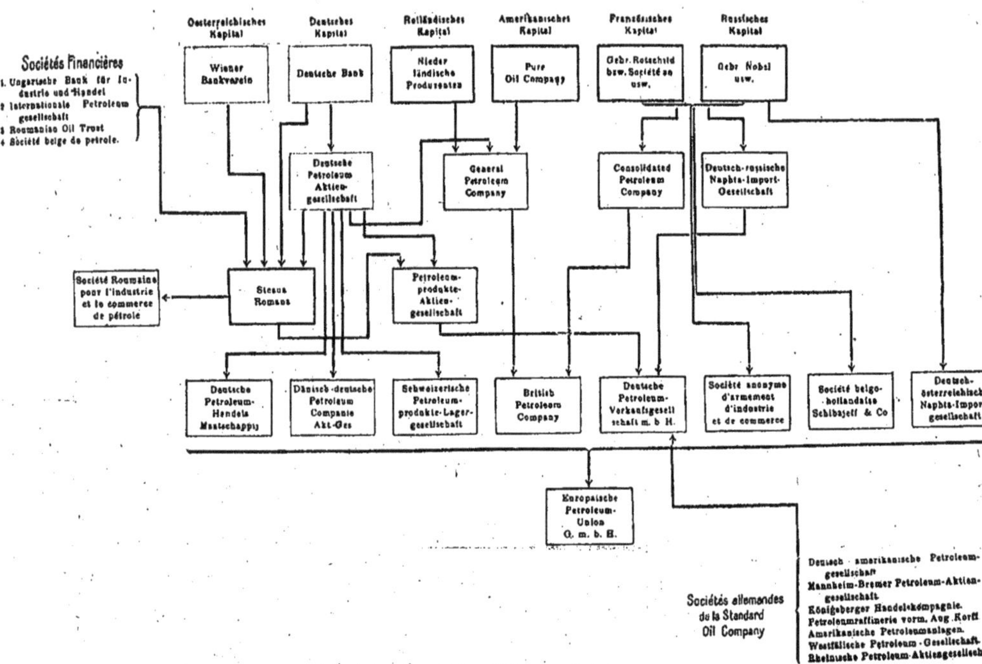

Deutsche-Osterreischische Napta-Importgesellschaft. La *Europaische Petroleum-Union* à responsabilité limitée (G. m. b. H.) fut établie avec un capital de 20 millions de marks, et se chargea du capital des diverses sociétés de vente. Son propre capital est entre les mains des intéressés qu'elle a derrière elle ; pour la *Deutsche Bank*, entre les mains de sa société d'encaissement, la *Deutsche Petroleum-Aktiengesellschaft.*

Mais elle n'entra pas en lutte avec la *Standard Oil Company*. Bien plus, la *Anglo-American Oil Company* établit, en Angleterre, une entente avec la *British Petroleum Company* et, ensuite, en avril 1907, ce fut le tour de la *Deutsche Pe roleumverkaufsgesellschaft* avec les sociétés allemandes de vente de la *Standard Oil Company* et, par suite, avec cette dernière même. Pour l'Allemagne, d'après S. Leiss (1), la *Deutsche Petroleumverkaufsgesellschaft* sous la direction de la *Standard Oil Company* et, par suite, de sa plus puissante société de vente en Allemagne, la *Deutsh-Amerikanische Petroleumgesellschaft*, doit être établie à Brême. Le contrat doit être conclu jusqu'à la fin de 1912.

Le tableau ci-contre, que j'emprunte à mon ouvrage intitulé : *Beteiligungs-und Finanzierungsgesellschaften*, sert à montrer les rapports qui relient entre elles toutes ces associations. Pour être complet, nous y avons aussi porté les sociétés allemandes de vente de la *Standard Oil Company* qui, quoique n'ayant aucune participation dans l'Union européenne du pétrole (*Europäische Petroleum-Union*), en a cependant dans la société de vente

(1) *Das Reichsmonopol*, dans le *Petroleumhandel*, Regensburg, G. F. Manz.

de cette même société, dans la *Deutsche Petroleumverkaufsgesellschaft* à responsabilité limitée (m. b. H.).

Du reste, d'autres banques allemandes ont aussi cherché à développer de la même façon l'industrie roumaine du pétrole et son écoulement dans l'Europe occidentale ; elles ont également créé à cette fin toute une foule de sociétés en participation et de gestion financière, de contrôle et de vente. En font partie surtout les entreprises du groupe de la *Diskontogesellschaft-Bleichröder* qui, pour ne pas entrer en concurrence avec le groupe de la *Deutsche Bank* et de la *Standard Oil Company*, cherchèrent principalement à s'assurer des débouchés en France.

Les organisations de l'industrie du pétrole et du commerce du pétrole sont, sans doute, ce qu'on a vu jusqu'ici de plus achevé, en ce qui touche l' « organisation universelle » d'une industrie, pour l'approvisionnement universel d'un objet de consommation. Aussi l'organisation de cette industrie est-elle la plus moderne, celle qui est réalisée par les moyens les plus modernes, c'est-à-dire surtout par le caractère capitaliste de leurs titres. Une foule innombrable d'entreprises diverses, de sociétés de production, de sociétés de vente, de sociétés de contrôle, de sociétés de participation et de gestion financière sont ici entassées les unes sur les autres, et derrière leur masse se tient une grande banque capitaliste qui fournit le capital à toutes ces associations. Mais on se tromperait gravement si l'on voulait, comme cela arrive souvent aujourd'hui, en tirer une règle générale, et considérer ce rapport entre les grandes banques et une industrie comme caractéristique du développement futur. L'intervention puissante des banques dans cette industrie, dont toute l'organisation a précisément été créée par les banques, représente assurément la plus active intervention en vue du développement d'une industrie que l'on ait constatée jusqu'ici de la part des banques. Mais on ne saurait en conclure d'une manière générale qu'à l'avenir les banques des diverses industries obtiendront la prééminence comme elles l'ont obtenue jusqu'ici et que ces banques, comme c'était ici le cas, constitueront la puissance la plus agissante parmi les nouvelles formes d'organisation, les sociétés de contrôle, les cartells et autres analogues. Ce cas demeure toujours une exception : la grande intervention des banques fut amenée par la circonstance qu'il s'agissait d'une industrie étrangère dans un pays encore très pauvre en capitaux, mais d'une industrie qui pouvait avoir une très grande importance pour notre économie sociale. Dans d'autres industries nouvellement apparues nous voyons, au contraire, aujourd'hui que souvent les banques n'y jouent plus un rôle aussi actif que celui qu'elles y jouaient autrefois. C'est ainsi que les diverses et nouvelles entreprises ayant pour but de recueillir le salpêtre de l'atmosphère exercent leur exploitation d'entreprises de grande industrie en demeurant assez indépendantes à l'égard des banques (Fabrique badoise d'aniline et de soude, usines Westeregel d'ammoniaque, etc.) ; il en de même pour de nombreuses entreprises nouvelles en ce qui concerne la grande industrie des produits chimiques, l'industrie de l'électricité, l'industrie des machines, etc. Du reste, les banques cherchent aussi, après avoir créé le développement de l'industrie roumaine du pétrole, à repousser ces entreprises vers le public, c'est-à-dire à amoindrir leurs intérêts et à ne conserver en partie, à cause de cela, qu'une participation fixe importante pour ne pas laisser tomber ces industries entre les mains des Américains, dont la puissance capitaliste gigantesque essaie toujours encore d'accaparer toute la production mondiale du pétrole.

On résume souvent, aujourd'hui, tout ce nouveau développement dans ces seuls mots : *tendance à la concentration*. Mais on doit reconnaître que c'est là une désignation tout à fait générale et indéterminée (à peu près comme le mot *union*) et qui comprend des choses très différentes. Pour la connaissance scientifique des phénomènes, il est donc nécessaire, si l'on veut à tout prix se servir de cette expression, distinguer diverses sortes de concentration. C'est ainsi, par exemple, que la concentration technique (concentration d'exploitation), remplacement de nombreuses petites exploitations par un petit nombre de grandes, est chose toute différente de la concentration marchande (*Kaufmännische Konzentration*) ou de vente (*Absatzkonzentration*), et, dans celle-ci, il existe divers degrés qui vont jusqu'à la concentration en monopole (concentration de vente) telle qu'elle résulte des cartells, des fusions monopolistes ou des sociétés de contrôle. Un peu différente est encore la *simple concentration de possession* qui naît des participations à d'autres entreprises. Il existe enfin un phénomène particulier qui est la concentration *financière* et qui consiste en ce que de grands capitalistes, des banques ou des particuliers disposant de gros capitaux, ont organisé et gouvernent avec leurs capitaux des groupes entiers d'entreprises, ou même des branches entières d'industrie.

Telle est la situation exacte dans laquelle se trouve actuellement, quant à ses grandes lignes, le développement de l'organisation économique nationale en Allemagne. Les grandes entreprises, en s'annexant des branches de production, de plus en plus nombreuses deviennent de plus en plus indépendantes des producteurs de matière première et des manufacturiers. Par leur amalgamation avec d'autres entreprises de même nature, elles étendent de plus en plus leur cercle d'action et elles font naître par là même la possibilité de nouvelles combinaisons. Par des traités à long terme, elles s'assurent un débouché durable ; par des traités échelonnés à long terme elles se procurent la matière première qu'elles ne peuvent fabriquer, et cela à des prix qui sont en rapport étroit avec ceux de leurs produits. Par des cartells, elles suppriment la concurrence avec d'autres grandes usines et, le cas échéant, avec l'étranger lui-même. Une exportation à bas prix et l'établissement de succursales à l'étranger permettent de triompher de la barrière douanière. Lorsque le besoin s'en fait sentir, elles font de leurs succursales des sociétés particulières ; elles continuent de participer à celles-ci et aux établissements créés par elles à l'étranger au moyen des actions qu'elles possèdent ; elles s'étendent ainsi sur les pays les plus divers, dans lesquels aussi elles prennent éventuellement en main, par le moyen de sociétés de vente particulières, la vente de leurs produits. Elles se procurent les vastes capitaux en fondant des sociétés particulières d'encaissement et de gestion financière, auxquelles elles transmettent les entreprises dans lesquelles elles veulent continuer d'avoir des participations. Grâce à cela, elles amènent directement le public à leur fournir des capitaux et elles se rendent indépendantes des banques. Au moyen du partage des actions et des communautés d'intérêts de nature spéciale, elles se trouvent en étroite relation avec d'autres groupes importants d'entreprises ; elles exécutent en commun de grandes tâches ; et elles se créent aussi par là une plus grande sécurité et une répartition du risque, en même temps que, d'un autre côté, elles étendent de plus en plus la sphère où s'exerce leur puissance. Elles sont un Etat dans l'Etat économique ; un monde en soi dans l'économie universelle ; mais elles sont cependant rattachées par des milliers de liens aux grands organismes de la vie économique.

Tout cela nous montre combien est fort le besoin qui force les entrepreneurs à se grouper sous une forme ou sous une autre, et qui, en dernière analyse, finit toujours par créer à la place de l'ancien isolement et de l'ancienne absence de règlements, une réglementation, une organisation appropriée de la vie économique. Nous voyons par les phénomènes de développement que nous venons d'esquisser brièvement ici l'*entrelacement* extraordinairement serré qui, dans les industries les plus avancées, relie les entreprises les unes aux autres, et grâce auquel les entreprises particulières espèrent se donner une plus grande sécurité économique.

Si nous comparons maintenant ce développement ainsi exposé dans ses grandes lignes, en Allemagne, avec celui qui existe dans un autre pays qui est de tous le plus avancé au point de vue de l'organisation économique, dans les Etats-Unis, organisation que nous avons décrite au chapitre précédent, ce que l'on constate peut se résumer ainsi : Dans les Etats-Unis, le développement s'est accompli unilatéralement sous l'influence des financiers grands capitalistes et spéculateurs qui, dans leurs fondations et amalgamations d'entreprises, placent tout au premier plan leurs intérêts privés et cherchent à leur donner satisfaction, par de vastes maniements d'actions et d'obligations, en exploitant le public et son goût immodéré pour la spéculation. C'est pour cela que le principe de la société de contrôle y a atteint sa plus grande extension, et ce principe, surtout avec l'aide de l'insuffisante législation corporative des Etats-Unis, a ouvert le champ le plus vaste aux manipulations des capitaux en titres commerciaux. En Allemagne, le développement, dans son ensemble, a été moins précipité ; il s'est beaucoup plus opéré par le passage lent et progressif d'une forme d'organisation à une autre et les moyens dont on a fait usage sont plus variés. Les cartells surtout, qui sont encore aujourd'hui le phénomène le plus important dans le domaine de l'évolution de l'organisation économique, ont exercé une influence modérée sur tout ce développement. Tout d'abord, ils maintiennent encore en vie les petites entreprises ; ils représentent un principe plus démocratique que le trust, et ils ne sont pas par eux-mêmes des créations de la grande concentration capitaliste. Mais il est apparu que dans plusieurs industries le développement vers la grande exploitation, à cause des avantages techniques de production qui s'y rattachent, ne doit pas être entravé, et les cartells n'ont non plus opposé d'aucune façon un obstacle à ce développement. Mais, par cela même, le moyen qui consiste en la *fusion*, en l'entière amalgamation d'entreprise a été plus employé en Allemagne que le moyen qui consiste surtout en capital-actions de la société de contrôle, comme cela se produit en Amérique. Dans les industries dirigeantes, cette concentration n'est pas encore allée jusqu'à réunir des branches tout entières d'industrie dans une entreprise unique, comme cela fut souvent le cas en Amérique sous l'influence de la législation, qui ne permet pas une réglementation contractuelle d'une industrie au moyen des cartells, et surtout, sous l'influence des financiers spéculateurs.

Pour le moment, il n'y a pas à attendre que le développement enAllemagne adopte la voie suivie par le développement américain. Sans doute, il y a, dit-on, bien des gens en Allemagne qui croient que l'organisation américaine des trusts est bien supérieure ; mais, si on compare avec les trusts américains, non seulement les cartells allemands, mais encore les autres tendances de développement que nous avons décrites plus haut, on verra qu'en Allemagne, nous atteignons tout aussi bien le même but, sinon mieux. Pourquoi, par exemple, l'existence d'un petit nombre d'entreprises qui sont groupées en cartell ne sera-t-elle pas aussi pratique ? et pourquoi devraient-elles former une association *unique* ? Quel avantage pourrait-il y avoir à ce que toutes les usines allemandes du fer fussent réunies en une seule usine gigantesque ? Et, même, s'il en existe plusieurs, un plus vaste enchaînement des stades de production antérieurs et postérieurs devient possible pour chacune d'elles en particulier, et c'est cet enchaînement que nous voyons se développer aujourd'hui.

Mais, en même temps, de nombreux avantages de l'organisation qui a existé jusqu'à présent sont conservés : par exemple, une plus grande concentration locale des entreprises particulières, une situation moins embrouillée, une moindre difficulté à exercer une direction unitaire et à trouver un directeur capable de gouverner.

On croit généralement, il est vrai, que les conditions américaines sont, en fin de compte, le but vers lequel tend, en Allemagne, le développement de la grande industrie moderne. Cette opinion a été répandue par le parti socialiste dont le développement américain paraît, sans aucun doute, plus près de confirmer les espérances que ne l'a fait jusqu'ici le développement allemand. Dans cette opinion qui est représentée aussi par un grand nombre d'économistes bourgeois, on croit que l'énorme développement du « capitalisme impersonnel », du « capital mobilier » doit conduire vers une situation immensément prépondérante de quelques rares magnats du capital et, de plus, vers une répartition économiquement défectueuse du revenu. Mais cette opinion apparaît aujourd'hui sous deux formes différentes. Les uns craignent surtout le capitalisme impersonnel ; ils disent sur ce point que dans les nouveaux phénomènes de développement des cartells : combinaisons, fusions, participations, communautés d'intérêts, « le grand capital » les « intérêts de banque et de bourse » ont joué un plus grand rôle que les besoins de la vie et les nécessités du progrès économique, Ils sont d'avis que, puisque, en Amérique, les trusts ont conduit, au point de vue financier, à de grands abus, il pourra en être de même chez nous. Les autres prennent la chose à un point de vue plus individualiste et ils sont d'avis que, comme Morgan, Rockefeller, Harriman, Gould et autres, dans les Etats-Unis, parmi nous aussi, Thyssen, Kirdorf, Rathenau ne se sont montrés que pour se saisir de la souveraineté et de la possession de toutes les industries.

Dans le premier cas, on pense surtout chez nous aux grandes banques ; on estime que le grand capital impersonnel concentré dans les banques attirera de plus en plus à lui la souveraineté industrielle et que le développement et l'évolution de l'industrie ne seront alors plus déterminés par les points de vue techniques de la production, mais en majeure partie par les intérêts de banque et de bourse. Cette opinion a été défendue par nombre d'économistes. Adolf Wagner, notamment, a exprimé cette opinion dans l'enquête sur les cartells et dans les discussions de la Société de politique sociale (*Verein für Sozialpolitik*) à propos des cartells et de l'Etat (1). On a aussi souvent soutenu que la concentration industrielle excessivement rapide doit principalement être attribuée au développement de nos banques. Mais ici on a trop généralisé au sujet de certains cas relativement peu nombreux et qui ont fait beaucoup de bruit. Il est naturel que, avec l'extension des actions, l'importance des banques pour l'industrie se soit accrue, mais, en fait, on ne saurait mettre en doute que, précisément à cause de cela, à l'époque où la plupart des sociétés par actions furent fondées, c'est-à-dire, par exemple, vers 1870, cette importance était plus considérable qu'aujourd'hui, où cependant le mouvement de création industrielle a déjà dépassé son point culminant. Cela a d'ailleurs été constaté tout récemment dans le rapport concernant les opérations d'une des grandes banques (*Dresdner Bank*), rapport qui nous montre qu'à la suite du développement des gigantesques exploitations modernes, l'influence des banques sur l'industrie est devenue sensiblement moindre qu'autrefois. Il est certain que les banques

(1) *Schriften des Vereins für Sozialpolitik*, vol. CXVI.

ont le plus grand intérêt au développement de l'industrie et qu'elles cherchent aussi quelquefois à trop accélérer ce développement en vue d'en retirer quelques avantages momentanés ; mais, en général, leur intérêt capital, notamment celui des grandes banques à grands capitaux, est dirigé vers l'avènement d'une plus grande stabilité dans la vie économique et, par suite, vers la plus grande sécurité des conditions du crédit, qui en est inséparable. C'est pour cela que, souvent aussi, elles ont un grand intérêt à l'établissement et à l'existence de cartells qui rendent possible cette plus grande stabilité. Mais nulle part les banques ne s'efforcent d'elles-mêmes de gouverner des branches entières d'industrie. On ne pourrait d'ailleurs le penser que si les banques se spécialisaient sur des industries déterminées. Mais de cela il n'est nullement question : elles se font, au contraire, la concurrence la plus acharnée sur le terrain de la gestion financière. Si une banque voulait quelque part essayer de gouverner par ses capitaux toute une branche d'entreprise, notre grande industrie serait certainement assez forte pour s'y opposer.

Quant a l'autre danger, à savoir que le développement du capitalisme moderne, et même chez nous de quelques rares magnats capitalistes, puisse, comme en Amérique, leur assurer la suprématie sur des industries entières, c'est là un danger qui est, semble-t-il, très faible. Ce danger existe à un degré beaucoup plus élevé en Amérique et en Angleterre, car là la fondation des sociétés et le maniement des finances constituent, dans ce qu'elles ont d'essentiel, une activité industrielle propre aux particuliers et entièrement différentes des opérations de banque proprement dites. C'est pourquoi il est bien plus facile là qu'ailleurs, pour des talents occasionnellement organisateurs en ce qui touche les finances, de diriger dans cette voie d'énormes accumulations de capitaux. Chez nous, au contraire, l'activité de gestion financière et d'émission se trouve principalement auprès des grandes banques de crédit.

L'amalgamation de nos banques de crédit avec les maisons d'émission nous garantit donc qu'en Allemagne les financiers privés ne joueront pas un rôle comme celui qu'ils jouent aux Etats-Unis et en Angleterre. D'ailleurs, chez nous, les conditions ne se prêtent pas au succès de personnes de cette sorte. L'opinion publique qui supporte patiemment l'accumulation de grands capitaux industriels entre les mains d'un Krupp, d'un Borsig, d'un Thyssen et autres magnats de l'industrie, se comporterait tout autrement en présence d'un roi des bourses et de la spéculation, dont la domination sur un énorme capital-actions serait due à d'heureuses spéculations de bourse; tandis que, en Amérique, du moins chez les masses qui ne raisonnent point, la « valeur » d'un homme exprimée par le chiffre des millions de sa fortune est seule prise en considération ; c'est à peine si le joueur heureux est moins admiré que l'entrepreneur industriel qui a réussi.

Dans notre spéculation de bourse beaucoup moins dangereuse, il serait beaucoup moins facile d'amasser, au moyen de cette seule spéculation, des fortunes aussi considérables qu'il les faut pour prendre la haute main sur une industrie tout entière. Et même s'il apparaissait des spéculateurs de cette taille, ils auraient, dès qu'ils voudraient l'essayer, à attirer à eux le public et ses capitaux au moyen de sociétés de contrôle, à conserver leur domination, et ils se trouveraient cependant en présence d'un public plus capable de raisonner et moins porté à la spéculation.

Il me semble donc que, jusqu'ici, le développement du « capitalisme moderne » en Allemagne ne justifie pas les pronostics pessimistes que l'on a émis. Précisément, le capitalisme des actions et obligations, c'est-à-dire le phénomène qui consiste en ce qu'une grande partie de la fortune nationale est représentée par des valeurs commerciales et se trouve ainsi mobilisée, rend possible une meilleure distribution du revenu. Sans ce capitalisme la grande exploitation moderne ne serait absolument pas possible, ou, en tous cas, si le capital de la grande exploitation ne prenait pas la forme d'actions et d'obligations, la distribution des rendements de cette même exploitation serait, au point de vue économique, extrêmement défectueuse. Bien entendu, on ne dit pas que ce moderne capitalisme-actions ait actuellement pour résultat une répartition parfaite du revenu, — cette répartition dépend aussi de la façon dont la possession des actions est elle-même répartie — mais il est du moins possible de répartir ce revenu entre un grand nombre de personnes. D'un autre côté, les dangers qui sont inséparables de cette mobilisation du capital ne peuvent pas non plus être mis en doute, et ces dangers, c'est l'extension d'un revenu pur indépendant du travail, revenu qui autrefois provenait uniquement de la possession d'un fonds et du sol ; ce sont aussi les grandes fluctuations de la fortune et ses déplacements, inhérents au capitalisme mobilier, la grande spéculation qui s'y rattache, la possibilité plus grande d'une exploitation frauduleuse des sujets économiques par le capitalisme-actions, etc. Cependant, ces dangers ne me paraissent pas invincibles pour la politique économique moderne. Quoi qu'il en soit, on ne saurait aujourd'hui se rendre compte de quelle façon la seule autre possibilité de répartir le revenu national, cette possibilité que le socialisme appelle de tous ses vœux et qui consiste à mettre cette répartition entre les mains de l'Etat au moyen d'une nationalisation des moyens d'acquisition, aurait de meilleurs effets et pourrait être plus facilement réalisée. C'est ce que nous examinerons encore dans la conclusion de cette étude.

CHAPITRE VI

LA RÉGLEMENTATION PUBLIQUE DU CARTELL

Depuis que les cartells ont acquis une plus grande importance, on s'est souvent préoccupé de la question de savoir comment ces mêmes cartells peuvent être réglementés par l'Etat. En effet, lorsqu'il s'agit d'un phénomène qui pénètre si profondément dans la vie économique en la transformant, comme nous l'avons fait voir en ce qui concerne les cartells, il est juste que l'Etat exerce sur ce phénomène une surveillance attentive. Mais précisément parce que les cartells ont une importance considérable, cette *réglementation* devient difficile. Les cartells ne sont plus une création arbitraire des entrepreneurs, mais ils sont, eux et leurs dérivés, des produits nécessaires de notre développement économique tout entier ; nous ne saurions absolument plus nous passer d'eux et s'il était possible de les étouffer complètement, ce serait là une véritable renonciation au progrès économique qui, comme nous l'avons vu, est favorisé par eux. Il ne s'agit donc que de supprimer dans la mesure du possible leurs effets nuisibles. Mais nous avons vu aussi qu'ils exercent principalement leur action sur les formes d'exploitation et sur les organisations économiques surannées, puisqu'ils se sont efforcés de les faire disparaître. Il ne s'agit pas ici, dans l'intérêt du progrès économique, d'étouffer une action de ce genre, mais, tout au plus peut-être de rendre moins brusque la disparition des formes surannées d'exploitation. Comme dans tous les cas analogues, le remplacement d'une ancienne forme d'économie par une nouvelle constitue pour la politique économique le plus difficile des problèmes.

Les juristes sont souvent d'avis que les principes juridiques existants suffisent pour lutter contre les dangers des cartells. Comme si les effets infiniment variés des cartells pouvaient tous être complètement prévus par la législation (1). Mais, même en ce qui concerne certains effets qui se trouvent compris dans le domaine du droit pur, comme l'obligation de conclure des marchés, l'obligation à l'exclusion commerciale, le boycottage, les interdiction de fournitures, et autres choses analogues, les règles juridiques qui existent actuellement ne suffisent pas aux besoins économiques. On n'est pas encore parvenu à discerner dans quelles circonstances de telles mesures sont justifiées et dans quelles circonstances elles ne le sont pas. Sur ce point les décisions sont tout à fait arbitraires, et ce n'est que peu à peu qu'une notion exacte de leur importance économique arrive à se propager. Aussi, au 28ᵉ Congrès allemand des juristes, où la question de la mise en interdit et du boycottage était à

(1) Cpr., par exemple, les avis émis dans le 27ᵉ Congrès des juristes, et, en particulier, celui du Conseiller supérieur judiciaire Schneider, et, en outre, mon article : *Genügen die heutigen Zivil-und Strafrechtsnormen zur Bekämpfung von Missbraüchen der monopolistischen Vereinigungen*, dans *Soziale Praxis*, *XIII*, nᵒˢ 48 et 49.

l'ordre du jour, on n'a pas réussi à formuler sur ce point des règles générales pour apprécier à quel moment ces moyens doivent être considérés comme illégaux.

D'abord, bien entendu, les dispositions législatives actuelles deviennent inapplicables lorsqu'il s'agit uniquement des effets des cartells. On doit surtout considérer ici l'établissement des prix. Les effets les plus nuisibles qui résultent d'un monopole consistent certainement en des prix exagérés. Sans doute, comme nous l'avons déjà dit, toutes les fois que les prix ont été fixés trop haut, une nouvelle concurrence a surgi ; mais, néanmoins, il ne faut pas perdre de vue qu'il peut se faire qu'un jour une intervention de l'État dans les fixations des prix effectuées par les cartells devienne nécessaire. On a dit que lorsque les cartells font payer aux consommateurs des prix trop élevés, il y a là une atteinte à l'ordre public et que, par suite, de semblables traités de vente devaient être déclarés nuls par le juge ; ou bien que, pour les mêmes raisons, il était possible d'appliquer ici la peine contre l'usure. Mais on s'aperçoit très bien qu'il n'est pas possible que le juge considère sous cet aspect les fixations de prix d'un cartell. Les prix ne peuvent naturellement être jugés que relativement à la situation tout entière de la vie économique. Cela suppose le lien le plus étroit avec cette vie ; mais il ne sera pas possible aux professionnels eux-mêmes d'une industrie déterminée de dire à quel moment les prix sont élevés, et, à plus forte raison, à quel moment il peut être question d'exploitation usuraire. La difficulté d'établir un « juste prix » sera toujours imparfaitement appréciée par les juristes.

Il faut, en outre, considérer qu'il ne s'agit pas ici d'*un unique* contrat de vente, que le juge a sous les yeux, mais que, sur la même base, un certain nombre de contrats analogues sont intervenus, par exemple, en ce qui concerne les fixations de prix et les conditions d'écoulement. La sentence d'un juge en ce qui concerne un semblable contrat contient donc en même temps une décision basée sur la résolution prise par le cartell, et concernant *tous les contrats conclus par les membres de ce cartell avec leurs acheteurs*. Il s'agit donc ici des fondements économiques et des conditions les plus intimes de toute une branche industrielle, et il est certainement impossible que le juge soit entièrement compétent pour vérifier ces fondements, c'est-à-dire les motifs qui ont déterminé la fixation des prix de cartell.

C'est pour cette raison qu'on ne saurait songer à appliquer aux cartells les dispositions des art. 138 et 134 du Code civil allemand, d'après lequels les actes juridiques contraire à l'ordre public ou qui tendent à une exploitation usuraires sont nuls. Si l'on voulait prononcer la nullité de tous les cartells, cela conduirait à des situations intolérables dans la vie économique et aurait pour résultat une insécurité juridique extraordinaire. Sans doute, les cartells ne deviendraient pas par cela même impossibles, comme le prouve l'exemple d'autres pays où la loi prononce la nullité de tous les traités de cartells ; mais l'impossibilité d'intenter une action en justice en vertu de ces contrats ne manquerait pas de conduire à un amoindrissement de la morale commerciale ; elle tournerait à l'avantage de ceux qui manquent à leurs obligations et ne se considèrent pas comme liés par les engagements pris, toutes les fois qu'ils ne peuvent être poursuivis en justice, et ce serait au détriment de l'individu fortement attaché à la morale et qui s'en tient strictement aux engagements pris par lui.

Mais s'il est impossible de prononcer la nullité des contrats de cartell eux-mêmes, il est tout aussi impossible d'agir de même avec les acheteurs en prenant pour base les contrats de vente conclus par un cartell. Jamais, en effet, les juges ordinaires ne pourront dire si, dans une branche d'industrie, les prix correspondent aux conditions économiques du moment.

Le jour où une intervention directe dans la fixation des prix d'un cartell deviendrait nécessaire et où il s'agirait d'interdire comme trop élevées certaines fixations de prix de ce même cartell, il faudrait créer à cette fin des organes composés d'éléments compétents. Il y a quelques années (1), on a proposé la formation de *Commissions des cartells* qui se composeraient de personnes faisant partie des groupes intéressés, c'est-à-dire d'entrepreneurs cartellisés, ou peut-être même non cartellisés, de manufacturiers, de consommateurs, de marchands, d'ouvriers, avec le concours de quelques autres personnes compétentes et de quelques fonctionnaires de l'Etat. Ces commissions se réuniraient toutes les fois que des plaintes sérieuses seraient élevées relativement aux actes d'un cartell, ou que d'autres dispositions seraient enfreintes. Ce serait, à mon avis, la seule voie à suivre, en cas de nécessité, pour combattre directement, au moyen d'une réglementation des prix par l'Etat, l'abus d'une situation de monopole. Je ne saurais, au contraire, m'associer au projet présenté au congrès des juristes allemands, et qui consiste à com-

(1) *Zur Frage eines Kartellgesetzes*, dans la *Soziale Praxis*, X, nos 14 et 15.

poser exclusivement les commissions de prix de fonctionnaires de l'Etat et à faire de ces commissions une annexe du ministère des Finances et du ministère du Commerce. Aucun fonctionnaire de l'Etat et aucune commission composée de tels fonctionnaires ne peut assumer la responsabilité de la fixation des prix pour toute une branche d'industrie, et si quelque chose d'analogue paraît nécessaire, il faut que les intéressés eux-mêmes soient appelés à en faire partie.

Mais je m'imagine que de telles commissions et leur intervention dans la fixation des prix d'un cartell constituent une mesure à laquelle on ne doit avoir recours qu'en cas d'extrême nécessité et je crois que, en général, les mesures économiques, dont nous aurons encore à parler, ou même la simple critique d'un cartell dans la presse, dans les interpellations relatives à ce cartell, dans les Parlements, et autres mesures analogues, doivent suffire pour empêcher une exploitation abusive de la situation de monopole.

Contrairement à ce qui existe en Allemagne, la plupart des autres Etats ont des dispositions législatives concernant les unions en monopole (1). La France a l'art. 419 du Code pénal, qui frappe d'une peine toute entente en vue d'influer sur le prix d'une marchandise au détriment du public. Mais cet article a été interprété d'une manière si limitative par la jurisprudence que, en fait, il n'est presque jamais appliqué. Cependant, ce même article combiné avec les art. 6, 1131 et 1133 du Code civil a plusieurs fois fait prononcer, dans les procès civils, la

(1) Cpr. la quatrième partie du mémoire du Gouvernement impérial sur les cartells, 1909.

nullité des cartells. L'art. 412 du Code pénal s'applique spécialement aux cartells de soumission. En 1901, une loi fut promulguée contre les associations fondées par des *étrangers*, lorsqu'elles tendent : « soit à fausser les conditions normales du marché des valeurs ou des marchandises, soit à menacer la sûreté intérieure ou extérieure de l'Etat, etc. » Cette loi n'a pas encore eu d'application pratique.

En Belgique, les art. 412 et 419 du Code pénal français ont été abrogés. Les cartells y sont régis par les principes généraux du droit civil et du droit pénal, et la jurisprudence leur est favorable.

Il en est de même, en général, pour l'Italie. Ici, comme en Roumanie, ce qui est digne de remarque, c'est que le gouvernement lui-même a groupé une industrie en un cartell obligatoire. Ce fait se produisit, en Italie, en 1906 pour l'industrie sicilienne du soufre ; en Roumanie, pour les raffineries de pétrole, dont la production fut soumise à un contingent et pour laquelle aussi des prix intérieurs furent législativement établis. La Russie elle-même qui, d'ailleurs, possède contre les cartells des dispositions législatives souvent appliquées, a créé, en 1905, un cartell obligatoire dans l'industrie du sucre ; mais, du reste, elle interdit précisément les cartells pour les comestibles ainsi que pour les autres marchandises de première nécessité, dans les art. 913 et 1180 de son Code pénal. Tout récemment, dit-on, un cartell obligatoire d'Etat aurait été créé en Allemagne pour l'industrie de la potasse.

Les dispositions de l'art. 4 de la loi autrichienne de 1870 relative aux coalitions sont analogues aux dispositions de la loi française. Ces dispositions ont cependant reçu de temps à autre une rigoureuse application et elles ont conduit à prononcer la nullité des conventions de cartell. Mais, ici encore comme en France, ces dispositions n'ont nullement empêché leur création.

La législation anglaise est de toutes les législations celle qui combat avec le plus d'acharnement les associations en monopole. Elle est la seule qui défende le principe de la liberté industrielle au moyen d'une disposition législative. C'est pourquoi elle interdit les *contracts in restraint of trade* (contrat de restriction commerciale), qui imposent une limite aux particuliers dans l'exercice de leur industrie. Il est vrai que l'art. 1er de l'ordonnance allemande sur l'industrie a, lui aussi, posé le principe de la liberté industrielle, mais il n'y est pas dit que cette liberté ne peut être restreinte en vertu de conventions privées. Mais dans le droit anglais les dispositions de la *common law* en vue de la protection de la liberté industrielle sont rigoureusement appliquées et, comme nous l'avons vu, cela a empêché, en Angleterre, la formation d'unions contractuelles en monopole.

Les principes de la loi anglaise ont reçu également une application en Amérique ; mais ils n'ont pas tardé à y subir une restriction, à savoir qu'une limitation « déraisonnable » (*unreasonable*) de la liberté commerciale est prohibée, ce qui, bien entendu, ouvre un champ illimité à l'appréciation des juges. Sous la pression de l'opinion publique, ces dispositions ont été maintes fois très sévèrement appliquées, par exemple, dans la lutte contre les « *pools* de chemins de fer » ; mais, bien des fois aussi, de telles associations ont existé impunément pendant des années. Comme nous le voyons, la pratique économique a su, en Amérique, tourner ces dispositions en créant d'autres formes d'organisation (*trusts, holding compa-*

nies), et contre ces nouvelles formes est aujourd'hui dirigée la vaste « législation américaine relative aux trusts », législation qui est, en majeure partie, affaire des Etats particuliers et a, par suite, provoqué des lois nombreuses et très diverses. Ces lois n'ont pour nous, en Allemagne, qu'une très médiocre importance, et on ne saurait s'y arrêter en vue, le cas échéant, de les imiter.

Ainsi que nous l'avons déjà dit, dans l'appréciation de l'activité des unions en monopole, il incombe à l'opinion publique une très grande et très importante tâche. Mais, pour cela, il est nécessaire que les cartells et les trusts soient *connus* des autorités et paraissent au grand jour. L'Etat ne peut pas abandonner à elles-mêmes des organisations aussi importantes et dont l'influence s'étend si loin. Mais plus les cartells interviennent profondément, dans l'intérêt de leurs membres, dans les conditions économiques et plus ils s'efforcent eux-mêmes de rester à l'arrière plan et de ne pas se mettre en pleine lumière. C'est là ce que doit empêcher l'Etat dans l'intérêt de la communauté. Il faut donc établir pour tous les cartells l'obligation de faire une déclaration. Cette déclaration constitue aussi la condition d'une concession de capacité juridique aux cartells, capacité qui doit être encouragée pour des motifs de sécurité juridique et en vue de la protection de la bonne foi dans les rapports commerciaux. Mais l'Etat ne peut faire cette concession qu'à des organisations qui lui sont parfaitement connues. Comme base de l'action juridique réclamée, il suffit de la publication des statuts du cartell et des modifications qui peuvent y être introduites. Cependant, pour se former une opinion sur l'activité d'un cartell, l'Etat devra exiger, le cas échéant, que les autres décisions du cartell : fixations de prix, limitations de la production, bonis d'exportations, etc. lui soient communiquées.

C'est pour cela qu'il me paraît juste de séparer ces deux choses et de n'exiger que pour les statuts des cartells l'obligation de publicité qui forme la base de leur validité. L'extension à toutes les décisions des cartells dépasserait de beaucoup ce qui est possible dans la tenue d'un registre. L'obligation de publier les statuts et leurs modifications ne devrait être sanctionnée que par une peine et ne devrait pas entraîner la suppression de la capacité juridique puisque cette suppression pourrait avoir pour conséquence une grande insécurité juridique. Il serait également très souhaitable que d'autres associations, comme, par exemple, les Unions (*Vereine*), les sociétés (*Gesellschaften*), les compagnonnages (*Genossenschaften*) fussent astreintes le plus possible à cette obligation de publicité ; de telle sorte que le tout ne parût pas être une législation spécialement faite pour les cartells, mais, en quelque sorte, l'accomplissement d'un devoir qui, dans un Etat, incomberait à la plupart des associations.

L'Etat veut-il alors avoir de plus amples renseignements au sujet d'un cartell particulier, il serait parfaitement approprié qu'une autorité déterminée qui serait si l'on veut un *Office des Cartells* (*Kartellamt*), créé tout spécialement pour cela, pût sur la proposition du Chancelier Impérial, obliger par voie d'ordonnance tout cartell à fournir des renseignements non compris dans l'obligation ordinaire de publicité.

L'obligation de publicité n'est naturellement jamais une mesure qui puisse absolument faire échec aux préjudices résultant des cartells, mais elle a simplement pour but de permettre à l'Etat d'exercer une surveillance sur ces associations. Une telle surveillance est d'autant plus nécessaire que les cartells s'efforcent encore souvent de tenir leur action aussi secrète que possible. Cette attitude mystérieuse leur a cependant extraordinairement nui dans l'opinion publique, et je peux dire en me fondant sur une observation de bien des années qu'en réalité il y a, dans les cartells, beaucoup moins de choses à dissimuler que ne le croit généralement le gros public à la suite, précisément, de ce faux air de mystère. Il n'y a pas, en général, dans les cartells de véritables secrets de fabrication et d'affaires. En effet, si l'entrepreneur isolé a de tels secrets, il les partage cependant avec les membres du groupe, qui demeurent toujours tout au moins ses concurrents. Je crois qu'une grande partie de la méfiance qui encore aujourd'hui est témoignée aux cartells ne manquerait pas de se dissiper si ceux-ci ne s'enveloppaient pas de ce voile du mystère. C'est pour cela que, dans l'intérêt de l'industrie elle-même, il est à souhaiter que tout se passe au grand jour.

Le vœu général qui se fait entendre, et qui a plus d'une fois été émis au sein du Reichstag, à savoir que l'activité des cartells fût mieux connue qu'elle ne l'a été jusqu'ici, a amené le Gouvernement impérial à établir, depuis 1903, des *Discussions contradictoires sur les cartells allemands*. A ces discussions furent invités des hommes compétents de la branche d'industrie en cause, des acheteurs, des commerçants et aussi quelques représentants de la science. Jusqu'ici ces discussions ont concerné : le Syndicat du charbon du Rhin et de la Westphalie, le syndicat du coke, la Con.

vention des charbonnages de la Haute-Silésie, les Syndicats du fer en gueuse, le Syndicat des produits demi-ouvrés, le Syndicat des fils laminés et le Syndicat des pointes, le cartell du papier à journal, les différends existant entre l'Union pour affaires de bourse des libraires allemands et l'Union de protection académique, le syndicat de la tôle, les Syndicats de l'acier, le cartell de produits textiles, et le syndicat des alcools. Ces discussions ont été publiées en cinq volumes (12 livraisons) à la librairie F. Siemenroth, de Berlin.

En même temps, le gouvernement impérial présentait au Reichstag un volumineux *Mémoire relatif aux cartells*, mémoire qui a paru en quatre parties et qui doit, le cas échéant, être continué. La première partie contenait une statistique complète des cartells allemands et une collection de leurs statuts. La deuxième contenait un exposé des prescriptions du droit civil et du droit pénal en ce qui concerne les cartells, avec des références à la jurisprudence du Tribunal d'Empire. La troisième partie donnait un exposé détaillé de l'exploitation des mines de houille en Allemagne et de ses syndicats, avec des considérations toutes particulières relatives à l'influence de ces syndicats sur les prix. Enfin, la dernière partie nous offre une vue d'ensemble de la législation étrangère relative aux cartells et aux trusts. Ces études n'ont conduit à aucun résultat pratique, c'est-à-dire à aucune loi sur les cartells, loi que l'on réclame cependant de tous côtés. Et, en fait, il semble peu opportun de soumettre actuellement les cartells à des règles ayant une portée générale et de vouloir les faire, en quelque sorte, entrer dans une forme juridique déterminée. En dehors des mesures de pure surveillance, aucune véritable réglementation du cartell ne saurait aujourd'hui être effectuée directement au moyen de règles juridiques : elle ne peut avoir lieu qu'indirectement par une influence exercée au moyen de mesures économiques. Dans le domaine économique, il n'existe aujourd'hui que la seule ressource de s'opposer à ce que les cartells abusent de leur situation de monopole.

Les mesures de *surveillance* à l'égard des cartells seraient certainement aujourd'hui, en Allemagne, susceptibles d'être étendues et améliorées. En ce moment, les cartells jouent un si grand rôle dans la vie économique, ils amènent de si grandes transformations, ils touchent aussi de si près à l'Etat comme acheteur, et influencent enfin à tel point, comme nous l'avons vu, les effets de la politique commerciale de l'Etat, que celui-ci ne doit pas un moment les perdre de vue. A cela ne sauraient suffire quelques enquêtes d'occasion avec des rapporteurs et des présidents éphémères, qui souvent n'ont pas eu le temps nécessaire pour se familiariser complètement avec leur fonction. Un *Office impérial des cartells* présenterait une bien plus grande utilité à cet égard. Ce qu'il y aurait de mieux approprié encore, ce serait la fondation d'un « Bureau de l'Industrie » du genre de la *Industrial Commission* qui existe en Amérique, et qui aurait à s'occuper aussi, en plus des questions qui concernent les cartells, des autres questions concernant l'industrie, et, d'une manière générale, à surveiller le développement industriel. On pourrait, par exemple, à la suite de la création de ce Bureau, imposer aux cartells, comme aussi aux commerçants, l'obligation de dresser régulièrement des rapports annuels. De semblables comptes-rendus pourraient avoir la plus grande valeur au point de vue économique. Les rapports que publient déjà quelques cartells au sujet de la situation économique de leur branche d'industrie sont souvent très tendancieux. L'Office des cartells ou de l'Industrie pourrait examiner ces rapports et, le cas échéant, exiger qu'ils soient complétés. On pourrait prescrire aux cartells organisés qui ont un Bureau de vente de communiquer à l'Office des cartells, à l'exemple des grandes banques, chaque six mois ou même plus souvent des rapports relatifs aux commandes qui leur sont adressées et aux expéditions faites. Ces rapports devraient se référer séparément au commerce intérieur et au commerce avec l'étranger, et le Bureau de vente pourrait les publier. Cela constituerait un point de repère important pour l'appréciation de la situation économique, et cette vue d'ensemble d'une industrie tout entière, telle que les cartells les entreprennent, présenterait une grande utilité même pour la communauté.

Si nous disions qu'une réglementation générale juridique des cartells qui les soumettrait à des dispositions fixes, n'est nullement désirable, nous reconnaissons néanmoins qu'il existe tout un *groupe de mesures spéciales des cartells* qui touchent spécialement à certaines questions juridiques et qui peut-être se prêtent mieux à une pure réglementation juridique que les effets généraux économiques des cartells. Ces mesures, ce sont les *conventions* (*Vereinbarungen*) que je comprends sous la désignation générale de *contrats d'exclusion* (*Exklusionsverträge*), de clause de concurrence (*Konkurrenzklausel*), contrats de boycottage, prohibitions de livraison et prohibition de travail, obligations au commerce exclusif, etc. Ces mesures sont employées par les cartells lorsque leurs membres s'engagent réciproquement à ne pas vendre à certains consommateurs, à ne pas occuper certains ouvriers et autres engagements semblables, ou bien encore lorsqu'ils obligent certains groupes de sujets économiques à ne vendre qu'à eux et, respectivement, à n'acheter qu'à eux. Cette dernière forme de contrats est donc dirigée contre les personnes étrangères au cartell ; et, puisque les consommateurs ou les fournisseurs de matière première se trouveraient engagés à des rapports exclusifs avec le cartell, elle serait pour ce même cartell un moyen de se garantir. Mais ces contrats ont une portée qui dépasse beaucoup la sphère des cartells. Non seulement ils sont employés par les entrepreneurs, mais encore par la plupart des compagnonnages (*Genossenschaften*), par les coalitions d'ouvriers et par tous les autres sujets économiques. Les compagnonnages et tout le droit de coalition, et surtout les communautés de tarif des entrepreneurs et des ouvriers, communautés si utiles pour la paix sociale, reposent sur cette base. La vie économique moderne ne saurait se passer de ces mesures, car elles représentent un des plus puissants moyens d'organisation de cette vie économique, et elles sont appliquées partout où deux groupes de sujets économiques qui, sans cela, se verraient d'un œil hostile, comme les entrepreneurs et les ouvriers, les producteurs et les consommateurs, veulent établir une réglementation uniforme et durable de leurs relations économiques. C'est pourquoi il n'y a pas lieu de prononcer purement et simplement la nullité de conventions de cette nature, mais la science juridique a le devoir d'en fixer les limites, et de dire dans quelle mesure de telles conventions sont permises et à quel moment la grave intervention dans l'autonomie des assujettis, intervention qui est incontestablement inséparable de ces mesures, doit être considérée comme abusive et comme immorale. Cependant absolument rien n'a été fait à ces points de vue, puisque jusqu'ici la science n'a presque jamais porté son attention sur ces phénomènes.

En ce qui concerne les obligations au commerce exclusif, j'ai proposé au Congrès des juristes de Berlin, et plusieurs fois depuis lors, une réglementation d'après laquelle de tels contrats ne seraient valables qu'en ce qui touche des conventions de prix déterminées et seulement pour la durée de ces conventions, c'est-à-dire que pendant la durée de l'obligation de la contre-partie il ne devait être pratiqué aucune hausse des prix. De cette façon, le danger qui réside en ce qu'une obligation unilatérale, par exemple, de la part de l'acheteur d'un cartell, au commerce exclusif avec ce même cartell, se trouvera atténué, et il sera imposé une contre-prestation à laquelle les puissants monopoleurs échappent facilement, puisqu'ils font engager unilatéralement leurs contractants.

En tous cas, dans cette sphère spéciale des effets des cartells, une réglementation juridique et légale serait immédiatement possible. Mais, quant à ce qui est d'une action à exercer sur la fixation des prix par les cartells, — et c'est sur ce terrain que se rencontrent certainement les dangers les plus menaçants — on ne peut y parvenir que par des mesures économiques.

Les plus importantes de ces mesures *économiques*, ce sont, surtout, les mesures à prendre en matière de *douane*. La première de ces mesures, c'est l'*abaissement* ou l'*élévation* des droits de douane comme moyen de combattre la hausse excessive des prix des cartells. Mais, bien entendu, cette mesure n'est pas possible à l'égard de tous les monopoles. Ceux qui se fondent sur la rareté de la production, comme, par exemple, pour la potasse, ou sur des frais considérables de transport, comme pour le charbon et le ciment, sont, en général, à peine affectées par des mesures de politique douanière qui facilitent la concurrence étrangère, mais elles ne sont pas non plus pour la plupart protégées par les douanes. D'ailleurs, le nombre des produits à l'égard desquels les douanes ont une grande influence pour la formation de cartells est très grand, et un abaissement des droits de douane aurait sur ces produits un effet considérable. Mais, ici encore, nous nous trouvons en présence de la difficulté qui s'oppose chaque fois à une réglementation efficace des cartells, à savoir la difficulté de décider à quel moment un dommage en résulte pour la communauté. Il est impossible que cette détermination, comme base de la politique douanière, soit de la compétence du juge ; il est tout aussi impossible qu'elle soit de la compétence du ministère des Finances, comme dans le projet de loi autrichien relatif aux cartells. Elle devrait résulter d'une *loi*. De même qu'il dépend du pouvoir législatif d'établir un droit de douane et d'en fixer le taux, de même on doit lui confier le droit de décider un abaissement des droits de douane comme moyen de lutter contre le monopole. Dans la plupart des cas, le fait que déjà un abaissement des droits de douane a été examiné au Reichstag devrait suffire pour rendre les cartells plus prudents dans leur politique de fixation des prix. Sans doute, une discussion peut avoir lieu au Reichstag au sujet des préjudices causés par un cartell, même en dehors d'une disposition législative prévoyant les modérations des droits de douane, mais elle a certainement plus de force lorsqu'un abaissement des droits de douane est légalement possible *a priori*. De tels abaissements de droits pourraient n'être établis pour un produit de cartell qu'éventuellement par rapport à certains pays.

Des modérations dans les *tarifs des chemins de fer* pourraient influer de la même manière que les abaissements des tarifs douaniers sur l'importation des produits cartellisés. Mais, à ce point de vue, il n'a rien été fait en Allemagne, où cependant une mesure de ce genre est parfaitement possible à cause de l'étendue du réseau de l'Etat. Au contraire, les tarifs de chemins de fer font très souvent, même pour les produits monopolisés, par exemple, pour les charbons rhéno-westphaliens, des conditions avantageuses pour l'exportation et rendent ainsi moins favorable dans ces circonstances la situation des consommateurs nationaux qui se trouvent placés près de la frontière, si on compare cette situation à celle des consommateurs étrangers. C'est ainsi, par exemple, qu'à Bâle, les fabriques ont souvent acheté le charbon à meilleur marché que celles qui se trouvent au sud du Duché de Bade. Pour les produits monopolisés d'une manière permanente, les tarifs réduits d'exportation devraient être supprimés.

L'emploi de mesures qui affectent la vie économique aussi profondément que les modifications apportées dans les tarifs douaniers ou de chemins de fer, ne peut cependant jamais être abandonné exclusivement à un seul ministère ; mais il est nécessaire qu'il existe, pour une semblable politique de cartell, un *Office des cartells* embrassant la vie économique tout entière et auquel devraient dans certains cas être appelés des hommes à compétence qualifiée. Et si, en réalité, un grand dommage était causé un jour par les prix excessifs d'un cartell, il serait très possible d'y remédier par ce moyen.

Au contraire, je ne saurais donner mon adhésion à un autre projet qui consiste à abaisser les droits de douane pour les produits que les cartells allemands vendent moins cher à l'étranger qu'en Allemagne même. Des propositions dans ce sens ont plusieurs fois été émises devant la Commission des douanes et au Reichtag. Mais ces propositions méconnaissent complètement la façon dont les cartells exercent une action préjudiciable. Il est évident qu'un cartell qui ne vend pas du tout à l'étranger peut tout aussi bien nuire aux industries manufacturières, à l'égard de l'étranger, par ses simples fixations de prix, qu'un cartell exportateur. Cela dépend entièrement de la différence entre les prix de l'intérieur et ceux de l'étranger, mais non du fait que l'industrie de la matière première vend moins cher à l'étranger. Il serait donc injuste de ne supprimer purement et simplement la protection douanière que pour les industries qui exportent accidentellement, et non pour celles qui causent un dommage à l'acheteur, mais qui n'exportent pas. Des réductions de tarifs de transport ou de tarifs douaniers doivent pouvoir être appliquées à l'égard de tous les cartells lorsque leurs fixations de prix se traduisent par un préjudice. Le fait que l'on vend meilleur marché à l'étranger ne constitue jamais un critérium du dommage occasionné par un cartell ; ce critérium n'est donné que par le taux excessif des prix pratiqués à l'intérieur du territoire.

Mais cette idée est également irréalisable pour d'autres raisons. Dans un grand nombre d'industries, l'exportation n'est pas pratiquée d'une manière régulière ; elle ne l'est que d'une manière transitoire pendant les époques de crise de l'écoulement. Que faut-il donc faire si un cartell n'exporte pas aux époques de vente active? Les anciens droits de douane doivent être rétablis. Si les prix s'élèvent alors à l'intérieur, ce qui est bien naturel à la suite d'une demande plus intense, les droits de douane doivent de nouveau être supprimés, et cela dès que la moindre quantité de marchandise est vendue meilleur marché à l'étranger. Il est facile de voir qu'en pratique de semblables procédés sont absolument impossibles.

Le moyen qui consiste en l'*abaissement des droits de douane* à l'égard des cartells paraît avoir été tout d'abord essayé en Russie. A l'égard du cartell privé qui dura de 1887 à 1896, le ministère des finances avait le droit de proposer au Conseil des ministres l'abaissement des droits de douane relatifs au sucre, lorsque le prix, dans les Bourses de Kiew et de Saint-Pétersbourg, dépassait un certain taux. En fait, le ministère n'usa pas de ce moyen, en 1892, lorsque, à la suite d'une mauvaise récolte le prix du sucre subit une hausse considérable ; mais il eut recours à une mesure toute spéciale qui consista à acheter à l'étranger environ 35 millions de kilogrammes de sucre pour les vendre dans différentes localités, de telle sorte que le prix ne pût nulle part dépasser 5,6 roubles. En même temps, l'Etat réalisait par ce moyen un bénéfice de 3 millions de roubles. C'est là un moyen qui pourrait encore être employé aujourd'hui contre un monopole né à la suite d'une protection douanière intérieure.

Le droit pour le ministre des Finances de réduire les

droits de douane, fut, à l'instar de ce qui avait lieu en Russie, prévu par le *projet de loi autrichien relatif aux cartells* de 1897.

Des mesures de politique douanière furent, en premier lieu, appliquées aux cartells par le Canada. Déjà la loi canadienne sur les tarifs douaniers de 1897, comme aussi celle de 1907, donnent la possibilité de *réduire les droits de douane* lorsque les produits sont, d'une façon quelconque, portés à des prix excessifs au moyen d'associations *intérieures*. C'est ainsi que, en 1902, le droit sur le papier fut réduit de 25 à 15 0/0.

La Nouvelle-Zélande est allée plus loin encore. Une loi de 1907 a pour but de protéger les consommateurs contre le monopole dans le commerce de la farine, du froment et des pommes de terre, et elle permet, sur la proposition d'une commission d'enquête, la suspension des droits de douane pour trois mois au moins. La commission doit, de temps en temps, présenter des motions, si les prix du commerce de gros, en ce qui concerne ces denrées, subissent une hausse exagérée et, alors, elle peut proposer au gouverneur une suspension des droits de douane. Le prix des pommes de terre est considéré comme absolument exagéré lorsqu'il dépasse le prix de sept livres sterling prévu par la loi.

Nous trouvons donc ici un exemple des commissions de prix que nous avons préconisées plus haut. Il en est de même en ce qui concerne la protection des producteurs de machines agricoles de la Nouvelle-Zélande, protection dirigée contre le trust américain des moissonneuses. Lorsque, donc, deux fabricants de la Nouvelle-Zélande se plaignent que le prix de ces machines est pratiqué à un prix inférieur par l'étranger, une commission particulière appelée : *the agricultural implement inquiring board* doit être convoquée en vue d'une enquête. Si cette commission réclame une protection officielle en faveur de l'industrie néo-zélandaise, le *Commissionar of trade and customs* (Commissaire du commerce et des droits de douane) peut établir non pas précisément des tarifs douaniers plus élevés, mais des primes allant jusqu'à 33 0/0, de façon à permettre aux producteurs néo-zélandais de soutenir la concurrence contre les importateurs de ces machines. Les instruments agricoles fabriqués en Grande-Bretagne et en Irlande sont traités sur le même pied.

Depuis peu, une réduction générale des droits de douane, en Nouvelle-Zélande, serait, paraît-il, un moyen employé pour lutter contre le monopole. Une loi générale contre le monopole, mais une loi qui n'est pas encore promulguée, permet d'intenter une action publique contre le monopole commercial. Lorsqu'une plainte de cette nature est adressée au président de la Cour supérieure ce qui peut avoir lieu, en dehors de l'administration publique, par un commerçant dont les intérêts se trouvent gravement compromis par le monopole, ou par trente personnes notables, une enquête préalable est organisée par deux procureurs publics enquête dans laquelle ils ont le droit d'entendre des témoins, de les obliger à déposer, et de vérifier la comptabilité. Les deux fonctionnaires acquièrent-ils la conviction qu'il existe un monopole, ils introduisent aussitôt une instance devant trois juges de la Cour supérieure et ceux-ci rendent une décision définitive.

La Cour supérieure peut immédiatement prononcer la dissolution de la société et interdire d'en faire partie sous peine d'amende. Le Gouverneur a alors le droit de réduire les droits de douane. Comme nous l'avons montré plus haut, on ne peut cependant jamais considérer comme parfaitement opportun le fait de confier à des tribunaux le droit de se prononcer sur des questions aussi difficiles.

En même temps que, d'un côté, des réductions et des affranchissements de tarifs douaniers sont préconisés, une *élévation des droits de douane* est réclamée d'un autre côté afin de protéger nos industries contre les industries étrangères qui, comme les nôtres, exportent à prix réduit. On a proposé d'introduire dans les traités de commerce une *clause de prime à l'anti-exportation* (*Antiexportprämienklausel*) qui permettrait à l'Etat d'élever les droits de douane sur une marchandise dès que celle-ci est exportée chez nous par un Etat étranger à des prix moins élevés que ceux auxquels elle est vendue dans son pays d'origine. Mais une semblable mesure est, en pratique, d'une application encore plus difficile que celle qui consiste à empêcher les cartells nationaux d'exporter à prix réduit (1). Les raisons en sont ici les mêmes que dans l'autre cas. Tout d'abord, nous nous heurtons à la difficulté de savoir à quel moment la vente à l'étranger est faite au rabais. De plus, que l'on réfléchisse aux changements qu'il faut nécessairement introduire dans les droits de douane lorsqu'on n'importe au rabais que d'une manière temporaire, et aussi que l'on pense à la situation incertaine du manufacturier, aux contestations continuelles qui en résultent.

(1) Le fait que l'on cherche à se protéger surtout contre l'exportation à rabais de l'étranger au moyen d'une élévation des droits de douane, prouve que personne ne considère comme avantageux « le gaspillage des biens nationaux » à l'étranger, pas même dans ce pays étranger.

L'augmentation des droits de douane comme moyen de lutter contre les organisations en monopole a surtout été prise en considération au Canada. Dans ce pays, la loi de 1907 sur les tarifs douaniers étend les anciennes dispositions concernant cette matière et permet d'élever les droits de douane pour des marchandises qui sont vendues au Canada meilleur marché que dans leur pays de fabrication, toutes les fois qu'il en est fabriqué de pareilles au Canada. Les *Dumping Duties* y ont rapporté chaque année environ 1 million de marks. Les Etats-Unis ont aussi, à l'occasion, cherché à restreindre la concurrence que l'étranger fait aux industries nationales au moyen de l'importation à prix réduits en calculant les droits de douane *ad valorem* d'après les prix les plus élevés pratiqués dans le pays de fabrication.

Le fait caractéristique que, non seulement dans le pays où il est exporté à bas prix on ne regarde pas ce fait comme désirable, mais qu'encore dans le pays qui exporte on cherche à étouffer ces ventes à vil prix, a fait que tout récemment une autre mesure de politique douanière a joui d'une grande popularité : le *droit d'exportation* (*Ausfuhrzoll*). On veut par là empêcher que, pour maintenir les prix élevés à l'intérieur, l'excédent de production qui n'y est pas écoulé et est expédié à l'étranger, n'aboutisse à une sur production qui reste dans le pays et pèse sur les prix. Le projet d'un droit d'exportation pour la houille a été soigneusement étudié à l'époque de la disette du charbon, en 1900 et en 1906, et dans les discussions relatives au tarif douanier, comme aussi au moment de la première réforme financière impériale de 1906. L'idée d'un droit d'exportation pour la potasse fut également mise à l'ordre du jour dans les deux premières circonstances mentionnées et notamment en juillet 1909, alors que le nouveau syndicat de la potasse menaçait de faire naufrage. Du côté des conservateurs s'éleva alors, au moment des discussions relatives au renouvellement du syndicat, la menace d'un droit de cette nature et le gouvernement annonça officiellement au Reichstag sa parfaite adhésion à cette mesure préconisée par la majorité de cette assemblée. Dans cette situation critique, le syndicat de la potasse, tout à fait à la dernière heure, après d'ardentes discussions dont l'issue incertaine provoqua une grande spéculation, et à travers de nombreuses difficultés, parvint enfin à se maintenir encore une fois, et c'est ainsi que l'industrie échappa pour un temps au danger du droit d'exportation.

On ne saurait non plus nier que de graves considérations d'économie nationale militent contre cette mesure ; ce qui nous explique qu'elle n'ait pas encore reçu jusqu'ici d'application pratique (le droit d'exportation, introduit en Angleterre en 1900, était un droit fiscal de douane d'une nature toute particulière, déterminé par la nécessité de couvrir les frais de la guerre du Transvaal). Comme source de revenus publics, comme pur droit fiscal de douane, si l'on veut absolument appliquer comme tels des droits d'exportation, un droit d'exportation sur la potasse et sur le charbon serait sans doute parfaitement approprié. Mais la potasse n'est pas entièrement une denrée de monopole que l'étranger doive à tout prix tirer de chez nous, car l'étranger peut employer d'autres moyen de fumure si nous lui faisons payer la potasse à des prix excessifs. Mais le danger le plus grave, c'est que les pays étrangers, surtout les Etats-Unis, qui sont notre plus grand acheteur de potasse, n'usent à notre égard de représailles et, par exemple, ne nous fassent payer plus cher le cuivre ou le coton dont nous avons besoin.

Comme moyen de lutter contre les cartells et leurs ventes étrangères à vil prix, un droit d'exportation constitue cependant une mesure complètement à deux tranchants. En effet, si ce droit est si élevé qu'il rende réellement plus difficile l'exportation, il ferme la soupape d'échappement que l'exportation constitue pour les grandes industries à l'égard des fluctuations commerciales. Celles-ci se trouveraient donc renforcées. Aux époques de crise, les consommateurs bénéficieront, sans doute, de prix très bas, mais il est possible qu'alors bien des usines tombent, mais alors aux époques d'essor le prix des marchandises sera d'autant plus élevé, et leur rareté d'autant plus grande. En ce qui concerne la potasse, il faut considérer aussi que, pour l'étranger, les prix du syndicat, contrairement à ce qui se passe dans d'autres cartells, ne sont nullement plus bas, mais sont, au contraire, plus élevés que les prix de l'intérieur, ce qui a depuis longtemps poussé les Américains à tâcher d'acquérir en Allemagne leurs propres usines de potasse. Le droit d'exportation ne serait ici qu'une mesure d'intérêt purement agraire pour provoquer dans le pays, en entravant l'exportation, une surproduction et, par suite, un effondrement des prix. Ce droit ne serait pas seulement un droit financier de douane, mais, en fait, il gênerait l'exportation et constituerait pour cette industrie, où, plus peut-être que dans aucune autre, les possibilités de production dépassent, en réalité, de beaucoup l'écoulement, le plus grave de tous les dangers.

Nous avons vu au chapitre III que la réglementation des prix par les unions en monopole cause surtout un préjudice considérable aux *manufacturiers*, qui souvent ne sont pas en état de faire passer sur leurs acheteurs et sur les derniers consommateurs, en élevant leur prix de vente, le fardeau que font peser sur eux les prix élevés de la matière première. A eux aussi, on a essayé de venir en aide au moyen de la politique douanière, et la mesure appliquée dans leur intérêt apparaît aujourd'hui comme la plus importante de toutes celles qu'il est possible d'appliquer en cette matière. Cette mesure, c'est la *liberté douanière du commerce de finissage* (*zollfreier Veredlungsverkehr*). Elle consiste en ce que, au moment de l'importation de matières premières ou de produits demi-ouvrés, le droit de douane est différé et est remis définitivement lorsque cette même matière perfectionnée, c'est-à-dire manufacturée, est de nouveau exportée. Il devient ainsi possible au manufacturier de se procurer au prix général du marché la quantité de matière première dont il a besoin pour les marchandises qu'il exporte, et il peut alors soutenir la concurrence à l'étranger. Pour lui faciliter la concurrence à l'étranger, on s'est également servi, comme nous l'avons vu, des primes privées à l'exportation (*Exportvergütungen*) que les cartells concèdent à leurs acheteurs et qui consistent en un rabais sur le prix des marchandises fabriquées en vue de l'exportation. Mais ces primes privées à l'exportation demeurent, bien entendu, entièrement dépendantes de la bonne volonté des cartells ; en général, elles ne peuvent, pour des raisons que nous avons indiquées plus haut, être consenties qu'à des syndicats ; elles aggravent extrêmement la dépendance des manufacturiers vis-à-vis des puissants syndicats de matière première ; elles ont plutôt le caractère d'une aumône ; elles disparaissent, en général, à l'intérieur du pays aux époques de vente active, en tous cas, elles sont presque toujours regardées comme insuffisantes par les manufacturiers. Au contraire, la liberté douanière du commerce de finissage est un crédit concédé par l'État aux manufacturiers dans leur commerce d'exportation et dont les caisses publiques portent la trace par le remboursement des recettes douanières.

Cette mesure a fait naître de grandes espérances comme moyen de lutter contre les prix excessifs des cartels en général et on a cru que la « liberté douanière du commerce de finissage équivaut absolument à une concurrence plus étendue des producteurs nationaux de matière première et d'objets demi-ouvrés » et, par suite, à des prix plus bas de ces mêmes marchandises (1). C'est là surtout ce qui ne se vérifie pas dans l'industrie du fer à cause des entreprises combinées. Celles-ci ne vendent plus alors tout simplement les matières premières et les objets demi-ouvrés dont nous avons parlé à de purs manufacturiers, mais elles les manufacturent elles-mêmes. Si donc je considère moi-même l'institution d'une liberté

(1) Tschierschky, *Die Neuordnung des zollfreien Veredlungsverkehr*, p. 45.

douanière du commerce de finissage comme une chose utile et équitable — j'ai été certainement un des premiers à avoir préconisé scientifiquement cette mesure contre les cartells — je ne peux pas maintenant néanmoins souscrire à une apologie exagérée de cette même mesure, apologie qui, depuis que l'idée a pris de l'extension, menace d'occuper entièrement la place. Elle ne profitera aux fabricants qu'en ce qui touche l'exportation et elle pourra d'autant moins améliorer leur situation que, dans l'industrie en question, l'importance de l'exportation sera moindre relativement à l'importance du marché intérieur. Il n'en résultera donc pas une baisse des prix de la matière première ou des demi-ouvrés, mais bien une plus grande concurrence pour les entrepreneurs manufacturiers auxquels devait profiter la liberté douanière du commerce de finissage. Néanmoins, cette mesure est importante, car la seule possibilité de pouvoir être appliquée rendra, le cas échéant, les cartells plus prévoyants dans la fixation de leur prix.

La liberté douanière du commerce de finissage aurait beaucoup plus d'importance si, conformément aux projets du Mémoire du syndicat des consommateurs d'objets demi-ouvrés, on le transformait en *système des bons d'importation* (*System der Einfuhrscheine*). Une motion dans ce sens présentée par la fraction du centre fut même acceptée par le Reichstag au mois de février 1909. Tandis d'ailleurs que le commerce de finissage n'attend, au moment où la matière première est exportée sous forme de produit manufacturé, qu'un remboursement des droits payés au moment de l'importation, les bons d'importation peuvent, comme de l'argent comptant, être éventuellement remis en paiement des droits de douane pour d'autres marchandises importées, mais ils peuvent, dans tous les cas, être donnés en paiement ou vendus aux fournisseurs de matière première. Ils proviennent de l'exportation et confèrent, par exemple, une liberté douanière d'importation d'une quantité de fer en gueuse égale à la quantité des marchandises exportées. Mais celle-ci est beaucoup plus grande que ne l'est la quantité du fer brut importé en Allemagne, et, par suite, cette mesure permet surtout d'exercer une pression sur le prix du fer brut national. Les bons d'importation ne sont, en définitive, pas autre chose que l'assurance donnée par la loi que les fabricants pourront obtenir, pour leur exportation, la matière première au même prix que l'étranger. Les réclamations formulées dans ce sens par les consommateurs de produits demi-ouvrés me semblent aller trop loin et ouvrir une brèche dans notre système de protection douanière. Il serait, en effet, plus simple et plus approprié d'abaisser d'une manière générale les droits de douane sur le fer brut, et si cela s'effectuait par voie de convention internationale, comme cela a lieu pour le sucre, l'Allemagne n'aurait assurément à subir de ce chef aucun préjudice.

Mais si un jour un cartell pour des matières premières et des produits demi-ouvrés protégés par des droits de douane venait à nuire aux acheteurs à la suite de ses prix exagérés, on devrait prendre en considération le système des bons d'importation. Il faut reconnaître d'ailleurs qu'en présence des industries de cette nature, l'État ne manque pas de moyens efficaces pour mettre un frein à leur exploitation du système actuel de protection douanière.

Tout ce qui ressort de nos explications, c'est donc qu'à la suite du développement des cartells, l'importance du système de protection douanière n'est plus du tout ce qu'elle était autrefois. Autrefois, à l'époque de la libre concurrence, on croyait n'écarter que l'étranger au moyen des droits de douane ; à l'intérieur, pensait-on, la concurrence des entrepreneurs suffira pour assurer aux consommateurs les prix les moins élevés. Les cartells changèrent tout cela, et maintenant les industries protégées ont complètement mis à profit le droit de douane ; les prix nationaux se sont grossis des droits de douane en présence des prix étrangers et il en est résulté des pertes pour les manufacturiers. Mais il y a plus : ces prix nationaux élevés permettent aux industries protégées de vendre à l'étranger à des prix de plus en plus bas. En même temps que la concurrence est exclue à l'intérieur, elle sévit avec une ardeur toujours plus grande sur le marché étranger. Et c'est ainsi que le système de protection douanière, comme d'ailleurs toutes les mesures de politique économique, finit par trouver en soi-même ses propres limitations. Les Etats particuliers élèvent réciproquement les droits de douane ; mais, par cela même, ils donnent aux cartells le moyen d'élever de plus en plus les prix intérieurs et de franchir ainsi avec leur exportation les barrières des droits élevés de l'étranger.

A la suite de cela, bien des gens sont d'avis que cet état de choses ne peut cesser qu'en adoptant le libre échange et il n'est pas douteux que, sous l'influence du développement des cartells, la doctrine du libre échange, qui paraissait presque ne plus exister, a, dans ces dix dernières années, repris une vigueur nouvelle. Théoriquement, le libre échange serait, sans doute, ce qu'il y aurait de plus équitable pour mettre fin pour toujours à ces situations intolérables, à la condition pourtant que tous les Etats l'adoptassent ensemble et en même temps. En effet, comme nous sommes un des peuples industriels les plus avancés, nos industries n'auraient pas à en souffrir. Mais pratiquement on se heurte à une foule d'obstacles : (1) tous les Etats ne sont pas parvenus à un développement industriel aussi avancé que le nôtre. Presque tous cherchent à étendre telle ou telle industrie qui est encore en retard et, pour cela, ils ont besoin de la protection douanière. Aucun Etat ne consent *a priori* à renoncer à certaines industries en faveur d'autres pays et à se mettre ainsi sous leur dépendance ; mais tous veulent autant que possible s'assurer l'indépendance économique. (2) Et ce que l'industrie est pour un grand nombre d'autres Etats, l'agriculture l'est pour nous. Nous ne pouvons pas renoncer aux droits sur les céréales parce que nous en avons besoin pour protéger notre agriculture contre la concurrence étrangère qui l'écrase. Comme nous rendons maintenant plus difficile l'entrée des produits agricoles, il est bien naturel que les Etats qui nous fournissent ces produits opposent des droits de douane à nos produits industriels, surtout pour ceux de ces produits dont ils se procurent la matière première chez eux et que, par conséquent, ils pourraient aussi fabriquer eux-mêmes. Mais cela a encore pour résultat que nous-mêmes nous ne pouvons pas non plus admettre l'importation libre pour les Etats qui nous font concurrence pour les produits industriels, alors surtout que notre industrie, à la suite des droits sur les céréales, doit payer pour ses ouvriers les vivres plus cher que dans les pays où les frais de la production agricole sont moindres. Une adoption générale du libre échange apparaît sans doute une très belle chose en théorie, mais, en pratique, aucun de ceux qui se vantent d'être partisans du libre-échange n'oserait aujourd'hui préconiser son adoption et ne pourrait indiquer le moyen à employer. Le libre-échange a contre lui la grande divergence des intérêts économiques des Etats particuliers et le désir parfaitement justifié de tous les Etats de sauvegarder autant que possible l'indépendance de leur économie nationale. C'est ce que doit considérer quiconque veut pratiquer une politique qui soit d'accord avec les faits (*Realpolitik*).

Il s'ensuit que, comme nous l'avons vu, la protectiou douanière est, dans les Etats industriels, le moyen le plus propice au progrès rapide de l'industrie et à l'introduction des formes d'organisation les plus appropriées. C'est là un point qui fut toujours trop négligé jusqu'ici. Sous l'influence de la protection douanière, les cartells ont pu maintenir, d'une manière durable, leurs prix au-dessus de ceux du marché universel. Ceux-ci, puisqu'on pouvait exporter même à perte, furent de plus en plus écrasés. Les fabricants qui ne pouvaient pas eux-mêmes se constituer en cartell, tombèrent dans une situation de plus en plus défavorable, et, même lorsqu'ils fondèrent des cartells, les prix élevés de la matière première leur rendirent difficile l'exportation à l'étranger. Mais, à raison de cela même, la création d'entreprises en combinaison fut de plus en plus avantageuse et le progrès économique s'en trouva accru. Elles représentent, en effet, la moins chère des formes de production.

La protection douanière favorise donc aujourd'hui l'évolution des formes d'entreprise, et aujourd'hui encore, comme au temps de Frédéric List, elle constitue un moyen d'éducation.

Quoi qu'il en soit, il ne faut pas songer actuellement,

et jusqu'à une époque que l'on ne peut déterminer, à une adoption générale du libre-échange, alors même qu'il nous apparaîtrait théoriquement comme l'idéal des relations commerciales entre les nations ; mais, sans doute, certains droits de douane industriels pourraient peu à peu être abolis entre les Etats les plus développés au moyen de conventions internationales, et, de cette façon, pourraient aussi être supprimés ou atténués les inconvénients qui sont aujourd'hui inséparables de l'exportation à vil prix. C'est précisément ce que rend urgent l'accroissement des cartells et de leur exportation à vil prix, accroissement à la suite duquel les Etats se poussent mutuellement vers des droits de douane toujours plus élevés. Comme les droits de douane deviennent de plus en plus illusoires à l'égard des Etats qui ont une industrie constituée en cartell, il se produira tôt ou tard une entente au sujet de leur diminution. Nous avons déjà fait connaissance avec une entente de ce genre pour l'industrie sucrière dans la Convention internationale du sucre ; la politique d'exportation des cartells y était encore fortifiée par les primes gouvernementales à l'exportation. L'objet le plus prochain d'une entente internationale de ce genre sera peut-être le *fer*, si toutefois les producteurs les plus importants du fer et de l'acier n'adoptent pas entre eux, par voie de cartells internationaux, une réglementation et une délimitation de leur zone d'écoulement. Jusqu'ici cette dernière voie a seule été suivie.

Je crois que grâce à des mesures de politique douanière et à une politique des tarifs, il sera presque toujours possible de détruire dans sa racine le danger de la monopolisation. Malgré cela, depuis que l'on connaît les cartells, il a encore été question d'un moyen plus radical de les combattre, et ce moyen, c'est la nationalisation des industries constituées en cartell, c'est-à-dire la remise entre les mains de l'Etat de tous les instruments de production monopolisés. Cette idée a été tellement propagée par le socialisme que de nombreux économistes bourgeois considèrent eux-mêmes la nationalisation des industries monopolisées comme le but final naturel de tout le développement contemporain. Et, notamment, dans le domaine minier, pour la houille et pour la potasse, la nationalisation des entreprises a été souvent préconisée, parce que l'on sait qu'ici existent des cartells particulièrement bien organisés. Il n'est pas douteux que l'idée d'une nationalisation générale des mines soit très populaire auprès d'une grande partie de la population, et c'est en partie sous l'influence de cette manière de voir que l'Etat prussien a lui-même étendu sa possession des mines de houille et de potasse. Et, en particulier, dans le bassin de la Ruhr, où il ne possédait précédemment aucun puits, il a acquis des terrains houilliers et cherché à acquérir de la grande Société minière Hibernia la majorité des actions, ce à quoi il n'est pas parvenu à la suite de l'opposition des intéressés rhéno-westphaliens. En ce qui concerne les mines de potasse, il a également étendu considérablement sa possession, surtout au moyen de l'acquisition de la grande société minière Hercynia. L'ensemble des efforts de nationalisation faits par le fisc prussien, notamment en ce qui concerne les mines de charbon, ne se sont pas, en tous cas, produits jusqu'ici en vue d'acquérir une influence sur les cartells qui s'y rattachent. Cette influence, qui consiste en un droit de *veto* à l'encontre des élévations de prix, lui a été même offerte dans le syndicat rhéno-westphalien du charbon. Mais, ici, l'acquisition des mines eut surtout pour but de parer à ses propres besoins de charbon. Jusqu'ici, il a toujours semblé que le fisc prussien, dans le bassin de la Saâr, où il est presque le seul propriétaire des mines, n'a pas tenu des prix absolument inférieurs à ceux qui sont pratiqués par le syndicat de la houille, et que, aussi, ses conditions commerciales ne le cèdent en rien à celles du syndicat en ce qui touche les obligations écrasantes des marchands et des consommateurs.

Une nationalisation totale des mines prussiennes, telle qu'elle a été préconisée par bien des gens, ne permettrait pas non plus aux consommateurs de se procurer le charbon à des prix au-dessous de ceux qui sont actuellement pratiqués. Cette nationalisation exigerait des ressources énormes dont le total dépasserait un milliard. Les intérêts ne pourraient en être payés que si l'Etat maintenait le taux du prix du charbon à peu près au niveau actuel. Mais il ne pourrait agir ainsi en toute sécurité que si *toutes* les mines de charbon se trouvaient nationalisées. Si, au contraire, il n'acquérait que quelques mines au cours élevé du jour, comme l'Hibernia et l'Hercynia, il pourrait lui arriver, si le syndicat venait à se dissoudre, que les prix tomberaient si bas, qu'il ne parviendrait plus à payer les intérêts du capital engagé (1).

Il faut considérer aussi que les tendances hostiles de la

(1) Dans les mines de potasse, cet intérêt fiscal constitue maintenant le principal motif qui a décidé le gouvernement prussien à projeter la création d'un cartell. Je considère le projet, sous sa forme actuelle, comme très scabreux.

politique socialiste à l'égard du grand capitalisme, tendances qui précisément ont amené les représentants de politiques opposées, les conservateurs et les social-démocrates, à adhérer à la nationalisation des mines de houille et qui ont pour but de lutter contre l'accumulation excessive de la richesse en un petit nombre de mains, ne seraient pas satisfaites. En effet, ces grands actionnaires et ces grands propriétaires de mines bénéficieraient pour leur possession d'un arrangement en harmonie avec la haute valeur actuelle de ces biens, alors que, sans cet arrangement, ils ne seraient jamais sûrs que cette valeur resterait toujours la même.

Les grands capitalistes ne conserveraient pas non plus le prix de leur transaction en papiers d'Etat, mais ils vendraient ceux-ci et placeraient l'argent dans d'autres grandes branches d'entreprise. D'un côté, cela ne manquerait pas de peser sur le cours des papiers d'Etat et de porter atteinte au crédit national, tandis que, d'un autre côté, cela aboutirait à des fluctuations et à des bouleversements trop profonds et absolument nuisibles au point de vue économique en ce qui concerne le marché de l'argent, en même temps que, pour un grand nombre de titres, cela aboutirait à une hausse artificielle, qui, comme cela arrive toujours en pareil cas, se terminerait par une crise de bourse.

Quant à ce qui est de venir en aide aux *ouvriers* et qui fit, qu'en 1905, à l'occasion de la grève des ouvriers mineurs, on préconisa tout particulièrement à diverses reprises la nationalisation, on n'a nul besoin d'une mesure aussi étendue et on peut arriver au même résultat plus simplement par d'autres dispositions légales, telles que la création de commissions ouvrières obligatoires, la réglementation des heures de repos, la prohibition du brusque renvoi, C'est pourquoi les réclamations en vue de la nationalisation des mines n'ont pas tardé à cesser lorsque la paix s'est faite de nouveau dans cette industrie. Mais cette réclamation reparaîtra certainement dès que de nouvelles grèves éclateront.

Il me semble que, en général, la remise entre les mains de l'Etat des instruments de production n'a *nécessairement* une importance générale que pour les biens naturels de monopole. Tel est le cas, par exemple, pour les terrains de construction qui se trouvent dans le voisinage des grandes villes ; il s'agit alors de faire profiter non pas les particuliers, mais la communauté, des augmentations de valeur. Dans tous les autres cas, la possession de l'Etat n'est, bien entendu, pas toujours nuisible, mais, il est très possible de réglementer publiquement ces entreprises privées de façon à ce que les intérêts de la communauté soient sauvegardés. Souvent la mine ne constitue pas un monopole naturel. Sans doute, ses produits ne sont pas susceptibles d'un accroissement tout à fait arbitraire, mais, en tous cas, la monopolisation actuelle de ces produits est artificielle. Je crois avoir suffisamment démontré que l'Etat ne manque pas de moyens pour empêcher une exploitation économiquement dommageable du monopole créé par les cartells et par les trusts. Dans les cas extrêmes, une réglementation officielle des prix opérée à l'aide de personnes spécialement compétentes constitue toujours un moyen beaucoup plus simple et moins dangereux que la nationalisation. Cela s'applique aussi aux unions en monopole de toutes les autres branches industrielles. Je ne saurais donc aujourd'hui adhérer à l'opinion représentée par de nombreux économistes, à savoir que le but final des cartells et des trusts, comme de toutes les autres organisations qui s'y rattachent, c'est la nationalisation des instruments de production.

Pour bien des gens, et non pas seulement pour les adeptes de la social-démocratie, il est accepté comme chose faite que le reste du développement économique s'effectuera dans le sens des théories socialistes telles qu'elles sont représentées en particulier par Karl Marx. Bien des économistes tiennent aussi cela comme un dogme. C'est ainsi, par exemple, que W. Sombart (*Der moderne Kapitalismus*) veut qu'à l'époque capitaliste actuelle succède immédiatement l'époque socialiste. Les partisans de cette opinion abandonnent, il est vrai, une grande partie des théories marxistes sur l'avenir et, notamment, ce que l'on a appelé la théorie de la misère croissante (*Verelendungstheorie*), d'après laquelle les ouvriers tombent dans une situation de plus en plus misérable et ne peuvent enfin s'en affranchir qu'au moyen d'une révolution. Ils s'attachent surtout à ce que l'on a appelé la théorie de l'accumulation et de la concentration, théorie d'après laquelle les petits capitalistes et les petits entrepreneurs sont de plus en plus opprimés par les grands jusqu'à ce que la majeure partie de la richesse nationale soit réunie dans les mains de quelques magnats du capital. Ils seraient alors expropriés par l'énorme masse de tous les autres, par le « prolétariat »; l'Etat socialiste ainsi serait conduit à la suppression de la propriété privée des instruments de production. Les partisans de cette théorie voient sa confirmation complète dans le développement qui s'est effectué jusqu'ici. Le développement actuel des cartells et des trust, des entreprises combinées et des fusions conduirait à une distribution de plus en plus défectueuse du revenu, et à cela il n'y aurait qu'une solution, à savoir, le socialisme.

C'est ainsi que toute la question de l'évolution des formes d'entreprise aboutit au grand problème de tout ordre économique, c'est-à-dire à la question d'une distribution aussi avantageuse que possible du revenu. L'Etat peut-il et doit-il aussi intervenir dans cet état de choses en vue d'une réglementation ? Toute mesure politico-économique tend indirectement vers une influence de l'Etat sur la distribution du revenu ; par exemple, toute mesure de politique douanière agit dans cette direction, et elle peut, comme nous l'avons exposé, s'appuyer sur cette manière de voir pour s'opposer aux abus des unions monopoleuses. Une action s'exerce aussi sur la distribution du revenu lorsque, par exemple. l'Etat, en concédant une entière liberté de coalition, permet aux ouvriers d'avoir une plus large part dans les revenus des grandes entreprises capitalistes. Mais, à mon avis, il ne saurait être actuellement question d'une intervention directe de l'Etat dans la distribution du revenu et c'est pourquoi des mesures aussi bien arrêtées que celles qu'a proposées Schmoller en 1905, à savoir que toute entreprise, propriété familiale ou société par actions ayant un capital supérieur à 75 millions de marks, doit verser entre les mains de l'Etat la moitié de ses bénéfices au-dessus de 10 0/0, est absolument irréalisable. Mais on ne saurait en aucune façon songer aujourd'hui à une entière transformation gouvernementale de tout l'ordre économique, à une suppression générale de la propriété privée des instruments de production. Sur ce point, il ne saurait être aucunement douteux qu'aujourd'hui la propriété privée se trouve être le support du progrès économique, et nous avons vu que les nouvelles organisations de l'économie nationale ont été pour la plus grande partie le résultat des progrès économiques et techniques qu'elles représentent. Mais quiconque considérera attentivement ces créations, reconnaîtra combien est grand le rôle qu'y jouent encore aujourd'hui les personnalités individuelles, les talents organisateurs, et il verra aussi ce qu'il y a encore d'individuel dans l'esprit d'entreprise, et il se demandera comment la suppression de la propriété privée, la remise des instruments de production à une exploitation d'Etat pourra constituer un plus grand progrès économique. Précisément, celui qui considère les tendances actuelles de l'évolution des formes d'entreprise, ne peut se représenter de quelle façon l'exploitation par l'Etat pourrait être la cause d'un plus grand progrès économique. Celui donc qui croit à ce progrès ne peut pas encore dire aujourd'hui comment la nationalisation des instruments de production pourrait parvenir à le réaliser. C'est d'ailleurs ce que les socialistes eux-mêmes n'ont jamais pu indiquer jusqu'ici ; de sorte que l'idée fondamentale du socialisme repose sur une certaine *foi* naïve en la toute-puissance de l'Etat plutôt que sur des faits actuellement connus en ce qui regarde la supériorité de l'exploitation d'Etat. Mais la science ne doit s'en tenir qu'aux *faits* et c'est pourquoi, pour aussi évident qu'il soit que l'état de choses actuel ne représente pas le but final du développement, on ne saurait pourtant indiquer rien de semblable ; la science doit se borner à exposer les phénomènes actuels et à rechercher les buts que l'économie nationale poursuit avec eux.

BIBLIOGRAPHIE

Liste des principaux livres parus en Allemagne sur les cartells et les trusts.

I. — Questions générales

KLEINWÄCHTER. — *Die Kartelle*, Innsbruck, 1883.

Publications du *Verein für Sozialpolitik*, vol. LX et LXI, Leipzig, 1894 et 1895.

LIEFMANN. — *Die Unternehmerverbände, ihr Wesen und ihre Bedeutung*, Fribourg, Leipzig et Tubingue, 1897.

POHLE. — *Die Kartelle der gewerblichen Unternehmer*, Leipzig, 1898.

GRUNZEL. — *Ueber Kartelle*, Leipzig, 1902.

HUBER. — *Die Kartelle*, Stuttgart et Leipzig, 1903.

TSCHIERSCHKY. — *Kartelle und Trusts*, Gœttingue, 1903.

BAUMGARTEN et MESZLÉNY. — *Kartelle und Trusts*, Berlin, 1906.

CALWER. — *Kartelle und Trusts*, Berlin (1906).

Depuis 1903 paraît une Revue qui s'occupe de tout ce qui a trait aux Cartells en Allemagne et à l'étranger et qui est aujourd'hui la principale source pour toutes les organisations qui s'y rattachent. Elle a po r titre : *Die Kartellrundschau*, le directeur en est le Dr Tschierschky, Düsseldorf, Karlsruhe, 12 livraisons par an.

II. — Questions spéciales

LIEFMANN. — *Schutzzoll und Kartelle*, Iéna, 1903.

TSCHIERSCHKY. — *Organisation der industriellen Interessen in Deutschland*, Göttingue, 1905.

Bonikowsky. — *Der Einfluss der industriellen Kartelle auf den Handel in Deutschland*, Iéna, 1907.
Morgenroth. — *Die Exportpolitik der Kartelle*, Leipzig, 1907.
Niklisch. — *Kartellbetrieb*, Leipzig, 1909.
Goetzke. — *Das Rheinisch-westfaliche Kohlensyndikat und seine Bedeutung*, Essen, 1905.
Zoellner. — *Eisenindustrie und Stahlwerksverband*, Leipzig, 1907.

III. — Enquêtes et mémoires officiels

Kontradiktorische Verhandlungen über deutsche Kartelle, Berlin, 1903-6.
Denkschrift über das Kartellwesen présenté au Reichstag, IVe part., Berlin, 1906-8.

IV. — Littérature juridique concernant les cartells

Wenzel. — *Die Kartelle und die Rechtsordnung*, Leipzig, 1902.
Rundstein. — *Das Recht der Kartelle*, Berlin, 1904.
Hirsch. — *Zur Kartellfrage*, Iéna, 1904.
Le même. — *Die rechtliche Behandlung der Kartelle*, Iéna, 1903.
Bauch. — *Die Rechtsform der Kartelle*, Iéna, 1908.

V. — Littérature allemande concernant l'étranger

Ettinger. — *Die Kartelle in Oesterreich*, Vienne, 1905.
von Halle. — Vo Trusts, *Handwörterbuch der Staatswissenschaften*.
Levy. — *Die Stahlindustrie der Vereinigten Staaten*, Berlin, 1905.
Gutmann. — *Ueber den amerikanischen Stahltrust*, Essen, 1906.
Preyer. — *Die russische Zuckerindustrie*, Leipzig, 1908.
Levy. — *Monopole, Kartelle und Trusts*. Dargestellt an der Entwickelung in Grossbritannien, Iéna, 1909.

V. les autres indications bibliographiques au texte.

TABLE DES MATIÈRES

BIBLIOTHÈQUE SOCIALISTE INTERNATIONALE

publiée sous la direction de Alfred Bonnet

(SÉRIE in-18)

DEVILLE (G.). — **Principes socialistes,** 1898, 2e édition. . . 3 fr. 50

MARX (Karl). — **Misère de la philosophie.** Réponse à la Philosophie de la misère de M. Proudhon, 1908, *nouv. éd.*, 1 vol. . . . . 3 fr. 50

LABRIOLA (Antonio). — **Esssais sur la conception matérialiste de l'histoire,** 2e éd., 1902, 1 vol. . . . . 3 fr. 50

DESTRÉE (J.) et **VANDERVELDE** (E.). — **Le socialisme en Belgique,** 2e éd., 1903, 1 volume . . . . 3 fr. 50

LABRIOLA (Antonio). — **Socialisme et philosophie,** 1899, 1 volume . . . . 2 fr. 50

MARX (Karl). — **Révolution et contre-révolution en Allemagne.** traduit par Laura Lafargue, 1900, 1 volume . . . . 2 fr. 50

GATTI (G.). — **Le socialisme et l'agriculture,** préface de G. Sorel, 1902, 1 volume . . . . 3 fr. 50

LASSALLE (F.). — **Discours et pamphlets,** 1903 . . . . . 3 fr. 50

TARBOURIECH (E.). — **Essai sur la propriété,** 1905 . . . . 3 fr. 50

LASSALE (F.). — **Capital et travail,** 1904, 1 volume . . . . 3 fr. 50

LAFARGUE (P.). — **Le Déterminisme de Karl Marx,** 1909, 1 volume. . . . . 4 fr. »»

MARX (Karl). — **Critique de l'Economie politique,** 1909, 1 v. 3 fr. 50

BERTHOD (A.). — **P.-J. Proudhon et la propriété,** 1910, 1 v. 3 fr. »»

(SÉRIE in-8)

WEBB (Béatrix et Sidney). — **Histoire du trade-unionisme,** 1897, traduit par Albert Métin, 1 volume . . . . 10 fr.

KAUTSKY (Karl). — **La question agraire. — Etude sur les tendances de l'agriculture moderne,** traduit par Edgard Milhaud et Camille Polack, 1900, 1 volume . . . . 8 fr.

KAUTSKY (K.). — **La politique agraire du parti socialiste,** trad. C. Polack, 1903 . . . . 4 fr.

MARX (Karl). — **Le capital,** traduit à l'Institut des sciences sociales de Bruxelles, par J. Borchardt et H. Vanderrydt :

— Livre II. — **Le procès de circulation du capital,** 1900, 1 volume 10 fr.

— Livre III. — **Le processus d'ensemble de la production capitaliste,** 1901-1902, 2 volumes. . . . . 20 fr.

AUGÉ-LARIBÉ (M.). **Le problème agraire du socialisme.** La viticulture industrielle du midi de la France, 1907, 1 volume . . . . 6 fr.

ENGELS (Fr.). — **Philosophie, Economie politique, Socialisme.** Contre Eugen Duhring, traduit et annoté par Ed. Laskine, 1910. . . . 10 fr.

LE DEVENIR SOCIAL (Revue internationale d'économie, d'histoire et de philosophie). *La Collection complète* (1895 à 1898). Prix . . . . . . 50 fr.

Ont été publiés dans cette revue des articles de :

MM. H. Lagardelle, J. David, Ed. Fortin, Ch. Bonnier, K. Kautsky, Gabriel Deville, Antonio Labriola, G. Plekhanoff, Paul Lafargue, L. Heritier, A. Tortori, Ad. Zerboglio, G. Sorel, Bened. Croce, Kovalewsky, Issaieff, Arturo Labriola, A. Lavroff, F. Salvioli, Conrad Schmidt, E. Bernstein, E. Vandervelde, Enrico Ferri, Revelin, etc.

SAINT-AMAND, CHER. — IMPRIMERIE BUSSIÈRE.

BIBLIOTHÈQUE INTERNATIONALE D'ÉCONOMIE POLITIQUE (1)
publiée sous la direction de Alfred Bonnet

Histoire Économique

Ashley (W.-J.). — Histoire et Doctrines économiques de l'Angleterre, 2 vol. in-8. . 15 fr. »»
Sée (H.). — Les classes rurales et le régime domanial au moyen âge en France, 1 volume, in-8 . . . . 12 fr. »»
Salvioli (G.). — Le Capitalisme dans le Monde antique. Trad. A. Bonnet, 1 vol. in-8 . 7 fr. »»
Carroll D. Wright. — L'Evolution industri des Etats-Unis. Préface de E. Levasseur, 1 in-8. . . . . 7 fr.
Liefmann (R.). — Cartells et Trusts. Evolu de l'organisation économique. 1 vol. in-8 5 fr

Histoire des Doctrines

Cossa (L.). — Histoire des doctrines économiques . . . . (*épuisé*)
Denis (Hector). — Histoire des Systèmes économiques et socialistes. 2 vol. in-8 17 fr. »»
Ashley (W. J.). — Histoire et Doctrines économiques de l'Angleterre. 2 vol. in-8. . . 15 fr. »»
Cannan (Edwin). — Histoire des théories de la production et de la distribution dans l'économie politique anglaise, de 1776 à 1840. 1 vol. in-8 . . . . 12 fr. »»
Pareto (V.). — Les Systèmes socialiste . . . . (*épu*
Menger (Anton). — Le droit au pro intégral du travail. Trad. Alf. Bonnet. Préface Charles Andler. 1 vol. in-18. . . . . . 3 fr.
Böhm-Bawerk (E.). — Histoire critique théories de l'intérêt du capital. 2 volu in 8 . . . . 14 fr.

Manuels et Méthodes d'Économie politique

Cairnes (J.-E.). — Le caractère et la méthode logique de l'Economie politique. 1 vol. in-8. . . . . 5 fr. »»
Schmoller (G.). — Principes d'Economie politique. 5 vol. in-8. . . . . 50 fr. »»
Wagner (Ad.). — Les Fondements de l'économie politique. 5 vol. in-8. . . . . 52 fr. »»
Marshall (Alfred). — Principes d'écono politique. Trad. Sauvaire-Jourdan. 2 volu in-8 . . . . 22 fr.
Pareto (V.). — Manuel d'économie politiq trad. A. Bonnet. 1 vol. in-8. . . . . 12 fr.
Clark (J.-B.). — Principes d'économique. 1 in-8 . . . . 10 fr.

Systèmes Économiques

Jevons (Stanley-W.). — La théorie de l'économie politique, avec une préface de Paul Painlevé. 1 vol. in-8 . . . . 8 fr. »»
Petty (William). — Œuvres économiques. Préface de A. Schatz. 2 vol. in-8 . . 15 fr. »»
Lassalle (F.). — Théorie systématique des droits acquis, préface de Ch. Andler. 2 vol. in-8. . . . . 20 fr. »»
Effertz (Otto). — Les Antagonismes écono ques, préface de Ch. Andler. 1 v. in-8. 12 fr
Loria (A.). — La Synthèse économique. T C. Monnet. 1 vol. in-8. . . . . . . 12 fr
Oppenheimer (F.). — L'Economie pure et l'E nomie politique. 1914. 2 vol. in-8 . 20 fr

Théories de la Répartition

Smart (W.). — La Répartition du revenu national. 1 vol. in-8 . . . . 7 fr. »»
Carver (Th.-N.). — La Répartition des richesses. Trad. R. Picard. 1 vol. in 8 . 5 fr. »»
Cornélissen (C.). — Théorie du salaire et du travail salarié. 1908. 1 vol. in-8 . . 14 fr. »»
Schloss (D.). — Les modes de rémunération du travail. Traduit, avec introduction, notes et appendices par Charles Rist. In-8 . 7 fr.
Rodbertus (C.). — Le Capital. 1 volume 6 fr.
Landry (A.). — L'intérêt du Capital. 1 in-8 . . . . 7 fr.
Fisher (Irving). — De la Nature du Capita du Revenu. Trad. S. Bouyssy. 1 v. in-8. 12 fr.

Politique Economique et Sociale

Schmoller (Gustav). — Questions fondamentales d'Économie politique et de politique sociale. 1 vol. in-8. . . . . . . 7 fr. 50
Philippovich. — La politique agraire. 1 vol. in-8. . . . . 6 fr. »»
Fontana-Russo (L.). — Traité de politique commerciale. 1 vol. in-8. . . . . 14 fr. »»
Bastable. — La théorie du commerce international. Trad. Sauvaire-Jourdan. 1 volume in-18 3 fr. »»
Patten (S.-N.). — Les Fondements économiques de la protection, préface de Paul Cauwès. 1899. 1 vol. in-18 . . . . 2 fr.
Kobatsch (R.). — La politique économi internationale. 1 vol. in-8 . . . . 12 fr.
Willoughby (W.-F.). — Essais sur la lé lation ouvrière aux Etats-Unis. 1 volume i 3 fr.
Webb (S. et B.). — La lutte préventive con la misère. 1 vol. in-8 . . . . 8 fr.
Hersch (L.). — Le Juif errant d'aujourd'h 1 vol. in-8. . . . . 6 fr.
Leroy (Maxime). — La Coutume ouvriè 1913. 2 vol. in-8. . . . . 18 fr.

(1) Les volumes de cette collection se vendent aussi reliés avec une augmentation de 1 franc pou série in-8 et de 0 fr. 50 pour la série in-18.

HAMILTON (A.), J. JAY, et J. MADISON. — **Le fédéraliste**, nouvelle édition française, par G. Jèze, avec une préface de A. Esmein. 1902. 1 vol. in-8, broché .... 14 fr. »

KORKOUNOV (N.-M.). — **Cours de théorie générale du droit.** Préface de F. Larnaude. Trad. française de J. Tchernoff. 1903. 1 vol. in-8 broché........................ 10 fr. »

KOVALEWSKY (M.). — **Les institutions politiques de la Russie.** Trad. française, par M. Derocquigny. 1903. 1 vol. in-8. broché. 7 fr. 50

ANSON (Sir R.). — **Loi et pratique constitutionnelle de l'Angleterre,** Trad. Gandilhon. 1903-1095. 2 vol. in-8 :
Tome I : *Le Parlement.* 1903. 1 vol. in-8. broché..... 10 fr. »
Tome II : *La Couronne.* 1905. 1 vol. in-8. broché..... 10 fr. »

MAYER (Otto). — **Le droit administratif allemand,** édition française par l'auteur. 1903-1906. 4 vol. in-8.................. 32 fr. »

NITTI (F.-S.). — **Principes de science des finances,** avec une préface de A. Wahl. Trad. de J. Chamard. 1904. 1 vol. in-8, broché. 12 fr. »

CURTI (Th.). — **Le referendum,** histoire de la législation populaire en Suisse. Trad. J. Ronjat, 1905, 1 vol. in-8, broché....... 10 fr. »

DICEY (A.-V.). — **Leçons sur les rapports entre le droit et l'opinion publique en Angleterre au cours du XIXe siècle.** Préface de A. Ribot. Trad. de A. Batut et G. Jèze. 1906. 1 vol. in-8, broché.. 12 fr. »

MOREAU (F.) et DELPECH (J.). — **Les règlements des Assemblées législatives.** Préface de Ch. Benoist. 1906-1907. 2 vol. in-8, brochés .... 30 fr. »

GOODNOW (F.-G.). — **Les principes du droit administratif des Etats-Unis.** Trad. A. et G. Jèze. 1907. 1 vol. in-8, broché .... 12 fr. »

STUBBS (W.). — **Histoire constitutionnelle de l'Angleterre,** avec introduction, notes et études de Ch. Petit-Dutaillis. 2 vol. in-8. Trad. par G. Lefebvre.
Tome I. 1907. 1 vol. in-8 broché.................. 16 fr. »
Tome II. 1913. 1 vol. in-8, broché.................. 16 fr. »

ERRERA (P.). — **Traité de droit public belge.** 1909. 1 fort volume in-8, broché .... 12 fr. 50

NERINCX (Alf.). — **L'organisation judiciaire aux Etats-Unis.** 1909. 1 vol. in-8, broché........................ 10 fr. »

MAY (Erskine). — **Traité des lois, privilèges, procédures, et usages du Parlement.** 1909. 2 vol. in-8, brochés............. 25 fr. »

LOWELL (A.-L.). — **Le gouvernement de l'Angleterre.** Trad. de A. Nerincx, 2 vol. in-8 :
Tome I. 1910. 1 vol. in-8, broché.................. 15 fr. »
Tome II. 1910. 1 vol. in-8, broché.................. 15 fr. »

REDLICH (J.). — **Le gouvernement local en Angleterre.** Trad. Oualid, 1911. 2 vol in-8 :
Tome I : 1911. 1 vol. in-8, broché.................. 12 fr. »
Tome II : 1911. 1 vol. in-8, broché.................. 12 fr. »

JELLINEK (G.). — **L'Etat moderne et son droit.** Trad. Fardis, 1911-1913. 2 vol. in-8 :
Tome I : Doctrine générale. 1911. 1 vol. in-8, broché. 12 fr. »
Tome II : Théorie juridique. 1913. 1 vol. in-8, broché. 12 fr. »

SÉRIE IN-18 :

TODD (A.). — **Le gouvernement parlementaire en Angleterre.** Traduit sur l'édition anglaise de Spencer Walpole, avec une préface de Casimir-Périer. 1900. 2 vol. in-18, brochés............... 12 fr. »

WILSON (W.). — **Le gouvernement congressionnel,** avec une préface de Henri Wallon. 1900. 1 vol. in-18, broché .... 5 fr. »

JENKS (Edward). — **Esquisse du gouvernement local en Angleterre.** Trad. J. Wilhelm. Préface de H. Berthélemy. 1902. 1 vol. in-18, broché. .... 5 fr. »

DICKINSON (G.-L.). — **Le développement du Parlement pendant le XIXe siècle.** Trad. et préface de M. Deslandres. 1906. 1 vol. in-18 broché .... 5 fr. »

OPPENHEIMER. (F.) — **L'Etat, ses origines, son évolution et son avenir.** Trad. de l'allemand par M. W. Horn. 1913. 1 vol. in-18. broché .... 4 fr. »

PHILIPPOVICH (E.). — **La politique agraire.** Traduit par S. Bouyssy, avec préface de A. Souchon, 1904. 1 vol. broché (XVIII) .... 6 fr. »

DENIS (Hector). — **Histoire des systèmes économiques et socialistes**
Tome I : *Les Fondateurs*. 1904. 1 vol. broché (XIX) .... 7 fr. »
Tome II : *Les Fondateurs* (fin). 1907. 1 vol. broché (XX) 10 fr. »

WAGNER (Ad.). — **Les fondements de l'économie politique** :
Tome I. Trad. Polack, 1904. 1 vol. broché (XXII) .... 10 fr. »
Tome II. Trad. K. L. 1909. 1 vol. broché (XXIII) ..... 12 fr. »
Tome III. Trad. K. L. 1913. 1 vol. broché (XXIV) ...... 10 fr. »
Tome IV. Trad K. L. 1913. 1 vol. broché (XXV). .. 10 fr. »
Tome V. Trad. Polack. 1913. 1 vol. broché (XXV bis) .. 10 fr. »
L'ouvrage complet : 5 vol. in-8 .... 52 fr. »

SCHMOLLER (G.). — **Principes d'économie politique.** Traduit par G. Platon et L. Polack. 5 vol. 1905-08 (XXVI à XXX) .... 50 fr. »

PETTY (Sir W.). — **Œuvres économiques.** Trad. Dussauze et Pasquier. 1905. 2 vol. brochés (XXXI-II) .... 15 fr. »

SALVIOLI. — **Le capitalisme dans le monde antique.** Trad. A. Bonnet. 1906. 1 vol. br. (XXXIII) .... 7 fr. »

EFFERTZ (O.). — **Les antagonismes économiques.** Introduction de Ch. Andler. 1906. 1 vol. broché (XXXIV) .... 12 fr. »

MARSHALL (A.). — **Principes d'économie politique.** 2 vol. in-8 :
Tome I. Trad. par Sauvaire-Jourdan. 1907. 1 vol. broché (XXXV) .... 10 fr. »
Tome II. Trad. par Sauvaire-Jourdan et Bouyssy. 1909. 1 vol. broché (XXXVI) .... 12 fr. »

FONTANA-RUSSO (L.). — **Traité de politique commerciale.** Trad. F. Poli. 1908. 1 vol. in-8 broché (XXXVII) .... 14 fr. »

CORNELISSEN (C.). — **Théorie du salaire et du travail salarié.** 1909. 1 fort vol. in-8, broché (XXXVIII) .... 14 fr. »

JEVONS (W. Stanley). — **La théorie de l'économie politique.** Trad. H.-E. Barrault et M. Alfassa. 1909. 1 vol. in-8 br. (XXXIX), 8 fr. »

PARETO (Vilfredo). — **Manuel d'économie politique.** Trad. de A. Bonnet. 1909. 1 vol. broché (XL) .... 12 fr. 50

CANNAN (Edwin). — **Histoire des théories de la production et de la distribution dans l'économie politique anglaise de 1776 à 1848.** Trad. par E. Barrault et M. Alfassa. 1910. 1 vol. in-8 broché (LXI) .... 12 fr. »

CLARCK (J.-B.). — **Principes d'économique dans leur application aux problèmes modernes de l'industrie et de la politique économique.** Traduction. W. Oualid et O. Leroy. 1911. 1 vol. in-8 broché (LXII) .... 10 fr. »

FISHER (I.). — **De la nature du capital et du revenu.** Trad. S. Bouyssy, 1911. 1 vol. in-8 broché (XLII)..................... 12 fr. »

LORIA (A.). — **La synthèse économique.** Etude sur les lois du revenu. Trad. C. Monnet. 1911. 1 vol. in-8 broché (XLIII) ...... 12 fr. »

CARVER (Th. N.). — **La répartition des richesses.** Trad. R. Picard. 1913. 1 vol. in-8 broché (XLIV) .... 5 fr. »

WEBB (S. et B.). — **La lutte préventive contre la misère.** Trad. H. La Coudraie. 1913. 1 vol. in-8 (XLV), broché.............. 8 fr. »

HERSCH (L.). — **Le Juif errant d'aujourd'hui.** (40 tableaux statistiques et 9 diagrammes). 1913. 1 vol. broché (XLVI).... 6 fr. »

CORNELISSEN (Ch.). — **Théorie de la valeur.** 2e édition entièrement refondue. 1913. 1 vol. broché (XLVII) .... 10 fr. »

LEROY (M.). — **La coutume ouvrière. Doctrines et institutions.** 1913. 2 vol. brochés (XLVIII-IXL) .... 18 fr. »

KOBATSCH (R.). — **La politique économique internationale.** Trad. G. Pilati et A. Bellaco. 1913. 1 vol. in-8. broché (L) .. 12 fr. »

TOUGAN-BARANOWSKY (M.). — **Les crises industrielles en Angleterre.** Trad. par Schapiro. 1913. 1 vol. broché (LI)..... 12 fr. »

KAUFMAN (Dr-E.). — **La Banque en France considérée principalement au point de vue des trois grandes banques de dépôts.** Trad. et mis à jour par A. S. Sacker. 1 vol. broché (LII). . . . . 14 fr. »

LIEFMANN (Dr Robert). — **Cartells et Trusts. Evolution de l'organisation économique.** Trad. par Savinien Bouyssy, 1914. 1 vol. in-8° (LIII).. 5 fr. »

OPPENHEIMER (F.). — **L'Economie pure et l'Economie politique.** 1914. 2 vol. in-8° .... 20 fr »

SÉRIE IN-18 :

MENGER (Anton). — **Le droit au produit intégral du travail.** Trad. A. Bonnet. Préface de Ch. Andler. 1900. 1 vol. broché (I) . 3 fr. 50

PATTEN (S.-N). — **Les fondements économiques de la protection.** Trad. F. Lepelletier. Préface de P. Cauwès. 1889. 1 vol. broché (II).. 2 fr. 50

BASTABLE (C.-F.). — **La théorie du commerce international.** Trad. avec introd. par Sauvaire-Jourdan. 1900. 1 vol. br. (III) 3 fr. »

WILLOUGHBY (W.-F.). — **Essais sur la législation ouvrière aux Etats-Unis.** Trad. Chaboseau. 1903. 1 vol. broché (IV).. 3 fr. 50

DUFOURMANTELLE (M.). — **Les prêts sur l'honneur.** 1913. 1 vol. broché (v) .... 4 fr. »

SOUS PRESSE :

AUSPITZ et **LIEBEN.** — **La théorie des prix**........
MASLOW. — **Les systèmes économiques**..............
BOHM-BAWERK. — **La théorie positive du capital**.....
FISHER. — **Le pouvoir d'achat de la monnaie**..........
WALSH. — **Le problème fondamental de la monnaie**...
ROSCHER (W.). — **Politique industrielle.** Mise à jour par Stieda, 2 vol. in-8.
ROSCHER (W.) — **Politique commerciale.** Mise à jour par Stieda, 2 vol. in-8.

BIBLIOTHÈQUE INTERNATIONALE DE DROIT PRIVÉ ET DE DROIT CRIMINEL

PUBLIÉE SOUS LA DIRECTION DE P. Lerebours-Pigeonnière

Honorée de souscriptions du Ministère de l'Instruction publique

☛ Les volumes de cette Bibliothèque se vendent aussi reliés avec un augmentation de 1 franc

COSACK (C.), *professeur à l'université de Bonn.* — **Traité de droit commercial.** Avec préface de Ed. Thaller, traduction de Léon Mis. 1905-7. 3 vol. in-8 :

Tome I : **Théorie générale.** 1905. 1 vol. in-8, broché. 8 fr. »
Tome II : **Opérations.** 1905. 1 vol. in-8, broché .... 8 fr. »
Tome III : **Sociétés, assurances terrestres et maritimes.** 1907. 1 vol. in-8, broché............................ 10 fr. »
L'ouvrage complet : 3 vol. in-8............. 26 fr. »

STEVENS (E.-M.) D. C. L. de Christ Church (Oxford). — **Eléments de droit commercial anglais,** revus et corrigés par Herbert Jacobs, traduit par L. Escarti, avec introduction, par P. Lerebours-Pigeonnière. 1909. 1 vol. in-8, broché...................... 10 fr. »

LISTZ (Dr **F. von),** *professeur ordinaire de droit à Berlin.* — **Traité de droit pénal allemand.** Traduit sur la 17e édition allemande (1908) par R. Lobstein. 1910-1913. 2 vol. in-8 :

Tome I : **Partie générale.** 1910. 1 vol. in-8 ...... 10 fr. »
Tome II : **Partie spéciale.** 1913. 1 vol. in-8 .... 12 fr. »
L'ouvrage complet : 2 vol. in-8 .... 22 fr. »

VIVANTE (C.), *professeur ordinaire de droit commercial à l'université de Rome.* — **Traité de droit commercial,** avec préface de M. Albert Wahl. 1910-1912. Traduction par Jean Escarra. 4 vol. in-8° :
Tome I : **Les commerçants ;**
Tome II : **Les sociétés commerciales ;**
Tome III : **Les Titres de crédit.**
Tome IV : **Les obligations.**
L'ouvrage complet : 4 vol. in-8°................ 112 fr. »

WIELAND (D. C.). — **Les droits réels dans le Code civil suisse.** Trad. et mis au courant par H. Bovay. 1913-1914. 2 vol. in-8. brochés .... 25 fr. »

BIBLIOTHÈQUE SOCIOLOGIQUE INTERNATIONALE

PUBLIÉE SOUS LA DIRECTION DE René Worms

Honorée de souscriptions du Ministère de l'Instruction publique

☛ Les volumes I à XXX de la Collection peuvent aussi être achetés reliés avec une augmentation de 2 fr. et XXXI et suite avec une augmentation de 1 fr. seulement.

SÉRIE IN-8

WORMS (René). — **Organisme et société.** 1896. 1 vol. in-8 (I) 6 fr. »

LILIENFELD (Paul de). — **La pathologie sociale.** 1896. 1 vol. in-8 (II).. 6 fr. »

NITTI (Francesco S.). — **La population et le système social.** 1897. 1 vol. in-8 (III) .... 5 fr. »

POSADA (A.). — **Théories modernes sur les origines de la famille, de la société et de l'état.** 1896. 1 vol. in-8 (IV)............ 4 fr. »

BALICKI (S.). — **L'Etat comme organisation coercitive de la société politique.** 1896. 1 vol. in-8 (V) .... (*Epuisé*).

NOVICOW (J.). — **Conscience et volonté sociales.** 1897. 1 vol. in-8 (VI) .... 6 fr. »

GIDDINGS (Franklin H.). — **Principes de sociologie.** 1897. 1 vol. in-8 (VII).. 6 fr. »

LORIA (A.). — **Problèmes sociaux contemporains.** 1897. 1 vol. in-8 (VIII) .... 4 fr. »

VIGNES (M.). — **La science sociale d'après les principes de Le Play et de ses continuateurs.** 1897. 2 vol. in-8 (IX-X) .... 16 fr. »

VACCARO (M.-A.). — **Les bases sociologiques du droit et de l'Etat.** 1898. 1 vol. in-8 (XI) .... 8 fr. »

GUMPLOWICZ (L.). — **Sociologie et politique.** 1898. 1 volume in-8 (XII) .... 6 fr. »

SIGHELE (Scipio). — **Psychologie des sectes.** 1898. 1 volume in-8 (XIII) .... 5 fr. »

TARDE (G.). — **Etudes de psychologie sociale.** 1898. Un volume in-8 (XIV) .... 7 fr. »

KOVALEWSKY (M.). — **Le régime économique de la Russie.** 1898. 1 vol. in-8 (XV) .... 7 fr. »

STARCKE (C.). — **La famille dans les diverses sociétés.** 1899. 1 vol. in-8 (XVI) .... 5 fr. »

LA GRASSERIE (Raoul de). — **Des religions comparées au point de vue sociologique.** 1899. 1 vol. in-8 (XVII) .... 7 fr. »

BALDWIN (J.-M.). — **Interprétation sociale et morale des principes du développement mental.** 1899. 1 vol. in-8 (XVIII) .... 10 fr. »

DUPRAT (G.-L.). — **Science sociale et démocratie.** 1900. 1 vol. in-8 (XIX) .... 6 fr. »

LAPLAIGNE (H.). — **La morale d'un égoïste ; essai de morale sociale.** 1 vol. in-8 (XX) .... 5 fr. »

LOURBET (Jacques). — **Le problème des sexes.** 1900. 1 volume in-8 (XXI) .... 5 fr. »

BOMBARD (E.). — **La marche de l'humanité et les grands hommes d'après la doctrine positive.** 1900. 1 vol. in-8 (XXII) .... 6 fr. »

LA GRASSERIE (Raoul de). — **Les principes sociologiques de la criminologie.** 1901. 1 vol. in-8 (XXIII) .... 8 fr. »

POUZOL (Abel). — **La recherche de la paternité.** 1902. 1 volume in-8 (XXIV) .... 10 fr. »

BAUER (A.). — **Les classes sociales.** 1902. 1 vol. in-8 (XXV) 7 fr. »

LETOURNEAU (Ch.). — **La condition de la femme dans les diverses races et civilisations.** 1903. 1 vol. in-8 (XXVI) .... 9 fr. »

WORMS (René). — **Philosophie des sciences sociales.** 3 vol. in-8 :

Tome I. *Objet des sciences sociales.* 2e *édition.* 1913. 1 vol. (XXVII) .... 4 fr. »

Tome II. *Méthode des sciences sociales* 1903. 1 volume (XXVIII) .... 4 fr. »

Tome III. *Conclusion des sciences sociales* 1907. 1 volume (XXIX) .... 4 fr. »

RIGNANO (E.). — **Un socialisme en harmonie avec la doctrine économique libérale.** 1904. 1 vol. in-8 (xxx)................ 7 fr. »

NICEFORO (A.). — **Les classes pauvres.** Recherches anthropologiques et sociales. 1905. 1 vol. in-8 (xxxi) .... 8 fr. »

LESTER-WARD (F.). — **Sociologie pure.** 1906. 2 volumes in-8 (xxxii-iii)... 16 fr. »

LA GRASSERIE (R. de). — **Les principes sociologiques du droit civil.** 1906. 1 vol. in-8 (xxxiv) .... 10 fr. »

CAIRD (Edw.). — **Philosophie sociale et religion d'Auguste Comte.** 1907. 1 vol. in-8 (xxxv).......................... 4 fr. »

BAUER (A.). — **Essai sur les révolutions.** 1908. 1 volume in-8 (xxxvi) .... 6 fr. »

SIGHELE (S.). — **Littérature et criminalité.** 1908. 1 volume in-8 (xxxvii) .... 4 fr. »

LACOMBE (P.). — **Taine historien et sociologue.** 1909. 1 volume in-8 (xxxviii)... 5 fr. »

KOVALEWSKY (M.). — **La France économique et sociale à la veille de la Révolution.** 1909-1911. 2 vol. :

Tome I : *Les Campagnes.* 1909. 1 vol. in-8 (xxxix).. 8 fr. »

Tome II : *Les Villes.* 1911. 1 vol. in-8 (xl).......... 7 fr. »

STEIN. — **Le sens de l'existence.** 1909. 1 vol. in-8 (xli)... 12 fr. »

MAUNIER (R.). — **L'origine et la fonction économique des villes.** 1910. 1 vol. in-8 (xlii)............................ 6 fr. »

BOCHARD (A.). — **L'évolution de la fortune de l'Etat.** 1910. 1 vol. in-8 (xliii)... 6 fr. »

SIGHELE (S.). — **Le crime à deux.** 1909. 1 vol. in-8 (xliv) 4 fr. »

CORNEJO. — **Sociologie générale.** 1911. 2 volumes in-8 (xlv-xlvi)... 20 fr. »

LA GRASSERIE (R. de). — **Les principes sociologiques du droit public.** 1911. 1 vol. in-8 (xlvii) .... 10 fr. »

COMTE (Aug.). — **Système de politique positive,** condensé par Cherfils. 1912. 1 vol. in-8 (xlviii)......................... 12 fr. »

WORMS (René). — **La sexualité dans les naissances françaises.** 1912. 1 vol. in-8 (xlix) .... 5 fr. »

BAUER (A). — **La Culture morale aux divers degrés de l'enseignement public.** 1913. 1 vol. in-8° (l) .... 6 fr. »

SZERER (M). — **La conception sociologique de la peine.** 1914. 1 vol. in-8° (lii)... 4 fr. »

MICHELS (R). — **Amour et Chasteté.** Essais sociologiques. 1914. 1 vol. in-8° (lii) .... 5 fr. »

ELLWOOD (Ch.-A.) — **Principes de psycho-sociologie.** Trad. par P. Combret de Lanux, 1914. 1 vol. in-8° (liii)...... 6 fr. »

SÉRIE IN-18 (*volumes brochés*) :

WORMS (René). — Principes biologiques de l'évolution sociale. 1910. 1 vol. in-18 (A) .... 2 fr. »

BALDWIN (J.-Mark). — Psychologie et Sociologie. 1 volume in-18 (B) .... 2 fr. »

OSTWALD (W.). — Les fondements énergétiques de la science et de la civilisation. 1910. 1 vol. in-18 (C) .... 2 fr. »

MAUNIER (R.). — L'économie politique et la sociologie. 1910. 1 vol. n-18 (D) .... 2 fr. 50

NOVICOW (J.). — Mécanisme et limites de l'association humaine. 1912. 1 vol. in-18 (E) .... 2 fr. »

ARREAT (L.). — Génie individuel et contrainte sociale. 1912. 1 vol in-18 (F) .... 2 fr. »

KOVALEWSKY (M.). — La Russie sociale. 1914. 1 vol. in-18 .... 2 fr. 50

BIBLIOTHÈQUE INTERNATIONALE DE SCIENCE ET DE LÉGISLATION FINANCIÈRES

PUBLIÉE SOUS LA DIRECTION DE Gaston Jèze

Honorée de souscriptions du Ministère de l'Instruction publique

☛ Les volumes de cette Bibliothèque se vendent aussi reliés avec une augmentation de 1 franc

SELIGMAN (Edw. R.-A.). — L'impôt progressif en théorie et en pratique. Edition française revue et augmentée par l'auteur. Traduction de A. Marcaggi 1909. 1 vol. in-8 : broché .... 10 fr. »

WAGNER (Ad.), *professeur à l'université de Berlin.* — **Traité de la science des finances.** Traduction de M. Vouters. 3 vol. :

Tome I : **Théories générales : Le budget. Les besoins financiers. Les recettes d'économie privée.** 1909. 1 volume in-8 : broché .... 15 fr. »

Tome II : **Théorie de l'imposition. Théorie des taxes et Théorie générale des impôts.** Traduction de Jules Ronjat. 1909. 1 vol. in-8. broché .... 15 fr. »

Tome III : **Le Crédit public.** 1912. 1 vol. in-8, broché 8 fr. »

Tomes IV et V : **Histoire de l'impôt depuis l'antiquité jusqu'à nos jours,** par Wagner et Deite. Traduction Bouché-Leclercq et Couzinet. 1913. 2 vol. in-8, brochés .... 24 fr. »

L'ouvrage complet : 5 vol. in-8, brochés .... 60 fr. »

MYRBACH-RHEINFELD (Baron Fr. Von), *professeur à l'université d'Innsbruck.* — **Précis de droit financier.** Traduction française de Bouché-Leclercq. 1910. 1 fort vol. in-8 : broché........ 15 fr. »

PIERSON (N. G.). — **Les revenus de l'Etat.** Trad. par Louis Suret, 1913. 1 vol. in-8° broché........................ 12 fr. »

SELIGMAN (Edw. R.-A.). — **Théorie de la répercussion et de l'incidence de l'impôt.** Edition française d'après la 3e édition américaine, Traduction par Louis Suret. 1910. 1 vol. in-8 : br. 15 fr. »

SELIGMAN (Edw. R.-A.) — **L'Impôt sur le Revenu.** Trad. par W. Oualid. 1913. 1 fort vol. in-8° broché. .... 15 fr. »

SELIGMAN (Edw. R.-A.). — **Essais sur l'impôt.** Trad. par Louis Suret, 1914. 2 vol. in-8° : br........................ 30 fr. »

ÉTUDES ÉCONOMIQUES ET SOCIALES

PUBLIÉES AVEC LE CONCOURS DU COLLÈGE LIBRE DES SCIENCES SOCIALES

Honorées de souscriptions du Ministère de l'Instruction publique

☞ Les volumes de cette Collection se vendent aussi reliés avec une augmentation de 1 fr. pour la série in-8 et 0 fr. 50 pour la série in-18

FARJENEL (F.). — **La morale chinoise.** Fondement des sociétés d'Extrême-Orient. 1906. 1 vol. in-8 (I), broché... 5 fr. »

MARIE (Dr A.). — **Mysticisme et folie.** (Etude de psychologie normale et de pathologie comparées. 1907. 1 vol. in-8 (II), broché 6 fr. »

LEROY (M.). — **La transformation de la puissance publique.** Les syndicats de fonctionnaires. 1907. 1 vol. in-8 (III), broché. 5 fr. »

BONNET (H.). — **Paris qui souffre. La misère à Paris. Les agents de l'assistance à domicile.** Avec une préface de M. Ch. Benoist. 1908. 1 vol. in-8 (IV), broché........................ 5 fr. »

SICARD DE PLAUZOLLES (Dr). — **La fonction sexuelle.** 1908. 1 vol. in-8 (V), broché........................ 6 fr. »

LEROY (M.). — **La Loi.** Essai sur la théorie de l'autorité dans la démocratie. 1908. 1 volume in-8 (VI), broché..... 6 fr. »

RECLUS (Elie). — **Les croyances populaires.** La Survie des Ombres. Avec avant-propos, par Maurice Vernes. 1908. 1 volume in-8° (VII), broché........................ 5 fr. »

RYAN (G.-A.). — **Salaire et droit à l'existence,** traduction de L. Collin. 1909. 1 vol. in-8 (VIII), broché............ 8 fr. »

SERRIGNY. — **Conséquences économiques et sociales de la prochaine guerre,** avec préface de Frédéric Passy. 1909. 1 vol. in-8 (IX), broché .... 10 fr. »

BRUN (Ch.). — **Le Roman social en France au XIXe siècle.** 1910. 1 vol. in-8 (x), broché .... 6 fr. »

REGNAULT (Dr F.). — **La genèse des miracles.** 1910. 1 vol. in-8, (xi), broché .... 6 fr. »

VERNES (M.). — **Histoire sociale des religions.** I. Les religions occidentales. 1911. 1 volume in-8, (xi *bis*,) broché ... 10 fr. »

MÉTHODES JURIDIQUES (Les). — Leçons faites par MM. Berthélemy, Garçon, Larnaude, Pillet, Tissier, Thaller, Truchy et Gény. Préface de P. Deschanel. 1911. 1 vol. in-8, (xii), broché 5 fr. »

OLPHE-GALLIARD. — **L'organisation des forces ouvrières.** Avec préface de P. de Rousiers. 1991. 1 vol. in-8, (xiii), broché 8 fr. »

AMBROSIO (M. Andrea d'). — **La passivité économique.** Premiers principes d'une théorie sociologique de la population économiquement passive. 1912. 1 vol. in-8, (xiv) broché .... 8 fr. »

ŒUVRE SOCIALE DE LA TROISIÈME RÉPUBLIQUE (L'). — Leçons professées au Collège libre des Sciences sociales, par MM. Astier, *sénateur*. Godart, Groussier, Breton, F. Buisson, Borrel, Aubriot, Lemire, *députés*. Avec préface de Paul Deschanel. 1912. 1 vol. in-8, (xv), broché .... 5 fr. »

LEFAS (A.). — **L'Etat et les fonctionnaires.** 1913. 1 vol. in-8 (xvii) broché .... 10 fr. »

SÉRIE IN-18 :

ATGER (F.). — **La crise viticole et la viticulture méridionale** (1900-1907). 1907. 1 vol. in-18, broché .... 2 fr. »

BIBLIOTHÈQUE SOCIALISTE INTERNATIONALE

PUBLIÉE SOUS LA DIRECTION DE Alfred Bonnet

SÉRIE IN-8 :

WEBB (Béatrix et Sidney). — **Histoire du trade-unionisme.** 1897. Trad. Albert Métin. 1 volume in-8 (i) .... 10 fr. »

KAUTSKY (Karl). — **La question agraire.** Etude sur les tendances de l'agriculture moderne. Trad. Edg. Milhaud et C. Polack. 1 volume in-8 (ii) .... 8 fr. »

MARX (Karl). — **Le capital.** Traduit à l'Institut des sciences sociales de Bruxelles par J. Borchardt et H. Vanderrydt :

Livre II. — **Le procès de circulation du capital.** 1900. 1 vol. in-8 (III).. 10 fr. »

Livre III. — **Le processus d'ensemble de la production capitaliste.** 1901-1902. 2 vol. in 8 (IV-V)............... 20 fr. »

KAUTSKY (K.) — **La politique agraire du parti socialiste.** Trad. C. Polack. 1903. 1 vol. in-8 (VI)..................... 4 fr. »

AUGÉ-LARIBÉ (M.). — **Le problème agraire du socialisme.** La viticulture industrielle du midi de la France. 1907. 1 volume in-8 (VII).. 6 fr. »

ENGELS (F.). — **Philosophie. Economie politique. Socialisme** (Contre Eugen Duhring). Trad. E. Laskine. 1911. 1 vol. in-8 VIII) .... 10 fr. »

SÉRIE IN-18 :

DEVILLE (G.). — **Principes socialistes.** 1898. 2e édition. 1 volume in-18 (I).. 3 fr. 50

MARX (Karl). — **Misère de la philosophie.** Réponse à la philosophie de la misère de M. Proudhon. 1908. Nouvelle édit. 1 vol. in-18 (II).. 3 fr. 50

LABRIOLA (Antonio). — **Essais sur la conception matérialiste de l'histoire.** Trad. A. Bonnet 2e édit. 1902. 1 volume in-18 (III) 3 fr. 50

DESTRÉE (J.) et **VANDERVELDE (E.).** — **Le socialisme en Belgique.** 2e édition. 1903. 1 volume in-18 (IV) .... 3 fr. 50

LABRIOLA (Antonio). — **Socialisme et philosophie.** Trad. A. Bonnet. 1899. 1 vol. in-18 (V)................................ 2 fr. 50

MARX (Karl). — **Révolution et contre-révolution en Allemagne.** Trad. Laura Lafargue. 1900. 1 vol. in-18 (VI)........ 2 fr. 50

GATTI (G.). — **Le socialisme et l'agriculture.** Préface de G. Sorel. 1901. 1 vol. in-18 (VII)................................ 3 fr. 50

LASSALLE (F.). — **Discours et pamphlets.** Trad. V. Dave et L. Remy. 1903. 1 volume in-18 (VIII) .... 3 fr. 50

LASSALLE (F.) — **Capital et travail.** 1904. Trad. V. Dave et L. Remy. 1 vol. in-18 (IX) .... 3 fr. 50

LAFARGUE (P.). — **Le déterminisme économique de Karl Marx.** 1909. 1 vol. in-18 (X) .... 4 fr. »

MARX (Karl). — **Critique de l'économie politique,** trad. Laura Lafargue. 1909. 1 vol. in-18 (XI)............................ 3 fr. 50

TARBOURIECH (E.). — **Essai sur la propriété.** 1905. 1 volume in-18 (XII) .... 3 fr. 50.

BERTHOD (A.). — **P.-J. Proudhon et la propriété.** 1910. 1 vol. in-18 (XIII).. 3 fr. »

COLLECTION DES DOCTRINES POLITIQUES

PUBLIÉE SOUS LA DIRECTION DE **A. Mater**

☞ Les volumes de cette Collection se vendent aussi reliés avec une augmentation de 0 fr. 50

CHEVALIER, LEGENDRE et LABERTHONNIÈRE. — **Le catholicisme et la société.** 1907. 1 volume in-18 (II), broché. 3 fr. 50

SABATIER (C.). — **Le morcellisme.** Avec introduction, par M. Faure. 1907. 1 vol. in-18 (III), broché .... 2 fr. »

BOUGLÉ (G.). — **Le solidarisme.** 1907. 1 volume in-18 (IV), broché........ 3 fr. 50

BUISSON (F.). — **La politique radicale.** 1908. 1 vol. in-18 (V), broché........ 4 fr. 50

AVRIL DE SAINTE-CROIX (Mme). — **Le féminisme.** Préface de V. Marguerite. 1907. 1 volume in-18 (VI), broché.. 2 fr. 50

GUYOT (Yves). — **La démocratie individualiste.** 1907. 1 volume in-18 (VII), broché........ 3 fr. »

LORULOT (A.). — **Les théories anarchistes.** 1913. 1 vol. in-18. broché (VIII) . ... 3 fr. 50

LAGARDELLE (H.). — **Le socialisme ouvrier.** 1911. 1 vol. in-18 (IX), broché........ 4 fr. 50

VANDERVELDE (E.). — **Le socialisme agraire.** 1908. 1 vol. in-18 (X), broché .... 5 fr. »

HERVÉ (G.). — **L'internationalisme.** 1910. 1 volume in-18 (XI), broché........ 2 fr. 50

MATER (André). — **Le socialisme conservateur ou municipal.** 1909. 1 vol. in-18 (XIV), broché........ 6 fr. »

FOURNIÈRE (Eug.). — **La sociocratie.** (Essai de politique positive). 1910. 1 vol. in-18 (XVI), broché........ 2 fr. 50

MAYBON (A.). — **La politique chinoise.** Etude sur les doctrines des partis en Chine. 1907. 1 vol. in-18 (XVII), broché.. 4 fr. »

CAGNIARD (G.) — **La politique nationale.** 1914. 1 vol. in-18 (XIX) broché .... 3 fr. 50

SOUS PRESSE

A. LEBEY. — **Le Maçonnisme.** 1 vol. in-18.

ENCYCLOPÉDIE INTERNATIONALE D'ASSISTANCE, DE PRÉVOYANCE, D'HYGIÈNE SOCIALE ET DE DÉMOGRAPHIE

PUBLIÉE SOUS LA DIRECTION DU Dr A. Marie

Honorée de souscriptions du Ministère de l'Instruction publique

ASSISTANCE :

MARIE (Dr) et (R.) MEUNIER. — Les Vagabonds, avec un avant-propos, par Henry Maret. 1908, 1 vol. in-18 relié toile (I). 4 fr. »

MARIE (Dr) et DECANTE (R.). — Les accidents du travail. Etude critique des améliorations à apporter au régime du risque professionnel en France. 1 vol. in-18 relié toile. (II) .... 4 fr. »

BEAUFRETON (M.). — Assistance publique et Bienfaisance privée. 1911. 1 vol. in-18 relié toile. (III).................... 4 fr. »

RODIET (Dr A.). — Les auxiliaires des médecins d'asile (ouvrage couronné par l'Académie de médecine). 1910. 1 vol. in-18 relié toile (IV) .... 3 fr. 50

LASVIGNES. — Essai d'assistance comparée. 1911. 1 vol. in-18 relié toile. (V),.................................. 4 fr. »

PRÉVOYANCE :

SICARD DE PLAUZOLES (Dr). — La maternité et la défense nationale contre la dépopulation. 1909. 1 vol. in-18 relié toile. (I)...................................... 4 fr. »

DECANTE (R.). — La lutte contre la prostitution. Avec préface par Henri Turot. 1909. 1 vol. in-18 relié toile (II) .... 4 fr. »

DUBIEF (Dr). — L'apprentissage et l'enseignement technique, 1 vol. relié toile (III) .... 6 fr. »

VIVIANI (R.), *ministre du Travail.* — Les retraites ouvrières et paysannes, avec préface. 1910. 1 vol. in-18 relié toile. (IV). 6 fr. »

OLPHE-GALLIARD (G). — Les caisses de prêts sur l'honneur. 1913. 1. vol. in-18, relié toile (V)................. 4 fr »

HYGIÈNE :

MARTIAL (Dr R.). — Hygiène individuelle du travailleur. Avec préface de M. le sénateur Strauss. 1907. 1 volume in-18 relié toile (I)... 4 fr. »

MARIE (Dr A.). — La pellagre. Avec une préface de M. le professeur Lombroso 1908. 1 vol. in-18 relié toile. (II) .... 4 fr. »

BERNARD (M.). — Pour protéger la santé publique. Avec une préface du Dr Fernand Dubief, *ancien ministre de l'Intérieur.* 1909. 1 volume in-18 relié toile. (III)..................... 4 fr. »

BERNARD (M.). — L'hygiène publique obligatoire en France. La lutte administrative contre le choléra et les autres maladies transmissibles, avec préface du Dr A. Marie. 1910. 1 vol. in-18 relié toile. (IV).................................. 4 fr. »

BRETON (J.-L.). — Le plomb. 1910. 1 vol. in-18 relié toile. (V) 4 fr. »

MIRABEN (G.). — La fumée divine (opium), la lutte antitoxique. 1912. 1 vol. in-18 relié toile. (VI).................... 4 fr. »

HUBAULT (P.). — Les Coulisses de la fraude. Comment on nous empoisonne 1913. 1 vol. in-18. rel. toile (VII)........... 4 fr. »

DÉMOGRAPHIE :

BRON (Dr G.). — Les origines sociales de la maladie. Avec préface du Dr A. Marie. 1908. 1 vol. in-18 relié toile. (I)..... 3 fr. 50

WAHL (Dr). — Le crime devant la science. 1910. 1 volume in-18 relié toile. (II).................................. 4 fr. »

ROECKEL (P.). — L'éducation sociale des races noires. 1911. 1 vol. in-18 relié toile. (III)............................ 3 fr. 50

BIBLIOTHÈQUE PACIFISTE INTERNATIONALE

PUBLIÉE SOUS LA DIRECTION DE Stéfane-Pol

Honorée de la souscription des Ministères de l'Instruction publique et du Commerce

Ont paru :

BEAUQUIER (Ch.). Ed. GIRETTI et STEFANE-POL. — France et Italie, avec préface de M. Berthelot de l'*Institut.* 1904. 1 volume in-18 .... 1 fr. »

DUMAS (J.). — La colonisation (Essai de doctrine pacifiste), avec préface de Ch. Gide. 1904. 1 vol. in-18 .... 1 fr. 25

ESTOURNELLES DE CONSTANT (D'). — France et Angleterre. 1904. 1 vol. in-18 .... 1 fr. »

FINOT (J.). — Français et Anglais devant l'anarchie européenne. 1904. 1 vol. in-18 .... 1 fr. »

FOLLIN (H.). — La marche vers la paix. 1903. 1 vol. in-18. 0 fr. 75

FONTANES (E.). — La guerre, avec préface de F. Passy. 1904. 1 vol. in-18 .... 0 fr. 50

JACOBSON (J.-A.). — Le premier grand procès international de la Haye (notes d'un témoin). 1904. 1 vol. in-18.......... 0 fr. 50

LAFARGUE (A.). — L'orientation humaine. 1904. 1 volume in-18 .... 1 fr. »

LA GRASSERIE (R. de). — De l'ensemble des moyens de la solution pacifiste. 1905. 1 vol. in-18 .... 1 fr. »

MESSIMY. — La paix armée. (La France peut en alléger le poids). 1903. 1 vol. in-18 .... 0 fr. 75

MOCH (G.). — Vers la fédération d'Occident. Désarmons les Alpes. 1905. 1 vol. in-18, avec 6 graphiques................ 0 fr. 50

NATTAN-LARRIER. — Les menaces des guerres futures. 1904. 1 vol. in-18 .... 1 fr. »

NOVICOW (J.). — La possibilité du bonheur. 1904. 1 volume in-18 .... 2 fr. »

PASSY (Fr.). — Historique du mouvement de la paix. 1904. 1 volume in-18 .... 0 fr. 75

PRUDHOMMEAUX (J.). — Coopération et pacification. 1904. 1 vol. in-18 .... 1 fr. »

RICHET (Ch.). — Fables et récits pacifiques, avec une préface de Sully-Prudhomme. 1904. 1 vol. in-18................ 1 fr. »

RUYSSEN (Th.). — La philosophie de la paix. 1904. 1 volume in-18 .... 0 fr. 75

SEVERINE. — A Sainte-Hélène, pièce en 2 actes. 1904.. 1 volume in-18 .... 1 fr. »

SPALIKOWSKI (Ed.). — Mortalité et paix armée, avec une préface de C. Flammarion. 1904. 1 vol. in-18 .... 0 fr. 50

STÉFANE-POL. — L'esprit militaire. (Histoire sentimentale). 1904. 1 vol. in-18.. 2 fr. »

STÉFANE-POL. — Les deux évangiles. Considérations sur la peine de mort, le duel, la guerre, etc. 1903. 1 vol. in-18........ 0 fr. 50

SUTTNER (Bne de). — Souvenirs de guerre. 1904. 1 volume in-18 .... 0 fr. 50

PETITE ENCYCLOPÉDIE
SOCIALE ÉCONOMIQUE ET FINANCIÈRE

Leçons d'économie politique, par André LIESSE, avec une préface de Courcelle-Seneuil, de l'Institut. 1 vol. in-18 (I), 1892 3 fr. »

La réforme des frais de justice, par E. MANUEL et R. LOUIS, docteurs en droit, 2e édition, 1 vol. in-18 (II), 1892.. 3 fr. »

Code manuel de droit industriel, par M. DUFOURMANTELLE. 3 vol. in-18 (III-V) :

— **Législation ouvrière en France et à l'Etranger.** 2e édition, 1 vol. in-18 (III). 1893........................ 3 fr. »

— **Brevets d'invention. Contrefaçon, etc.** 1 vol. in-18 (IV) 1893 .... 3 fr. »

— **Dessins et marques de fabrique**, nom commercial, concurrence déloyale, etc. 1 volume in-18 (V). 1894........ 3 fr. »

Code manuel des électeurs et des éligibles avec formules, par A. MAUGRAS, avocat-publiciste, 2e édition. 1 vol. in-18 (VI). 1898 3 fr. »

Législation générale des cultes protestants en France, en Algérie et dans les colonies, par PENEL-BEAUFIN. 1 vol. in-18 (VII). 1894.. 3 fr. »

Commentaire de la loi du 27 décembre 1892 sur la conciliation et l'arbitrage facultatifs, par A. LELONG. 1 volume in-12 (VIII). 1894.. 1 fr. 50

Législation générale du culte israélite en France, en Algérie et dans les colonies, par PENEL-BEAUFIN. 1 volume in-18 (IX). 1894.. 3 fr. »

Code manuel du propriétaire-agriculteur, par Daniel ZOLLA, prof. à l'Ecole nationale d'agriculture de Grignon, 2e édition. 1 vol. in-18. (X) 1902.................................... 3 fr. 50

Les questions ouvrières, par Léon MILHAUD. 1 vol. in-18 (XI). 1894.. 2 fr. 50

Cours de droit professé dans les lycées de jeunes filles de Paris, par Jeanne CHAUVIN, 2e édition. 1 volume in-18 (XII), relié toile. 1908.. 3 fr. 50

Guide théorique et pratique, général et complet des clercs de notaire et des aspirants au notariat, par Jean MARTIN, notaire. 1 vol. in-18 (XIII). 1895.................................... 3 fr. »

La question monétaire considérée dans ses rapports avec la condition sociale des divers pays et avec les crises économiques, par Léon POINSARD. 1 volume in-18 (XIV). 1895....... 3 fr. »

Les budgets français. Etude analytique et pratique de législation financière, par MM. P. BIDOIRE et A. SIMONIN. 3 volumes :

— **Projet de budget 1895.** 1 vol. in-18 (XV). 1895 .. 3 fr. »

— **Budget de 1895 et projet de budget de 1896.** 1 volume in-18 (XVI). 1896 .... 3 fr. »

— **Budget de 1896 et projet de budget de 1897.** 1 volume in-18 (XXII). 1897 .... 3 fr. »

La saisie-arrêt sur les salaires et petits traitements. 2e édition revue et augmentée par V. EMION. 1 vol. in-18 (XVII). 1896 3 fr. »

La question sanitaire, dans ses rapports avec les intérêts et les droits de l'individu et de la société, par le Dr J. PIOGER. 1 vol. in-18 (XVIII). 1895 .... 3 fr. »

Les banques d'émission, par G. FRANÇOIS. 1 volume in-18 (XIX) .... 3 fr. »

La Science et l'art en économie politique, par René WORMS. 1 vol. in-18 (XX. 1896 .... 2 fr. »

Code de l'abordage, par Robert FRÉMONT. 1 vol. in-18 (XXI). 1897. .... 3 fr. »

L'éducation nationale, par Maurice WOLF. 1 vol. in-18 (XXIII). 1897 .... 3 fr. »

Mélanges féministes, par L. BRIDEL. 1 volume in-18 (XXIV). 1897 .... 3 fr. »

La justice gratuite et rapide par l'arbitrage amiable, par A. CHARMOLU, 2e édit. 1 vol. in-18 (XXV). 1902 .... 1 fr. »

Petit manuel pratique du juré d'assises, par J. PONCET. 1 vol. in-18 (XXVI). 1898 .... 2 fr. »

Finances communales, par R. ACOLLAS. 1 volume in-18 (XXVII). 1898 .... 3 fr. »

Esquisse d'un tableau raisonné des causes de la production, de la circulation de la distribution et de la consommation de la richesse, par M. TESSONNEAU. 1 vol. in-18 (XXVIII). 1898 ...... 2 fr. »

Code manuel du chasseur, par G. LECOUFFE, 3e édition. 1 vol. in-18 (XXIX). 1909 .... 2 fr. »

Code manuel du pêcheur, par G. LECOUFFE. 2e édition. 1 vol. in-18 (XXX). 1900 .... 1 fr. »

Manuel pratique des sociétés de commerce et par actions. Participations coopératives. Syndicats professionnels. Sociétés de Secours mutuels. Associations et Congrégations, par A. LAMBERT. 1 volume in-18 (XXXI). 1902 .... 1 fr. 50

Manuel de la propriété industrielle et commerciale, par A. LAMBERT. 1 vol. in-18 (XXXII). 1903 .... 3 fr. »

Etudes d'économie et de législation rurales, par R. WORMS. 1 vol. in-18 (XXXIII). 1906........................ 4 fr. »

Code manuel du cycliste, par G. LECOUFFE. 1 vol. in-18 (XXXIV). 1909.. 2 fr. »

Les Associations agricoles, par René WORMS. 1 vol. in-18 (XXXV) 1914.. 3 fr. »

BIBLIOTHÈQUE DES DOCUMENTS DU PROGRÈS

PUBLIÉE SOUS LA DIRECTION DE R. Broda

BRODA (R.) et J. DEUTSCH. — Le prolétariat international. Etude de psychologie sociale. 1912. 1 vol. in-18 (I)........ 3 fr. »

BRODA (R.). — La fixation légale des salaires. Expériences de l'Angleterre, de l'Australie et du Canada. 1912. 1. vol. in-8 (II).. 2 fr. 50

BRODA (R.). — Le rôle de la violence dans les conflits de la vie moderne (enquête). 1913 1 vol. in-8 (III).............. 1 fr. 50

ANNALES DE L'INSTITUT INTERNATIONAL DE SOCIOLOGIE

PUBLIÉES SOUS LA DIRECTION DE René Vorms

— **Premier congrès** tenu en 1894, 1 vol. in-8 (I)....... 7 fr. »
— **Deuxième congrès** tenu en 1895. 1 vol, in-8° (II) .. 7 fr. »
— **Travaux de l'année 1896.** 1 vol. in-8° (III)........ 7 fr. »
— **Troisième congrès** tenu en 1897. 1 vol. in-8° (IV).... 10 fr. »
— **Travaux de l'année 1898.** 1 vol. in-8° (V) .... 10 fr. »
— **Travaux de l'année 1899.** 1 vol. in-8° (VI).......... 7 fr. »
— **Quatrième congrès** tenu en 1900. 1 vol. in-8° (VII).. 7 fr. »
— **Travaux des années 1900 et 1901.** 1 vol. in-8° (VIII) 7 fr. »
— **Travaux de l'année 1902.** 1 vol. in-8° (IX).......... 7 fr. »
— **Cinquième congrès** tenu en 1903 : **Rapports de la sociologie et de la psychologie.** 1 vol. in-8° (X).................... 8 fr. »
— **Sixième congrès** tenu en 1906 : **Les luttes sociales.** 1 vol. in-8° (XI).. 10 fr. »
— **Septième congrès** tenu en 1909 : (XII-XIII). **La solidarité sociale dans le temps et dans l'espace**, 1 vol. in-8° (XII).... 7 fr. »

PÉRIODIQUES

REVUE DU DROIT PUBLIC ET DE LA SCIENCE POLITIQUE EN FRANCE ET A L'ÉTRANGER

FONDÉE PAR F. Larnaude

PUBLIÉE SOUS LA DIRECTION DE M. Gaston Jèze

Avec la collaboration des plus éminents professeurs des Universités de France, Allemagne, Angleterre, Autriche-Hongrie, Australie, Belgique, Canada, Chili, Danemark, Espagne, Etats-Unis, Grèce, Hollande, Italie, Japon, Norvège, Portugal, Roumanie, Russie, Suède, Suisse, Turquie.

Paraît tous les trois mois depuis 1894, par fascicule de plus de 200 p. gr. in-8. Chaque année forme un très fort volume. Prix. 20 fr. »

Abonnement annuel : France : 20 fr. Etranger : .... 22 fr. 50.

Le numéro .... 5 fr. »

La collection complète comprenant : 1re série (direction Larnaude, 1894-1903) et, 2e série (direction Jèze 1904-1913) avec abonnement à l'année 1914. Prix réduit.................... 340 fr. »

La deuxième série seule, années 1904 à 1913 avec abonnement à l'année 1914 .... 175 fr. »

REVUE DE SCIENCE ET DE LÉGISLATION FINANCIÈRES

PUBLIÉE SOUS LE PATRONAGE DE

MM. Casimir Périer, Ribot, Stourm, Berthélemy, Chavegrin, Esmein et Hauriou

ET SOUS LA DIRECTION DE M. Gaston Jèze

Avec la collaboration des membres les plus éminents du Conseil d'Etat, de la Cour des comptes, de l'Inspection des finances, des professeurs des universités de France, Allemagne, Australie, Belgique, Etats-Unis, Grèce, Italie, Roumanie, Suisse.

Paraît tous les trois mois depuis 1903, par fascicule de près de 200 pages gr. in-8. Chaque année forme un très fort volume. Prix. 18 fr. »

Abonnement annuel : France : 18 fr. Etranger : 20 fr. »

Le numéro .... 5 fr. »

La collection complète (années 1903 à 1913) avec abonnement à l'année 1914. Prix réduit .... 175 fr. »

BIBLIOTHÈQUE INTERNATIONALE D'ÉCONOMIE POLITIQUE (1)

publiée sous la direction de Alfred Bonnet

Histoire Économique

Ashley (W.-J.). — Histoire et Doctrines économiques de l'Angleterre, 2 vol. in-8. . 15 fr. »»

Sée (H.). — Les classes rurales et le régime domanial au moyen âge en France, 1 volume, in-8 . . . . 12 fr. »»

Salvioli (G.). — Le Capitalisme dans le Monde antique. Trad. A. Bonnet, 1 vol. in-8 . 7 fr. »»

Carroll D. Wright. — L'Evolution industrielle des Etats-Unis. Préface de E. Levasseur, 1 vol in-8. . . . . 7 fr. »»

Liefmann (R.). — Cartells et Trusts. Evolution de l'organisation économique. 1 vol. in-8 5 fr. »»

Histoire des Doctrines

Cossa (L.). — Histoire des doctrines économiques . . . . (*épuisé*)

Denis (Hector). — Histoire des Systèmes économiques et socialistes. 2 vol. in-8 17 fr. »»

Ashley (W. J.). — Histoire et Doctrines économiques de l'Angleterre. 2 vol. in-8. . 15 fr. »»

Cannan (Edwin). — Histoire des théories de la production et de la distribution dans l'économie politique anglaise, de 1776 à 1840. 1 vol. in-8 . . . . 12 fr. »»

Pareto (V.). — Les Systèmes socialistes. (*épuisé*)

Menger (Anton). — Le droit au produit intégral du travail. Trad. Alf. Bonnet. Préface de Charles Andler. 1 vol. in-18. . . . . 3 fr. 50

Böhm-Bawerk (E.). — Histoire critique des théories de l'intérêt du capital. 2 volumes in-8 . . . . 14 fr. »»

Manuels et Méthodes d'Économie politique

Cairnes (J.-E.). — Le caractère et la méthode logique de l'Economie politique. 1 vol. in-8. . . . . 5 fr. »»

Schmoller (G.). — Principes d'Economie politique. 5 vol. in-8. . . . . 50 fr. »»

Wagner (Ad.). — Les Fondements de l'économie politique. 5 vol. in-8. . . . 52 fr. »»

Marshall (Alfred). — Principes d'économie politique. Trad. Sauvaire-Jourdan. 2 volumes in-8 . . . . 22 fr. »»

Pareto (V.). — Manuel d'économie politique., trad. A. Bonnet. 1 vol. in-8. . . . 12 fr. 50

Clark (J.-B.). — Principes d'économique. 1 vol. in-8 . . . . 10 fr. »»

Systèmes Économiques

Jevons (Stanley-W.). — La théorie de l'économie politique, avec une préface de Paul Painlevé. 1 vol. in-8 . . . . 8 fr. »»

Petty (William). — Œuvres économiques. Préface de A. Schatz. 2 vol. in-8 . . 15 fr. »»

Lassalle (F.). — Théorie systématique des droits acquis, préface de Ch. Andler. 2 vol. in-8. . . . . 20 fr. »»

Effertz (Otto). — Les Antagonismes économiques, préface de Ch. Andler. 1 v. in-8. 12 fr. »»

Loria (A.). — La Synthèse économique. Trad. C. Monnet. 1 vol. in-8. . . . . . 12 fr. »»

Oppenheimer (F.). — L'Economie pure et l'Economie politique. 1914. 2 vol. in-8 . 20 fr. »»

Théories de la Répartition

Smart (W.). — La Répartition du revenu national. 1 vol. in-8 . . . . . . 7 fr. »»

Carver (Th.-N.). — La Répartition des richesses. Trad. R. Picard. 1 vol. in-8. 5 fr. »»

Cornélissen (C.). — Théorie du salaire et du travail salarié. 1908. 1 vol. in-8 . . 14 fr. »»

Schloss (D.). — Les modes de rémunération du travail. Traduit, avec introduction, notes et appendices par Charles Rist. In-8 . 7 fr. 50

Rodbertus (C.). — Le Capital. 1 volume in-8 6 fr. »»

Landry (A.). — L'intérêt du Capital. 1 vol. in-8 . . . . 7 fr. »»

Fisher (Irving). — De la Nature du Capital et du Revenu. Trad. S. Bouyssy. 1 v. in-8. 12 fr. »»

Politique économique et Sociale

Schmoller (Gustav). — Questions fondamentales d'Économie politique et de politique sociale. 1 vol. in-8. . . . . . . 7 fr. 50

Philippovich. — La politique agraire. 1 vol. in-8. . . . . 6 fr. »»

Fontana-Russo (L.). — Traité de politique commerciale. 1 vol. in-8. . . . . . 14 fr »»

Bastable. — La théorie du commerce international. Trad. Sauvaire-Jourdan. 1 volume in-18 3 fr. »»

Patten (S.-N.). — Les Fondements économiques de la protection, préface de Paul Cauwès. 1899. 1 vol. in-18 . . . . 2 fr. 50

Kobatsch (R.). — La politique économique internationale. 1 vol. in-8 . . . . 12 fr. »»

Willoughby (W.-F.). — Essais sur la législation ouvrière aux Etats-Unis. 1 volume in-18 3 fr. 50

Webb (S. et B.). — La lutte préventive contre la misère. 1 vol. in-8 . . . . . . 8 fr. »»

Hersch (L.). — Le Juif errant d'aujourd'hui. 1 vol. in-8. . . . . 8 fr. »»

Leroy (Maxime). — La Coutume ouvrière. 1913. 2 vol. in-8. . . . . 18 fr. »»

---

(1) Les volumes de cette collection se vendent aussi reliés avec une augmentation de 1 franc pour la série in-8 et de 0 fr. 50 pour la série in-18.

www.ingramcontent.com/pod-product-compliance
Ingram Content Group UK Ltd.
Pitfield, Milton Keynes, MK11 3LW, UK
UKHW020309230726
13925UKWH00001B/313